O Caminho da Liberdade

OLÁ!!!

ESTE LIVRO FOI DEIXADO AQUI PARA SUA LEITURA, APÓS TERMINAR DE LÊ-LO COMPARTILHE COM OUTRAS PESSOAS.

DEZEMBRO/2015

Peter Eisner

O Caminho da Liberdade

A saga de heróis anônimos para resgatar aviadores aliados na Segunda Guerra

Tradução:
RENATO AGUIAR

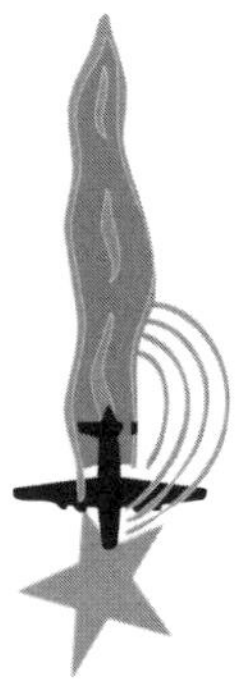

Jorge ZAHAR Editor
Rio de Janeiro

Para Musha

Título original:
The Freedom Line
(The brave men and women who rescued Allied airmen from the Nazis during World War II)

Tradução autorizada da primeira edição norte-americana publicada em 2004 por William Morrow, um selo da HarperCollins Publishers Inc., de Nova York, Estados Unidos

Jorge Zahar Editor Ltda.
rua México 31 sobreloja
20031-144 Rio de Janeiro, RJ
tel.: (21) 2240-0226 / fax: (21) 2262-5123
e-mail: jze@zahar.com.br
site: www.zahar.com.br

Capa: Sérgio Campante
Ilustrações de capa: Roteiro e logomarca da Linha Cometa, Dédée de Jongh e um dos aviadores resgatados

CIP-Brasil. Catalogação-na-fonte
Sindicato Nacional dos Editores de Livros, RJ.

Eisner, Peter
E37c Caminho da liberdade: a saga de heróis anônimos para resgatar aviadores aliados na Segunda Guerra/Peter Eisner; tradução, Renato Aguiar. – Rio de Janeiro: Jorge Zahar Ed., 2005

Tradução de: The freedom line: (the brave men and women who rescue allied airmen from the Nazis during World War II)
Inclui bibliografia
ISBN 85-7110-846-3

1. Guerra Mundial, 1939-1945 – Resistência – França. 2. Guerra Mundial, 1939-1945 – Resistência – Bélgica. 3. Guerra Mundial, 1939-1945 – Resistência – Espanha. 4. Guerra Mundial, 1939-1945 – Espanha. 5. França – História – Ocupação alemã, 1940-1945. 6. Bélgica – História – Ocupação alemã, 1940-1945. 7. Aviadores militares – Estados Unidos. 8. Aviadores militares – Grã-Bretanha. I. Título.

CDD 940.5337
05-1157 CDU 94(100)"1939/1945"

Mar do Norte
DINAMARCA
GRÃ-BRETANHA
Berlim
POLÔNIA
IRLANDA
Holanda
Bruxelas
ALEMANHA
Londres
BÉLGICA
Oceano
Atlântico
TCHECOSLOVÁQUIA
LUXEMBURGO
Paris
ÁUSTRIA
FRANÇA
SUÍÇA
Golfo de
Biscaia
ITÁLIA
Saint-Jean-de-Luz
Bilbao
San Sebastián
ESPANHA
PORTUGAL
Madri
Mar Mediterrâneo
Gibraltar
A Rota do Caminho da Liberdade

Sumário

Neste livro, os diálogos que figuram entre aspas e em itálico foram reproduzidos por pelo menos uma fonte. Os diálogos simplesmente entre aspas indicam a fala dos entrevistados.

PARTE UM

* * *

Janeiro de 1943

1. Capturados na Fronteira

Dédée. Urrugne,[1] *França. 14 de janeiro de 1943.*

A chuva gelada pipocava no telhado da fazendola no povoado franco-basco, a poucos quilômetros da fronteira espanhola. Eles eram seis: três desorientados pilotos ingleses; Dédée, a mulher belga que liderava a rota de fuga Cometa[2]; Florentino, o guia basco do grupo; e Frantxia, a proprietária da casinha caiada a alguns metros da estrada de terra. Passaram a tarde inteira à espera de que o tempo melhorasse, mas a chuva continuou. O vento batia no vidro das janelas, e a bruma cinzenta já se dissipava, virando noite.

Dédée tinha trazido os aviadores no trem expresso de Paris a Saint-Jean-de-Luz, um povoado basco de pescadores. Eles tinham andado duas horas debaixo de um pesado temporal até a casa de Frantxia. Não parava de chover. Os aviadores dependiam de Dédée como sua tábua de salvação para voltarem à Inglaterra. A moça era pequena, esbelta e muito atraente. Marchava com passo determinado e ao mesmo tempo os encorajava enquanto percorriam as veredas encharcadas. Também era a única dos guias a falar inglês. Dédée os mirava com um olhar intenso, penetrante.

"O tempo todo vocês têm de estar prontos para partir, sem perguntas."

"Nós diremos quando for seguro."

Quase sempre o plano de fuga era seguir as escarpadas trilhas que levavam pelas montanhas ao rio Bidassoa, a linha divisória entre a França e a

Espanha, a menos de seis quilômetros de distância. Eram os velhos caminhos alternativos, conhecidos apenas pelos pastores bascos e pelos contrabandistas, que atravessavam todo tipo de mercadoria ilegal de um lado para o outro da fronteira, sobre os Pireneus. Os homens com quem cruzaram disseram que o Bidassoa estava torrencialmente cheio. Era perigoso demais atravessá-lo, e isso queria dizer que o único caminho para a Espanha implicava um desvio de cinco horas e a arriscada travessia de uma perigosa ponte suspensa. O trajeto estaria iluminado e era vigiado por patrulhas alemãs e espanholas.

Dédée tentou esconder seu nervosismo, mas a expressão tensa ficou bem evidente sob a luz bruxuleante. Decidiu retornar à costa e deixar o pai em outro esconderijo, mas temia por sua vida. O plano tinha sido levá-lo e cruzar a fronteira para a Espanha. Mas ele tinha cinqüenta e oito anos, e Dédée não achava que fosse capaz de agüentar naquelas condições. Despediu-se dele com um beijo, prometendo voltar para buscá-lo assim que o tempo melhorasse.

Estava apreensiva e sentia mais que nunca o peso das responsabilidades. Conseguira convencer o pai, finalmente, de que não podia mais permanecer em Paris, porque os nazistas estavam atrás dele; de que tinha chegado a hora de fugir para a Inglaterra. No último ano, foram duas as vezes que ele escapara por pouco, e muitos dos seus amigos tinham sido presos. Era apenas questão de tempo até a Gestapo descobrir onde ele estava. Com relutância o pai concordou em acompanhá-la na próxima missão ao sul, para a Espanha, quando entrariam clandestinamente com outro grupo de aviadores, rumo à segurança.

Florentino, um imenso tipo montanhês de rosto cinzelado, enrubesceu mas não disse nada enquanto cruzava o cômodo. Ele conhecia as montanhas. Tinha prevenido Dédée sobre o risco de fazer a viagem enquanto chovesse e o rio estivesse cheio. Quando a chuva implacável do inverno enchia de lama os caminhos de terra, a passagem era perigosa até para ele. Teriam de rastejar na sujeira sobre rochas e matacões, se espremendo em trilhas que feriam a montanha, sem espaço nem para evitar a queda à beira de um precipício. Podia até haver gelo nos pontos mais elevados. Os rochedos já eram bastante escorregadios sem gelo; pernas se quebrariam, e seria ele quem acabaria por carregar os feridos nas costas. No ano anterior, uma das guias de fato quebrou a perna ao escorregar e cair, num clima que nem era tão ruim quanto aquele. Florentino carregou-a por um tempo, e depois foi buscar uma mula para levá-la a um esconderijo, onde um médico reduziu a fratura. Naquela noite, eles tiveram sorte de já estarem do lado espanhol: a Gestapo não cruzava a fronteira em patrulha, embora os guardas espanhóis fossem quase igualmente perigosos.

Havia rajadas repentinas de vento, e os pingos açoitavam as janelas. O vento tinha aberto a porta um pouco antes, dando-lhes um tremendo susto. Agora os cachorros latiam.

"*O Donato chegou*", disse um dos três garotinhos de Frantxia, entrando rápido para fugir da chuva.

Donato era um colono que tinha trabalhado naquela propriedade e agora estava a serviço de um outro vizinho, estrada abaixo. Ele chegou à porta, olhou para dentro, para Florentino e os pilotos. Vários meses antes, Donato viera com eles como guia nas montanhas, mas Dédée não confiava nele e nunca mais pediu para acompanhá-los. Donato estava falando com Frantxia em *euskera*, a língua basca. Dédée não entendeu sequer uma palavra, mas viu ganância no sorriso dele, e traição em seus olhos brilhantes. Talvez estivesse ressentido por ela ter escolhido Florentino, e não ele, para guiá-los. Donato foi embora e os cachorros se acalmaram.

No escuro, tudo era duvidoso. Tornava-se arriscado demais levar os pilotos de volta para a cidade. Eles não sabiam falar francês, nem *euskera* ou espanhol. Estavam presos naquele local.

"*Nós vamos ficar aqui*", disse ela a Florentino. "*Espere por nós na casa de Kattalin.*"

Kattalin, a viúva, morava no povoado junto ao mar,[3] e era em sua casa que Dédée e seu grupo escondiam os aviadores aliados depois de trazê-los para o sul. Ela possuía uma casinha numa rua de pedra que mergulhava na direção do golfo. Ficava bem perto da estrada principal, a poucos quilômetros do norte da Espanha. Mas a estrada não era uma opção para eles, pois estava coalhada de patrulhas e postos de controle nazistas. A fuga para a

Espanha tomava um curso tortuoso além da estrada. Subia as trilhas ao longo das chácaras e parava na casa de Frantxia, último esconderijo antes da caminhada de uma noite em direção à liberdade.

Dédée e Florentino podem de fato ter cochilado, mas ficaram alertas para os ruídos na noite. Antes do amanhecer, Florentino se protegeu contra o tempo e saiu, descendo o caminho até o mar. A chuva tinha parado, mas o rio provavelmente ia ficar cheio por vários dias, porque inúmeros córregos se juntavam em torrentes que corriam das montanhas. Frantxia mandou os três filhos para a escola.

Os pilotos ingleses ficaram no quarto, no andar de cima, conversando em voz baixa e esperando a ordem de Dédée para partirem. Frantxia lhes trouxe café e depois leite, sopa, queijo e pão preto. Eles estavam de bom humor, pois esperavam ir para casa depressa. Reunidos na suave atmosfera de odor de madeira e calor bafiento, contavam histórias e dividiam a metade de um cigarro quando ouviram um barulho. Um deles se levantou num pulo e gritou, num arremedo de raiva: "A Gestapo chegou!" Os outros riram. Mas Dédée já havia olhado pela janela e visto os soldados em seus uniformes cinzentos.

Dez soldados da Gestapo irromperam, subiram a escada e, usando os fuzis, empurraram os três aviadores para fora, para o pátio gélido. Eles colocaram os três homens contra o muro e os revistaram a procura de armas.

"*Saboteurs*!",[4] disse um dos alemães asperamente. "*Saboteurs têm que morrer.*"

"*Espere*", falou um piloto, mostrando aos alemães sua plaqueta de identificação, "*nós somos da RAF... nós somos da RAF.*"

Os alemães relaxaram, e os ingleses fizeram um pouco de bravata.

"*Eles não iam nos matar, acho que só estavam blefando para nos assustar*", disse um dos ingleses.

Os outros não tinham tanta certeza.

Os soldados foram igualmente duros com Dédée e Frantxia, obrigando-as a ficar no frio enquanto eles revistavam os estábulos e em volta da casa. Três pilotos fugitivos com duas mulheres cúmplices, essa era uma boa captura, mas os alemães não estavam satisfeitos. Os soldados vasculharam a casa, as sebes e os estábulos até o comandante marchar para diante dos prisioneiros.

"*Onde está o outro?*",[5] perguntou o nazista, encarando um de cada vez, ameaçador. "*Vocês vão falar, meus amigos. Vocês vão falar.*" Dédée compreendeu que eles esperavam encontrar também Florentino. Só Donato sabia quantas pessoas estavam na casa.

A patrulha fez Dédée, Frantxia e os três homens marcharem durante duas horas, as mãos na cabeça, descendo o caminho da fazenda de volta à cidade. Os soldados os levaram até a estrada principal, afastando-se da fronteira espanhola. Eles continuaram na patética fila indiana, passando pelos chalés em que seus amigos podiam estar escondidos — mas não haveriam de se mostrar para uma patrulha da Gestapo. Dédée, imaginando um meio de fuga, pensou em se jogar da ponte, onde poderia nadar a possivelmente ganhar a margem antes de os alemães terem uma boa possibilidade de tiro. A idéia dissipou-se imediatamente quando ela viu as pedras à mostra na parte baixa do rio.

Poucas pessoas estavam fora de casa no começo da manhã. Uma carroça passou devagar, levando comida ou outros produtos agrícolas. Aqui e ali, um carro seguia rápido, provavelmente confiscado e usado pelos alemães. Caminhões forçavam os motores colina acima quando eles contornaram a curva à vista do litoral, e depois subiram até Saint-Jean-de-Luz. Os caminhões voltavam da Espanha com comida e importações de guerra compradas pelo Reich. As pessoas do povoado pedalavam suas bicicletas na chuva, sem outra escolha a não ser trabalhar ou fazer compras no frio. Poucos olhares demoravam-se sobre a patrulha que conduzia seus prisioneiros.

Era ainda manhã quando Dédée, Frantxia e os três pilotos foram empurrados para dentro da delegacia de Saint-Jean-de-Luz. Dédée compreendeu que seu pai e os amigos rapidamente saberiam de sua captura. Torceu para que o pai não se entregasse.

Os alemães fizeram um interrogatório superficial na pequena cadeia. Separaram as mulheres dos homens, e não houve maus-tratos, pelo menos por enquanto.

"*Nome?*", perguntou o policial.

Ela deu um nome falso.

"*Nacionalidade?*"

"*Francesa.*"

Dédée nada admitiu e apresentou documentos falsos que a identificavam como uma moça francesa local.

Ela presumiu que aqueles eram oficiais de baixo escalão, e que os interrogadores da Gestapo rapidamente iriam chamá-la. Analisaria a situação e decidiria a melhor maneira de salvar seu pai e os outros. Depois se preocuparia consigo mesma. Talvez os alemães não os matassem.

Na época de sua prisão pelos alemães em 15 de janeiro de 1943, Dédée de Jongh dirigia a Linha Cometa há cerca de um ano e meio.[6] Aparecera pela primeira vez à porta do consulado britânico na cidade basco-espanhola de Bilbao em agosto de 1941, conduzindo os dois primeiros homens que havia guiado através dos Pireneus e trazido para um local seguro. Eles eram soldados do exército britânico do Glasgow Highlanders, Bobby Conville e Allan Cowan, felizes por terem conseguido burlar uma captura que parecia inevitável.

A recepção no consulado inglês foi na melhor das hipóteses fria. Além da preocupação de que os alemães pudessem mandar um chamariz para deixá-los em posição complicada, Arthur Dean, o vice-cônsul britânico, achava difícil acreditar que a jovem de 25 anos à sua frente tivesse acabado de percorrer 800 quilômetros pela França e caminhado a noite inteira através das montanhas para entrar na Espanha, fugindo dos alemães. Alguns membros da legação britânica queriam descartar imediatamente os planos que ela tinha para salvar pilotos aliados. Os burocratas ingleses estavam habituados a lidar com homens. E ainda por cima Dédée era bonita demais.

"Mas você é apenas uma menina", disse o vice-cônsul. "Não vai atravessar os Pireneus outra vez, vai?"[7]

Dédée era forte, bem condicionada, e não estava disposta a dar ouvidos a paternalismos ou quaisquer tentativas de dissuadi-la. Ela controlou sua raiva.

"Vou sim. Sou tão forte quanto um homem. E as moças chamam menos atenção que os homens na área de fronteira."

Dédée tinha sido voluntária da Cruz Vermelha, cuidando, em Bruges, dos soldados belgas e ingleses feridos após o desastre de Dunquerque, quando as tropas alemãs derrotaram as defesas belgas, em 1940. Ao voltar para casa em Bruxelas, uma paixão despertara dentro dela.

Dédée e seu pai, Frédéric, um mestre-escola, concordaram que algo devia ser feito. Os belgas não podiam apenas ficar olhando os alemães tomarem o seu país. Os olhos de Dédée arderam ao ver os tanques da Wehrmacht (forças armadas alemãs) rolarem nas ruas de Bruxelas naquele maio. Os belgas receberam os alemães em silêncio. Sob a superfície dos acontecimentos, porém, jornais clandestinos começaram a circular, e redes de amigos se formaram para dar refúgio a soldados que não haviam podido escapar da Europa na flotilha de embarcações que cruzaram o Canal da Mancha de volta à Inglaterra.

Dédée podia ter escolhido uma vida mais fácil, trabalhando anonimamente como enfermeira num hospital de Bruxelas. Mas estava definitivamente determinada a desafiar a *Anschluss* (anexação) de Hitler. Quando missões britânicas e depois norte-americanas começaram a penetrar no espaço aéreo europeu, os aviões aliados passaram a ser derrubados, e alguns aviadores, a saltar de pára-quedas para a relativa segurança da zona rural. Os que não eram capturados recebiam freqüentemente ajuda e conforto dos habitantes das cidadezinhas que os encontravam, apesar do enorme risco que representava para eles resistirem à violência do ataque alemão. O problema era que não havia nenhum meio imediato de ajudar os aviadores além de alimentá-los, tratar dos seus ferimentos e botá-los para fora, para se virarem sozinhos.

Inicialmente, as rotas de fuga os conduziam direto, de barco, à travessia do Canal da Mancha. Alguns aviadores de fato conseguiram sair desse modo, e Dédée organizava fugas até a costa. Em 1942, porém, os alemães consolidaram o controle dos seus territórios ocupados, e Dédée compreendeu que a rota marítima era perigosa demais para constituir um itinerário regular. A alternativa era estabelecer uma via clandestina por estrada de ferro que deslocasse os soldados aliados através da França até a Espanha. Seria necessário montar uma grande rede de simpatizantes e confidentes, fazendeiros na zona rural, esconderijos nas cidades. Eles ajudariam os fugitivos a se misturarem na Europa, criando identidades falsas e guiando-os lentamente para a Espanha, país oficialmente neutro, e de lá para o bastião britânico de Gibraltar, no Mediterrâneo.

Para fazer isso, Dédée necessitava de três centros de organização: Bruxelas, Paris e a fronteira franco-espanhola. Quando ficou claro que Bruxelas era perigosa demais para Dédée e seu pai, o líder passou a ser Jean Greindl, aliás, Nemo, diretor da Cantina Sueca, uma organização de assistência humanitária montada pela Cruz Vermelha para dar ajuda aos pobres e desalojados na Bélgica ocupada. Nemo era dez anos mais velho que os outros e usava sua fachada na organização de assistência humanitária para reunir equipamento e dar fuga aos pilotos.

O pai de Dédée passou a se encarregar da operação em Paris, trabalhando a partir de uma série de locais clandestinos. Não era fácil, precisavam de dinheiro e organização para estabelecer esconderijos, redes de transporte e serviços de apoio. Necessitavam a versatilidade, a disciplina e o compromisso em geral característicos dos agentes de inteligência treinados.

"Meu pai e eu concordamos que devemos nos concentrar em trazer tantos combatentes treinados quanto pudermos", disse ela ao vice-cônsul. "Tudo que precisamos é dinheiro para pagar nossos guias e alimentar e alojar os homens ao longo do caminho de Bruxelas a Bilbao.

O inglês não quis se comprometer, eles discutiriam a questão.

"*Volte em duas semanas*", disse-lhe o vice-cônsul. Ele iria consultar seus colegas em Madri. Dédée concordou, despediu-se de Cowan e Conville, seus dois primeiros clientes, e tratou de voltar para as montanhas.

Dédée retornou para organizar as operações no lado francês da fronteira. Ela já havia feito contato com uma companheira belga de nome Elvire de Greef — cujo codinome era Tia Go[8] — a qual, com o marido, Frédéric — o "Tio" —, fugira para o sul da França quando os alemães invadiram a Bélgica. Eles arranjaram uma casa fora de Bayonne — a cidade mais ao norte do País Basco — e já estavam montando sua própria rede clandestina.

O Tio tornou-se tradutor para o exército alemão, abrindo um acesso perfeito para espionar os nazistas a partir de dentro. Juntos, Tia Go e o Tio se especializaram em manipular o mercado negro de alimentos e o contrabando, chegando a obter informações sobre oficias alemães para poder chantageá-los se um dia fosse necessário.

Eles concordaram em coordenar o setor meridional. Dédée também tinha conhecido a viúva Kattalin. Esta era uma mulher do País Basco, que já ia pelos seus 40 anos e tinha uma filha de 14, Fifine. O marido de Kattalin, Pierre, tinha morrido 12 anos antes, tendo padecido durante muito tempo os efeitos dos ataques a gás que sofrera quando era soldado do exército francês que combateu os alemães na Primeira Guerra Mundial.

Juntas, Tia Go e Kattalin preparavam os detalhes da operação de fuga. Elas precisavam de falsificadores, motoristas, cozinheiros, pessoas com bicicletas e guias para conduzir os aviadores pelas montanhas. Quando Dédée atravessou os Pireneus para se encontrar com os ingleses outra vez, a rede já estava tomando forma.

Os ingleses tinham discutido um bocado depois da visita de Dédée. Alguns diziam que era impróprio os diplomatas se envolverem em atividades clandestinas.[9] Outros ainda questionavam se Dédée não seria uma agente alemã e se poderia mesmo, em todo caso, transportar os pilotos prometidos. Michael Creswell, um jovem secretário político da embaixada britânica em Madri, não teve paciência para aquelas tolices. Creswell não gostava da embotada burocracia da embaixada britânica. Não era hora de diplomacia, cautela e meias-medidas. Havia uma guerra, e ele pretendia participar dela. Instintivamente simpatizou com a descrição que lhe deram da jovem e de seu plano. Assim, foi de Madri ao consulado, em Bilbao, para ver por si mesmo.

Creswell esperava por Dédée quando ela voltou ao consulado. Ela disse que queria ficar livre das interferências do governo, e ele mostrou simpatia. Dédée queria apoio logístico e proteção contra as autoridades espanholas, que prendiam rotineiramente os fugitivos e seus colaboradores que fossem capturados aos cruzar a fronteira. A organização não esperava nenhum tipo de pagamento, mas de fato precisava de dinheiro para suprimentos, roupas e alimentos; para organizar a produção de documentos falsos; para pagar subornos, passagens de trem e as despesas dos artistas do contrabando que conduziriam os fugitivos nos trechos mais curtos e duros da viagem.

Depois de uma entrevista bastante intensiva, ficou claro para Creswell que Dédée era uma ativista autêntica, embora isso parecesse improvável. Suas maneiras eram diretas e seus escuros olhos amendoados sugeriam força e resolução.

"Era um rosto feminino que se impunha, os cabelos escovados para trás sobre a testa. Tinha belos olhos e a boca determinada."

Com o patrocínio de Creswell e o apoio eventual do M19 — a seção do serviço de inteligência militar em Londres que cuidava das fugas —, Dédée e seus novos amigos já retiravam aviadores pela fronteira em ritmo regular no final de 1941. Sua tenacidade possibilitou que alguns aviadores retornassem ao campo de batalha, e as rotas de fuga também forneceram uma fonte de informação humana e um canal de correio para todo tipo de material proveniente da inteligência aliada. Quando foi presa, ela própria já havia cruzado os Pireneus 24 vezes, levando pelo menos 118 aviadores para a segurança, sem perder um sequer.

A tarefa de encontrar colaboradores de confiança para abrigar fugitivos e outros refugiados procurados pelos nazistas, escondê-los e organizar um modo discreto de transportá-los para fora do país era muito arriscada. Se capturados, os grupos de aviadores supostamente seriam enviados a campos de prisioneiros de guerra relativamente confortáveis (na verdade, muitos apanhavam e eram obrigados a formar grupos de trabalhos forçados, enquanto outros eram mortos). Mas os integrantes da Resistência que os ajudavam e a qualquer outra pessoa a eles ligada enfrentavam uma provável sentença de morte, ou, na melhor das hipóteses, a deportação para campos de concentração, onde a maior parte seria morta. Mesmo quando conseguiam chegar à Espanha, o perigo não passava. A Gestapo tinha treinado a Guarda Civil de Francisco Franco, e ela costumava entregar os pilotos aos nazistas.

Dédée trouxe a boa nova aos seus amigos na França. Os ingleses iam ajudar, e isso garantiria a salvaguarda das tripulações em fuga assim que chegassem à Espanha. Quando a maior parte da rede estava montada, porém, foi preciso encontrar alguém especial para completar o elo perdido da jornada, um guia incansável e destemido que os pudesse levar em segurança para a Espanha. Teria de ser um homem das montanhas que conhecesse todos os caminhos traiçoeiros e todas as possíveis rotas de fuga — e alguém que compartilhasse a paixão de se opor aos nazistas. Kattalin, a viúva, disse que ela conhecia o homem certo.

Florentino. Saint-Jean-de-Luz, França. 15 de janeiro de 1943.

A rede de amigos de Florentino Goikoetxea levou à casa de Kattalin a notícia de que os nazistas tinham capturado Dédée. Mesmo com toda a sua força, com toda a sua energia, não havia nada que Florentino pudesse fazer para salvá-la. Se sentiu culpa por ter permitido que Dédée ficasse para trás, nunca disse nada a ninguém. Mas a perda o devastou.

Quando Dédée pediu um guia para as montanhas, foi Florentino que Kattalin apresentou — o guia mais forte, mais corajoso e confiável do País Basco. Ele ficou orgulhoso da honra e passou a respeitar o papel de Dédée na organização.

Florentino parecia nutrir sentimentos delicados em relação a Dédée. Os outros guias e membros da Linha Cometa notavam como sua aspereza se suavizava quando ela estava por perto. De todas as pessoas que o seguiam através das montanhas, a pequenina mulher era a única que podia acompanhar seu passo.

Mas Florentino não se deixaria abater pela captura dela, ou porque os nazistas estivessem em seu encalço. Com seu espírito de amizade, ele e todos os demais na Linha Cometa se concentraram mais que nunca no trabalho que tinham a fazer. Primeiro, deviam avisar o pai de Dédée, que estava a oito quilômetros estrada acima, e Florentino tinha de cruzar para a Espanha, para levar a notícia da captura de Dédée aos aliados britânicos. Depois, era preciso voltar ao trabalho: havia mais pilotos na Linha.

Florentino vinha se escondendo da polícia há anos, de ambos os lados da fronteira franco-espanhola, e até debochava dela, usando sua astúcia para descer das montanhas de tempos em tempos e visitar os amigos na cidade. Desafiava a autoridade porque considerava direito seu de nascença ir onde quisesse. Uma enorme boina escura repousava plana como uma panqueca no alto de sua cabeça, e um topete preto desgarrado ressaltava no centro do boné, emplastrado numa linha irregular sobre a testa. Ele se vestia com roupas de camponês: suéter cinza, uma velha japona preta de lã e calças rústicas de trabalho, pescando siri, que terminavam sobre o cano do sapato. Florentino punha a mão esquerda no quadril, com o cotovelo para fora, ao mesmo tempo desafiador e rebelde, a sombra de um sorriso inescrutável sob sobrancelhas sólidas e um prodigioso nariz basco.

Ele vinha de uma família de pequenos agricultores do lado espanhol do País Basco. Nascera em 1898, o mesmo ano da guerra em Cuba. Cresceu ouvindo histórias de veteranos em luta contra os norte-americanos na ilha, sobre parentes que haviam decidido permanecer naquela selva infernal e outros que por lá morreram.

Ele e seu irmão mais novo, Pedro, foram educados nas montanhas; mas foi Florentino quem ganhou um corpo de proporções prodigiosas, com o tórax de um boi e mãos que eram verdadeiras patas. Quando adolescente, trabalhara cavando areia na região do golfo de Biscaia. Era árduo mesmo para um homem como ele, e tão logo foi possível, se afastou do rio.

Florentino podia passar como uma sombra pela cidade e subir ocasionalmente à sua terra ancestral, o Caserío Altzueta, em Hernani, nas montanhas sobre o golfo de Biscaia. Os pontos de referência, porém, descreviam uma outra parte do mundo conhecido, como se uma viagem marítima, e não uma caminhada a pé e um trajeto de bonde, fosse necessária para cobrir o percurso. Os padrões lingüísticos naquela área são muito diferentes — há dúzias de variações regionais no uso e na pronúncia das palavras; combinar a fala e o povoado é tarefa digna de um lingüista. Isso significa que não há estrangeiros aqui, apenas membros reconhecíveis dos clãs em contraste com forasteiros — os que não falam basco. E o que os forasteiros ouvem é de fato uma mistura de 14 dialetos. Assim, quem tenta interpretar a língua dessas montanhas é sobrepujado. O regionalismo espelha o sentido de distância.

Os bascos vivem há milhares de anos nas montanhas, vales e angras da região dos Pireneus Ocidentais. As primeiras tribos bascas viveram há três mil anos, e eram caçadores e coletores cujos ancestrais se misturavam com outros europeus primitivos. Antes de haver registro histórico, os bascos foram pastores, caçadores e marinheiros.

Eles estão entre os marinheiros mais antigos da Europa, e acredita-se que tenham viajado para América do Norte com suas frotas pesqueiras pelo menos 400 anos antes de Colombo navegar sob a bandeira de Fernando e Isabel, saindo do sul da Espanha. Mantiveram sua independência ao longo de toda uma série de invasões da península Ibérica. Há dois mil anos, os romanos tinham feito acordos para atravessar a região em segurança a caminho da França, em vez de lutarem pelo controle da área acidentada; os mouros jamais conquistaram as regiões bascas do país durante os 800 anos que ocuparam a Espanha. Florentino e seu povo se converteram tardiamente ao catolicismo; os bascos mantiveram a grande tradição de ver divindades nos elementos da natureza. Mari, por exemplo, é uma deusa que vive em cavernas profundas, protegida por Beigorri, uma besta-fera de olhar selvagem que perambula pelas montanhas.

Famosos tanto como marinheiros quanto como exímios montanhistas — o que reflete a diversidade de sua terra natal —, eles adaptaram suas habilidades de agricultura e criação de gado ao terreno especial dos Pireneus.

Os bascos se sentem bem em ambos os lados da fronteira hispano-francesa — já viviam na região antes de os dois países existirem. As fronteiras criadas na Idade Média nunca separaram os bascos, há muito estabelecidos. Alguns têm cidadania francesa e outros vivem na Espanha. Todos se consideram antes de tudo bascos. De Bayonne a Navarra, eles falam sua língua única, o *euskera*, tão impenetrável para os forasteiros quanto os próprios Pireneus. A língua não é do grupo indo-europeu e tem origens desconhecidas, embora tome emprestado elementos do latim e do espanhol quando é conveniente.

Os nacionalistas bascos lutaram ferozmente contra a conquista da Espanha pelos fascistas de Franco, de 1936 a 1939, e foram vítimas de duras retaliações. Milhares foram mortos ou presos; viram-se sitiados de todas as direções pelo exército e pela polícia secreta de Franco. Este tinha assumido os títulos de *generalísimo* (o general acima de todos os generais) e de *caudillo* (líder). Mas os bascos o conheciam como um ditador cruel e repressivo que proibiu sua língua e reprimiu seus costumes.

A independência basca desempenhou um papel-chave no desenvolvimento da Linha Cometa. Dédée compreendeu que os poucos quilômetros finais da escapada não podiam seguir por ferrovia ou rodovia. Eles iam precisar de montanhistas confiáveis e entendidos, que soubessem como cruzar a fronteira entre a França e a Espanha. Florentino foi a escolha unânime. Ele havia fugido para a França durante a Guerra Civil Espanhola. Parecia ser do tipo rude, tendo pouco em comum com seus companheiros de organização. Possuía duas vezes a idades deles e mal conseguia falar francês ou espanhol. Mesmo na sua própria língua, o *euskera*, a conversa era curta e objetiva. Mas ele compartilhava com Dédée o ódio pela invasão fascista. Florentino sentia orgulho de ajudar a libertar os aviadores aliados.

Depois que abandonou o trabalho de cavar areia, ele tornou-se contrabandista. No País Basco isso não tinha nenhuma conotação negativa — todos os que viviam na fronteira lidavam com o contrabando ou o percebiam como uma questão de sobrevivência. No período de fome após a Guerra Civil Espanhola, ele podia arranjar qualquer coisa: café, tabaco, feijão, carne, roupa íntima rendada e até ovelhas ou bezerros gordos. Florentino podia andar a noite inteira impelido por seu amor às montanhas, fortalecido por garrafas de conhaque cuidadosamente escondidas ao longo do caminho. Sua grande vantagem era o conhecimento íntimo das montanhas: ele sabia de todas as possíveis bifurcações. Do mesmo modo como bebia, jamais hesitava, nem quando os que estavam sob seus cuidados escorregavam e caíam às suas costas.

Florentino sempre estava um passo à frente dos perseguidores de ambos os lados da fronteira. Já era lendário por suas proezas no País Basco, e essa fama entre pessoas com as características daquele povo não é pouca coisa.

Também construiu uma reputação entre os aviadores que conduziu ao outro lado do rio. Se um aviador exausto perdesse as forças na torrente, ao cruzar para a Espanha, Florentino carregava o homem nos braços, enquanto as pernas enfrentavam uma corrente que teria derrubado muita gente.

Herbert J. Spiller, da Real Força Aérea Britânica, foi um dos aviadores que Florentino ajudou a cruzar os Pireneus para fugir dos nazistas.[10] "Seu rosto comprido, alcantilado, marcado pela intempérie e da cor da nogueira, tinha uma espécie de nobreza áspera, com aquela boina preta achatada por cima", escreveu Spiller, recordando seu encontro com Florentino. "Quanto mais o conhecíamos, mais nos maravilhávamos com sua força, a habilidade de perceber o perigo e o sentimento instintivo das montanhas, qualidades que o capacitavam a cobrir distâncias à noite num ritmo alucinado, evitar obstáculos e encontrar lugares seguros para descansar. Temos motivos para sermos gratos por sua amabilidade e paciência enquanto nos guiava para a salvação."

Na Inglaterra, havia cada vez mais relatos de fugas através das montanhas. Ao chegarem em casa, Spiller e outros aviadores deram testemunho da gente corajosa e desprendida que os resgatara dos nazistas. Suas narrativas levaram esperanças e alívio para o número crescente de aviadores que se preparava para voar sobre o território inimigo. Se um dia fossem derrubadas, as tripulações sabiam que havia uma chance cada vez maior de voltar para casa. A força de Florentino e a beleza e valentia de Dédée estavam se tornando míticas entre os aviadores estacionados nas dezenas de campos que semeavam a zona rural inglesa.

Uma vez que entregava seus aviadores em segurança, Florentino nunca se demorava na Espanha.[11] Era um fugitivo procurado pela Guarda Civil, por suas atividades de "contrabandista". Durante a Guerra Civil, recebera ordem de apresentar-se nos quartéis da guarda, o que fizera montado na bicicleta. O oficial de dia, achando que Florentino não ia compreendê-lo se falasse em espanhol, disse: "*Muito bem, vamos levar esse sujeito para a prisão de Ondarreta.*" Florentino olhou para eles sem qualquer expressão no rosto e disse ao intérprete: "*Puxa, já que vai demorar um pouco, é melhor eu deixar minha bicicleta na casa do meu irmão.*" Como ele tinha se apresentado voluntariamente, a polícia não achou que fosse haver problemas. "*Tudo bem*", disseram eles. "*Leve a bicicleta para ele e depois volte.*" Mas Florentino sabia o que ia acontecer. Foi embora com a bicicleta, e a Guarda Civil nunca mais topou com ele outra vez.

Dédée. Bayonne, França. Prisão de Villa Chagrin. 20 de janeiro de 1943.

"*Está pronta para começar a tortura?*"

"*Estou.*"

"*Você vai acabar falando, sabia?*"

"*Repito que vou fazer tudo o que puder para evitar isso.*"

"*Então, vamos começar.*"

"*É. Vamos começar.*"

"*Tem certeza de que está pronta?*"

"*Tenho. Estou pronta.*"[12]

Este era um estranho enigma. Dédée não sabia onde encontrava forças para impedir que seus dentes batessem, que o corpo inteiro tremesse de terror.

O oficial da Gestapo diante dela — que veio depois de muitos outros que a pressionaram a falar — era realmente de arrepiar. Podia-se ver que era inteligente. E isso era o que mais dava medo.

Exteriormente, contudo, a atitude dela não vacilava. Seus nervos não davam mostra de nada, e ela parecia convencer o homem de que não ia fraquejar, de que a ameaça de tortura não era o bastante. Fosse por sua audácia, fosse porque era mulher ou por qualquer outro motivo, o fato é que o oficial da Gestapo piscou primeiro. Olhou-a de sua escrivaninha, fechou o dossiê e saiu da sala.

Ela observou com admiração distanciada até mesmo o fato de manter uma conversa "civilizada" com aquele homem, usando sua própria condição humana para controlar o ritmo do interrogatório. Talvez o oficial alemão levasse em conta a juventude dela, ou pode ser que pensasse que ela não tinha informações a dar, mas por alguma razão não houve tortura.

Dédée tirou pouco consolo disso. Aqueles dias de inverno — gélidos, numa cela úmida, com comida que mal dava, pouca água — tinham-lhe produzido um torpor, uma resignação, mas ela fora capaz de dissipar isso tudo quando começaram os intermináveis interrogatórios. Havia uma constante ameaça, implícita ou não, do que seriam capazes de fazer aquelas feras . Ainda assim, Dédée os enfrentou, e de algum modo sua dignidade prevaleceu. Eles queriam informações, e ela lhes deu o mínimo possível, sempre temperadas com mentiras.

Às vezes ela ficava sozinha numa cela. Em outras oportunidades, havia prisioneiros com ela, alguns deles presos sem sequer saber por quê. Havia mulheres recém-detidas, mulheres que estavam ali há semanas, com uma tosse seca, apertadas umas contra as outras, no suor e na doença. Uma vez ela ficou ao lado de uma tuberculosa que mal podia se mover. O lugar não servia nem para porcos, quanto mais para seres humanos, expressão que dificilmente se poderia ouvir ou pronunciar ali.

Contudo, Dédée agiu de um modo que pareceu colocar limites na atitude de seus captores. Ela não analisava o porquê. Por horas sem fim, dias consecutivos, semanas — ela não poderia dizer quanto tempo —, as perguntas continuaram, mortificadoras em seus detalhes e nas exigências que lhe faziam de clareza e atenção. O oficial educado falava com ela com nuanças assustadoras, fazendo séries diabólicas de perguntas sutis que tornavam suas mentiras cada vez mais difíceis. A tarefa de Dédée era desviar toda a inquirição a respeito de seu pai e seus amigos. Os nazistas presumiram que o pai dela era o cérebro por trás da organização Cometa. Então Dédée confundiu as coisas, dizendo que ela, e não o pai, era a verdadeira líder e fundadora da Linha. Na ocasião, porém, os nazistas não tinham como distinguir verdade e mentira. Ela dissera a verdade, mas não acreditaram nela.

Dédée não podia ser a chefe da Cometa, concluíram os nazistas; era uma mulher. Era jovem demais para ter criado uma organização tão sofisticada, que se estendia da Bélgica até a Espanha. Se tivessem acreditado, Dédée teria sido fuzilada ou guilhotinada.

Naquela altura, Florentino já dera a notícia da captura de Dédée para o consulado britânico em Bilbao, e Michael Creswell enviou um telegrama pesaroso ao quartel-general do M19 em Londres: "Profundo pesar Florentino informa prisão Dédée com três pilotos em Urrugne. Presa Villa Chagrin, em Bayonne. Tentativa fuga sendo organizada."[13]

Frédéric de Jongh, pai de Dédée, avisou exaltado os outros membros da Linha Cometa de que ela havia sido capturada. O primeiro homem a ir visitá-lo foi Jean-François Nothomb, um jovem veterano do exército belga que assumia um papel cada vez mais importante nas operações de fuga. Jean-François pegou o trem para Paris e se encontrou com os velhos amigos de Dédée, Tia Go e os outros. Maquinaram um plano que eles mesmos admitiram ser temerário: tirar Dédée da cadeia antes de ela ser transferida para Paris e, depois, para as garras da Gestapo.

Os integrantes da Linha Cometa não tinham treinamento de contra-ataque e possuíam poucos recursos. Além da ousadia sem limites, seu maior trunfo era a grande rede de contatos; a oposição contra a Ocupação predominava no País Basco. Isso tornava fácil a logística. Dédée ficou detida inicialmente na prisão de Chateau-Neuf, administrada pela França, em Bayonne, 16 quilômetros ao norte de Saint-Jean-de-Luz. Por sorte, dois dos melhores contatos da Linha Cometa possuíam um bar muito freqüentado, chamado Gachy, bem defronte à cadeia, do outro lado da rua.[14] Um supervisor da guarda carcerária era cliente regular do bar e se queixava o tempo todo dos alemães. Estava disposto a tirar Dédée numa fuga generalizada da prisão. Em troca, queria sair do país e escapar da Ocupação. Mas antes que o plano pudesse avançar muito, Dédée foi transferida para o outro lado da cidade, para Villa Chagrin, uma fortaleza que parecia um castelo, o que significava um desafio bem mais formidável. A prisão estava sob controle alemão e era cercada por uma muralha de pedras, aparentemente impenetrável, de pelo menos quatro metros e meio de altura. Isso queria dizer que havia duas opções: passar diretamente pelo portão ou escalar o muro.

Era necessário agir rapidamente. A prisão de Dédée e dos pilotos ameaçava expor esconderijos e ativistas em todo o País Basco. Um dos pilotos fora visto andando de carro em Bayonne com agentes da Gestapo, e provavelmente já havia dado informações sobre as operações da Resistência. Além disso, alguém na embaixada britânica em Madri cometeu um erro tolo. Sem autorização ou conhecimento de Creswell, um integrante da equipe do M19 mandou um aviso facilmente decifrável para os membros da Linha Cometa pelas ondas do Serviço Mundial da BBC: "Atenção, Nemo, Dédée pegou a peste."[15] Nemo era Jean Greindl, amigo de Dédée, líder da Linha em Bruxelas. Os nazistas monitoravam aqueles sinais de rádio; isso poderia levá-los a reconhecer a importância de Dédée para a organização das fugas.

Havia um certo número de contatos-chave que tinham acesso à Villa Chagrin. Um deles — de codinome Madame X — trabalhava na Cruz Vermelha e levava e trazia mensagens. Eles também tinham um amigo que era bombeiro hidráulico, o que lhes garantia acesso constante à prisão.

O relatório sobre Dédée não era bom. Seu moral estava alto, mas às vezes era mantida por dias na solitária sem qualquer alimentação, quando se recusava a responder às perguntas. Outras vezes a colocavam numa cela tão superlotada que sequer era possível deitar-se para dormir. Graças a descrições detalhadas, eles foram capazes de montar um mapa da prisão e da localização da cela de Dédée, que se situava próxima ao muro exterior da fortaleza.

Madame X podia trazer notícias de fora e disse a Dédée que seus amigos estavam organizando uma fuga. Dédée questionou se eles podiam levar a cabo essa operação sem colocar muitos outros em risco. Ela não queria que novas pessoas fossem capturadas; e, no que lhe dizia respeito, estava resignada com o próprio destino. Suas advertências urgentes e reiteradas falavam a respeito da probabilidade de outras prisões, e ela os preveniu sobre um problema de segurança: nem todos haviam sido poupados das sessões de tortura.

"*Conte a eles*", recomendou a Madame X.

"*Les enfants ont parlé et dit tour ce qu'ils savaient. As crianças falaram e abriram tudo o que sabiam.*"[16]

Pelo menos um dos pilotos capturados, submetido a espancamentos, estava falando — era grande o perigo de comprometer todos aqueles com quem os aviadores aliados tinham se encontrado no País Basco.

A equipe da Linha Cometa promoveu rapidamente uma reunião para discutir sua estratégia.[17] O pai de Dédée estava inclinado a não fazer nada, a subornar alguém — até mesmo a entregar-se aos alemães, como Dédée temia — em troca da liberdade da filha. Finalmente, os outros o dissuadiram, e tomou-se a decisão de entrar furtivamente na prisão e resgatar Dédée. Eles escalariam o muro da fortaleza e a tirariam de sua cela.

Jean-François e os outros arrumaram um arpéu caseiro para escada de cordas, reuniram serras e grampos necessários. Em 20 de janeiro, a equipe partiu da casa de Tia Go. Eram ao todo quatro: Tia Go, Jean-François e dois outros ativistas — Albert Johnson e Jean Dassié. Eles revisaram os últimos detalhes no bar Gachy e esperaram anoitecer. Nuvens ocasionais obscureciam a lua cheia, que projetava sombras alongadas enquanto eles cruzaram o rio, em direção à fortaleza de Villa Chagrin, andando ao longo do perímetro externo do muro e tentando ser tão discretos quanto possível para os que estavam na rua. Se tivessem sido abordados, não poderiam explicar o arpéu, a escada de cordas e as serras de arco escondidos sob os casacões.

Banhado pelo luar, um deles lançou o arpéu por sobre o muro alto da fortificação de pedra. Jean-François era o encarregado da escalada. Prendendo bem as serras de arco sob seu casaco para serrar as grades da cela, Jean-François escalou o muro subindo a escada de cordas aos poucos. Movia-se devagar para evitar ruídos. Johnson e Dassié seguravam a escada ao pé do muro, enquanto Jean-François escalava e Tia Go ficava de vigia.

Na metade da subida, houve um barulho. Todos gelaram quando dois soldados alemães em patrulha se aproximaram. A lua emitia sua luz intermitente. Johnson se coseu ao muro, esticando a corda de Jean-François, que estava escondido pelos galhos de uma árvore. Dassié, usando uma grande capa, pensou rápido e empurrou Tia Go contra o muro bem no lugar em que o final da escada aparecia atrás da árvore. Ao passarem, os alemães viram um casal enlaçado num abraço amoroso e não perceberam Johnson agachado nas sombras, nem Jean-François a meio caminho muro acima. Os soldados alemães viraram-se constrangidos e seguiram adiante.

Assim que os soldados dobraram a esquina, Jean-François retomou a escalada. Do alto do muro ele via exatamente a cela de Dédée, mas o momento de triunfo logo se desfez. A fortaleza tinha, invisível de qualquer outro ponto de observação, uma barreira de contenção interna de três metros de altura, em tal situação que era impossível descer do muro mais alto e escalar o mais baixo. A cela de Dédée estava fora de alcance. Jean-François desceu e voltou ao ponto de partida, desanimado por ter ido tão longe num projeto tão sem esperança. Os militantes retornaram ao bar e depois se retiraram para a casa de Tia Go, para pensar em outra maneira de tirar Dédée da prisão.

Jean-François tremia, numa combinação de ultraje e medo. "Eu não prestei atenção suficiente para os riscos que estávamos correndo — eu, mais que os outros —, e se tivesse raciocinado com clareza, jamais teria arriscado a escalada" disse ele aos amigos. "Não foi um ato de coragem... foi uma idiotice."

Ele estava sendo duro demais consigo mesmo. A lealdade de Jean-François com relação a Dédée impusera essa ação tão extrema a uma pessoa em geral cautelosa e reflexiva. Dédée tinha recrutado Jean-François em meados de 1942, fazendo circular a notícia de que procurava alguém "jovem, que não tivesse uma família na sua dependência. Devia ser atlético e, tanto quanto possível, parecer basco; tinha de aprender rapidamente o espanhol, e também conhecer o inglês".

Aos 20 anos de idade, Jean-François era um sujeito baixo e forte, com uma massa rebelde de cabelos negros cacheados e maneiras suaves que às vezes mascaravam a determinação. Sua compleição bronzeada pelo sol lhe dava uma aparência de europeu meridional, mas ele não falava o espanhol exigido. Conseguia se virar em inglês. Tinha deixado a escola em 1937, aos 18 anos, para ingressar no exército belga; estava servindo quando a Bélgica foi atropelada pelo avanço da *blitzkrieg* [guerra-relâmpago] nazista. Os alemães o prenderam. Ele fugiu uma vez de um campo de prisioneiros de guerra perto de Nuremberg, mas foi recapturado após três dias. Fugiu uma segunda vez e foi bem-sucedido. Cruzou a fronteira entre a Alemanha e Luxemburgo, tirando partido da fragilidade da segurança e de contatos entre os contrabandistas. Retornou para a então ocupada Bélgica em outubro de 1941, e planejava fugir para a Inglaterra — e de lá escapar da guerra, indo para a África. No entanto conheceu Dédée e descobriu um novo sentido de missão. Jean-François concordou com a avaliação franca e honesta de Dédée. "*Nós, belgas*", disse-lhe ela, "*temos o dever de lutar contra os opressores nazistas, sem pensar nas conseqüências*".

Poucos dias depois, eles criaram um novo plano de fuga, este ainda mais improvável que o primeiro. Os contatos de Tia Go nas cercanias de Bayonne eram funcionários, operários e até franceses infiltrados entre os guardas da prisão, os quais os ajudariam. A Linha Cometa podia usar essas fontes para levar e trazer mensagens de Dédée. Eles atrairiam vários guardas que estivessem de plantão na fortaleza para o bar de um amigo e os embebedariam. Jean-François e Johnson, trajando uniformes alemães roubados, entrariam pelo portão dianteiro. O bombeiro hidráulico abriria previamente o duto de ventilação perto da cela de Dédée e a levaria para fora, para o pátio. O plano B envolvia tirá-la de lá clandestinamente, dentro de um barril de madeira. Nenhum desses esquemas jamais deu em nada, pois Dédée foi transferida para outra prisão antes que os detalhes sobre cada variante pudessem ser acertados.

A nova prisão chamava-se Casa Branca e situava-se em outra parte da cidade. Eles pensaram sobre novas opções de fuga, mas estas também perderam sentido quando eles receberam outro aviso de Dédée. Os alemães faziam progressos nos interrogatórios com os pilotos. Algo de ruim estava prestes a acontecer. Um dos aviadores ingleses tinha apanhado até dizer à Gestapo que reconhecera o esconderijo em que haviam se abrigado antes de encontrar Dédée nas montanhas. Era a casa de Jean Dassié, que os salvara abraçando-se a Tia Go durante a tentativa de resgatar Dédée pelo muro de Villa Chagrin. Dassié, que havia perdido um braço na Primeira Guerra Mundial, era supervisor da central telefônica e podia monitorar as comunicações alemãs em todo o sudoeste da França. Mas ele foi pego de surpresa quando a Gestapo irrompeu na sua casa para prendê-lo e à esposa.

Tia Go saltou sobre sua bicicleta e foi avisar o restante da rede para recuar e evitar outros esconderijos que pudessem estar comprometidos. Dédée ficou abatida ao ver Dassié e a esposa de pé diante dela, numa sessão de interrogatório, mas soube que mais ninguém em Bayonne havia sido pego.

Naquela altura a organização de Dédée já tinha se tornado um foco importante para o quartel de fugas do M19, na sala 900 do Ministério da

Guerra em Londres. Os agentes do M19 haviam-se envolvido emocionalmente com as façanhas da jovem e seus amigos. A Linha Cometa ficou sob a supervisão do major Airey Neave, ele próprio ex-prisioneiro de guerra. Neave quase chorou ao ler o telegrama de Creswell sobre Dédée, dizendo: "O pior de tudo é estar aqui atrás de uma mesa em Londres, sem nada poder fazer, a não ser esperar por notícias."

O pai de Dédée implorava pela ajuda dos ingleses. O M19 usou seus contatos na Cruz Vermelha Internacional para argumentar que Dédée não passava de uma enfermeira presa por engano. A inteligência britânica era cautelosa, sabedora de que, caso se expressasse com demasiado interesse pelo tema, correriam o risco de chamar atenção sobre a moça.

Aflito com a captura de Dédée e pelo sentimento de impotência, Airey Neave decidiu enviar reforços de Londres — inclusive um operador de rádio belga que havia recebido treinamento.[18] A esperança era de que o jovem agente conseguisse abrir para a Linha Cometa a possibilidade de contato direto com Londres. Neave seria capaz de transmitir mensagens dos ativistas na Espanha, enviar suprimentos e fazer um revezamento dos agentes mais ameaçados para dar-lhes descanso e treinamento. E os funcionários em Londres também poderiam confirmar se eram autênticas as pessoas novas que vinham oferecer seus serviços e os pilotos que se apresentavam à sua porta, e não agentes duplos plantados pelos nazistas.

Neave levou o jovem recruta belga com todos os seus equipamentos de comunicação para o campo de aviação da RAF em Tempsford, 25 quilômetros ao norte de Londres, entre Northampton e Cambridge.[19] Neave estava mais nervoso que o belga a propósito da missão. Sentia-se pessoalmente responsável por todos no grupo; se aquele homem chegasse em segurança, talvez os amigos de Dédée pudessem finalmente tirar partido do novo apoio logístico.

Neave tomou café com o operador de rádio, e eles fizeram uma verificação final na parafernália e demais equipamentos: pára-quedas, revólver, carteiras de identidade falsas, moeda das áreas ocupadas. Andaram até a praça de manobras; Neave o saudou quando um avião Halifax de quatro motores se aproximou rolando pela pista. O operador de rádio saltou na área rural belga, e nunca mais se ouviu falar dele.

Enquanto monitoravam as operações da Linha Cometa, os agentes alemães o haviam localizado e matado pouco depois de ele tocar o chão.

2. A Recuperação da Linha

Embaixada britânica. Madri, Espanha. Fevereiro de 1943.

Michael Creswell, o primeiro dos defensores de Dédée entre os ingleses, estava trabalhando virtualmente em tempo integral, desde o começo de 1943, na coordenação de fugas da França ocupada. Cada vez que Florentino descia das montanhas, entrava em contato com os agentes da embaixada, e Creswell facilitava o caminho para as tripulações aliadas. Dédée não o acompanhava em todas as viagens, mas, quando vinha, Creswell marcava um encontro com ela em San Sebastián, a cidade espanhola mais próxima do território francês ocupado. Tratava-se de um balneário, lugar bem agradável para uma conversa. Eles falavam de questões ligadas a organização e despesas, e discutiam táticas e cronogramas. Dédée era incansável, e Creswell estava preparado para dar todo o apoio possível. Ele estava esperando por ela em 16 de janeiro, e começou a preocupar-se quando não apareceu. Ficou naturalmente perturbado quando Florentino entrou em contato vários dias depois, com notícias da prisão de Dédée. Mas as operações não podiam esperar.

Assim como Florentino, Jean-François e os demais, Creswell reagiu à captura de Dédée trabalhando mais arduamente que antes. Discutiu com as pessoas de Londres, pedindo maior apoio para manter e proteger a Linha Cometa. Compreendia que ela estava se tornando uma engrenagem cada vez mais importante no esforço de guerra. Eles haviam transferido mais de cem pilotos até então, e a guerra aérea começava a ganhar importância.

O despretensioso diplomata de 33 anos fazia idas e vindas freqüentes ao consulado de Sua Majestade em Bilbao — um porto enegrecido pela fuligem de uma cidade industrial a 25 quilômetros da França —, ou na opção muito mais atrativa de San Sebastián, mais ao norte na estrada. Creswell era muito diferente do estereótipo do diplomata britânico: era um homem simples, que falava franco e se concentrava em evitar toda a burocracia e as rotinas oficiais para fazer com que as coisas acontecessem. Ele tinha vindo para a Espanha depois de sua primeira nomeação ultramarina em Berlim, de 1935 a 1938, onde assistira pessoalmente à ascensão do nazismo e ficara preocupado com as políticas de conciliação do primeiro-ministro Neville Chamberlain no período pré-guerra.

Desconhecido pela maioria, Creswell fora membro da rede clandestina que, no seio do governo britânico, recolhia e repassava informações para Winston Churchill quando este estava fora do poder e assistia às tentativas ingênuas e infrutíferas de Chamberlain para forjar a paz com Hitler.[1] Churchill usou os relatórios de Creswell para organizar sua política de relação com Hitler e preparar-se para a guerra que se aproximava. Quando a Alemanha invadiu a Polônia, Chamberlain caiu em desgraça e renunciou, em 10 de maio de 1940, sendo substituído por Winston Churchill. Assim, quando chegou à Espanha, um diplomata ainda iniciante, Creswell dispunha de um canal aberto com o primeiro-ministro.

O embaixador britânico, sir Samuel Hoare, por outro lado, fora membro do gabinete de Chamberlain e apoiava as políticas indefensáveis de conciliação. Sir Samuel Hoare compreendeu que sua indicação para Madri era um exílio virtual imposto por Churchill, que não queria conciliadores em seu círculo próximo.

A situação não era trivial. Obtuso e conservador, o embaixador estava em desfavor com Winston Churchill. Ele praticava na Espanha sua própria variedade de conciliação com Franco e não queria ter nada a ver com as operações clandestinas e de espionagem, que ele temia ofenderem o anfitrião fascista. Essa atitude e esse estado de espírito impregnavam a representação diplomática britânica na Espanha.

Sir Samuel Hoare descrevia homens altruístas ao estilo de Florentino como mercenários que resgatavam pilotos apenas por dinheiro — do mesmo modo seriam pagos por qualquer outra mercadoria que eventualmente contrabandeassem pela fronteira. O embaixador britânico compartilhava seu desinteresse nas rotas de fuga com Carlton Joseph Huntley Hayes, o embaixador dos Estados Unidos na Espanha. Hayes pensava que a Espanha estava ajudando ativamente os fugitivos, idéia que podia ser facilmente contestada por qualquer um que tivesse tentado se esquivar das patrulhas da Guarda Civil na fronteira.[2]

Os dois homens encontravam-se longe dos campos de batalha e se enganavam redondamente sobre o governo de Franco. Dédée, Jean-François, Florentino e seus colegas estavam sob ameaça constante de prisão pela Guarda Civil. O governo espanhol só atuou favoravelmente em resposta a pressões exercidas pelos Aliados ou pelos alemães a respeito do status dos fugitivos. Integrantes da Linha Cometa tinham sido presos na Espanha por ajudar aviadores em fuga. Até mesmo aviadores aliados foram presos na Espanha, sendo soltos somente quando Creswell interveio.

As atividades de Dédée, Jean-François e da Linha Cometa ficaram sob a proteção do M19, e não dos serviços de informação britânicos ou do Escritório de Serviços Estratégicos dos Estados Unidos. Contudo, às vezes as organizações se sobrepunham. Ambos os países usavam a Linha Cometa como correio de suas redes de informação. Os americanos em Madri não se envolviam ou se envolviam pouquíssimo com as operações de fuga, ainda que a maioria dos fugitivos fosse de aviadores estadunidenses.

Creswell sabia que era melhor evitar o contato com o seu próprio embaixador e o dos Estados Unidos, que proibiu sua equipe de se envolver em transações que pudessem arranhar as relações com Franco.

Após a tentativa fracassada de resgatar Dédée, Jean-François desceu até Madri para se encontrar com Creswell e os dois poderem falar sobre como evitar novos desastres. Durante o encontro eles decidiram abrir uma nova rota de fuga.

O problema continuava a ser o rio; a rota dos atravessadores através das montanhas, a partir de Saint-Jean-de-Luz, era a mais direta, todavia nem sempre a mais segura. Dédée não seria capturada na casa de Frantxia em 15 de janeiro se as condições climáticas tivessem permitido que eles se deslocassem mais rapidamente na noite em que o rio encheu. Assim, Jean-François concordou em tentar uma rota oriental através dos Pireneus, perto do povoado espanhol de Elizondo, a 48 quilômetros a sudeste de Irún, na estrada de Pamplona, onde o rio Bidassoa já havia guinado para o norte e desaparecido nas montanhas.

No final de fevereiro, Jean-François voltou para a França.[3] Reuniu aviadores em Paris — dois ingleses e um canadense — e trouxe-os pela Linha de Bayonne. Em vez de continuar para oeste na direção do mar, seguindo a velha rota de fuga, eles fizeram caminho a sudeste, na direção de Saint-Jean-Pied-de-Port. Andaram a noite inteira pelas montanhas e saíram num campo ondulado antes de raiar o dia, percorrendo trajetos relativamente planos. A fronteira era uma fazendola sem qualquer identificação, e subitamente eles estavam na Espanha. Encontraram um lugar para se esconder na primeira propriedade do lado espanhol, e Jean-François deixou os aviadores esperando enquanto foi até o centro da cidade, a cerca de três quilômetros e meio de distância. Elizondo era um calmo povoado basco na província de Navarra, a mistura tradicional de casas de fazenda, oficinas e lojas modestas, ensolaradas, uma velha praça e uma igreja paroquial. Ao alvorecer, ninguém estava nas ruas. A área era intensamente patrulhada.

Jean-François localizou um telefone e ligou para o seu contato, Bernardo Aracama, um mecânico de automóveis e motorista basco que trabalhava para o consulado britânico. Aracama, que estava esperando em San Sebástian, enviou um táxi de confiança para pegá-los na rodovia Irún-Pamplona.

Cerca de uma hora mais tarde, Jean-François fez sinal para o táxi e os quatro homens se acomodaram lá dentro. Pensavam que estavam livres, até que Jean-François viu dois soldados da Guarda Civil numa ponte logo à saída de Elizondo. Enquanto Jean-François se preparava para o pior, os guardas fizeram um gesto para eles pararem.

"Documentos de identidade!", exigiram, brandindo seus fuzis, depois de tê-los mandado saltar do carro.

"No tenemos. Não temos nenhum", respondeu Jean-François.

O primeiro problema de Jean-François era que portava documentos espanhóis falsos. O segundo era que Creswell lhe havia dado carteiras de identidade com quatro nomes diferentes, e ele trazia todas elas no bolso. Se os guardas os revistassem, ele obviamente teria problemas. E, nesse ínterim, como ia explicar que os três aviadores estivessem usando roupas tão esfarrapadas, enquanto ele vestia calças e jaqueta novas, compradas na Espanha? Precisava inventar uma história, e não havia muitas opções.

"Sou piloto", disse ele num espanhol com sotaque francês. *"Somos da Real Força Aérea."*

Ele não parecia inglês, e até mesmo um tolo podia ver como batalhava e gaguejava, tentando explicar para os ingleses sob seus cuidados o que estava acontecendo.

"Você fala francês?"

"É porque sou piloto franco-canadense", disse Jean-François quando eles lhe perguntaram sobre seu óbvio problema de comunicação. *"É por isso que falo francês."*

A polícia espanhola não se deixou convencer e decidiu levar os quatro homens ao quartel-general em Pamplona, quase 50 quilômetros a oeste.

A cadeia em Pamplona era um pesadelo. Planejada para 500 homens, a prisão tinha cerca de cinco mil reclusos amontoados num pátio central. A maior parte era formada por franceses em fuga para o sul, buscando escapar das frentes de trabalho obrigatório nazistas. Jean-François não sabia que se encontravam em plena temporada de fuga dos franceses. A menos que conseguisse inventar um plano, estava encrencado, porque os franceses capturados eram enviados de volta para a França ocupada.

Jean-François e os três aviadores foram tangidos para o meio do tropel de homens que se espremiam a esmo na prisão. Ao longo do dia, foram chamados um a um para interrogatório. Enquanto isso, Jean-François deu um jeito de destruir e jogar fora suas carteiras de identidade falsas.

Quando chegou a sua vez, foi levado a uma sala estéril para uma sessão com um interrogador que só falava espanhol, e nada mais.

"*Muito bem, você diz que é canadense. De que parte do Canadá você é?*", perguntou o policial.

"*De Quebec*", respondeu ele, sem lembrar se Quebec era uma cidade ou uma província — ou as duas coisas.

"*Qual é seu endereço?*"

Completamente enrascado, ele soltou o primeiro endereço inglês que lhe veio à cabeça.

"*Número 10, Downing Street.*"

Que diferença fazia? Talvez aqueles policiais nem notassem.

Como pôde constatar, o policial espanhol sabia menos do Novo Mundo que Jean-François, e de algum modo acreditou nele.

Enquanto isso, o consulado britânico em San Sebastián já tinha notícias do que estava acontecendo. Quando o táxi não retornou a San Sebastián, Aracama telefonou para o consulado. Na manhã seguinte, o motorista do táxi foi liberado e forneceu detalhes sobre a captura.

De volta a Madri, Creswell foi notificado da prisão e informado de que Jean-François e os aviadores estavam encarcerados, mas em segurança. Tudo o que tinham a fazer era libertá-los.

William Goodman, o cônsul britânico em San Sebastián, foi escolhido para conduzir as negociações. Creswell ficaria nos bastidores. Eles entraram em contato com oficiais da polícia de Pamplona, que confirmaram ter quatro pilotos da RAF sob custódia, dois ingleses e dois canadenses. Isso também era uma boa notícia. Significava que Jean-François estava se fazendo passar por fugitivo. Os esforços para tirá-los da cadeia envolviam notas diplomáticas, burocracia e papelada que tomariam um tempo. Nesse ínterim, Goodman pediu permissão para se encontrar com os homens detidos.

Depois de vários dias na cadeia, Jean-François e companhia foram chamados à área de visitas. Goodman estava lá e deixou claro com uma piscadela que Jean-François devia fingir que não se conheciam.

"Nós vamos tirá-los daqui, rapazes, é só uma questão de burocracia. É só esperar um pouco, e já estarão em casa", disse Goodman num inglês cristalino. *"Não precisa nem pensar em fuga."* Goodman levantou uma sobrancelha para Jean-François, que não entendeu todas as palavras, mas captou a idéia.

Uma vez que os ingleses haviam manifestado seu interesse pelos aviadores capturados, as condições passaram a ser menos ameaçadoras. Jean-François tinha certeza de que os espanhóis percebiam que ele era uma espécie de espião, mas não o separaram dos outros para torturá-lo. Ele era apenas mais um prisioneiro, forçado a se espremer entre os outros no pátio superlotado da prisão.

O pior era a comida. Um caldo insuportável com favas de feijão e qualquer outra coisa. Um exame mais atento revelava um verdadeiro experimento científico, com vermes e insetos nadando junto com os legumes em busca de espaço. Assim, comer era difícil. E difícil também era o tédio.

Goodman lidou com o problema pagando alguém para levar refeições especiais para dentro. Mas a única coisa justa a fazer era dividir as refeições com os outros homens em suas celas, mesmo que não fosse o bastante para todos.

Os presos eram segregados por religião. Os guardas avaliavam que todos os originários da França ou da Espanha eram católicos, e que americanos, ingleses e canadenses tinham de ser protestantes. Jean-François e os aviadores reais foram colocados numa pequena cela só para "não-papistas". Jean-François, católico devoto, não gostou, mas não disse nada.

No pátio da prisão, Jean-François era popular entre os outros detentos. Eles ansiavam por notícias do mundo lá fora e lhe perguntavam todo tipo de coisa. Não demorou muito para perceber que algumas das questões eram muito persistentes.

"Como vai a guerra?", perguntou um detento.

"Muito bem."

"Os ingleses estão lutando de verdade? E os americanos? Que lugares eles estão bombardeando?"

"Muito bem, a maré está virando, e nós vamos ganhar essa guerra", respondia ele.

Jean-François improvisou até começar a ouvir perguntas que lhe soaram estranhamente técnicas. Um dos prisioneiros tinha ouvido falar de um novo avião de caça britânico.

"Você já viu esse novo avião? Que tipo de motor ele tem? Ele voa mais rápido que os caças alemães?"

Jean-François olhou em volta, para os homens que esperavam as respostas. É claro, ele não sabia nada sobre aviões britânicos e mal tinha notícias da guerra. Mas como devia ser evidentemente tomado por espião britânico, achou que cabia assumir o papel. Olhou-os astutamente e disse em tom conspirativo:

"Essas questões são protegidas por meu juramento de segredo operacional."

No dia seguinte, ninguém chegou perto dele. Aparentemente os informantes que lhe faziam perguntas tinham se afastado por sua recusa em dar informações. Assim era melhor para ele, mesmo que achassem que era espião.

Após duas semanas, Jean-François e os três aviadores foram chamados mais uma vez. Um enorme carro diplomático britânico esperava por eles. Creswell e Goodman tinham conseguido soltá-los. Vários oficiais da França Livre que também estavam sendo reenviados à Inglaterra iam juntos na viagem de oito horas até Madri, o que representou um árduo exercício de mal-entendidos. O motorista da embaixada presumiu que Jean-François era canadense e, desse modo, capaz de traduzir do inglês para o francês. Os oficiais franceses pensaram o mesmo. Como não devia confiar sua verdadeira identidade a ninguém, Jean-François não podia admitir a verdade: que falava um inglês miserável, e entendia ainda menos essa língua.

Mas o motorista inglês falava sem parar, fazendo pausas só para traduzir para os franceses. Estes, por sua vez, falavam com o motorista e os aviadores e pediam a Jean-François que traduzisse para o inglês. Jean-François falou ao longo dos 560 quilômetros até Madri — e inventou toda a conversa, já que não entendia sequer uma palavra do que os ingleses lhe diziam. Já estava sem voz e muito justificadamente desabou de exaustão quando

Creswell recebeu-o em Madri. Os aviadores e os oficiais franceses foram enviados para Gibraltar, e Creswell levou Jean-François para sua residência, avisando-o para não falar na presença de criados ou ajudantes, o que não era um problema depois que o carro partiu. Creswell disse que alguns empregados da residência da embaixada eram sem dúvida espiões capazes de denunciá-lo como ativista da Resistência.

Creswell argumentou que era perigoso demais voltar para a França.

"*Depois da prisão de Pamplona, sua fotografia será enviada à Gestapo. Você é um homem marcado.*"

"*Eu tenho de voltar.*"

"*Eles chegam a usar pequenas câmeras na lapela para tirar seu retrato. A Gestapo sabe quem você é*", disse Creswell.

"*Não acredito em nada disso.*"

"*Espere um pouco na Espanha*", insistiu Creswell. "*Não deixe eles saberem que você está de volta à França.*"

"*Não*", disse Jean-François. "*Quero voltar imediatamente.*"

Creswell desistiu. "*Muito bem, então, vista-se sempre como um basco, mantenha sempre uma boina enfiada na cabeça e não fale com ninguém que não conheça.*"

Creswell, a mãe protetora de seus filhotes, implorou para ele se cuidar, evitar riscos e comer bem; o jovem líder da Resistência recebeu um montante em dinheiro para as despesas, jogou alguns produtos na mala de viagem e estava pronto para partir para o norte, de volta à França. Após três dias de descanso, Creswell o despachou em carro diplomático para San Sebastián; a Guarda Civil o saudou quando o carro passou. É irônico, pensou Jean-François. Os mesmos homens que me prenderam agora me tratam como se eu fosse um importante diplomata. Ah, se eles soubessem.

Em vez de esperar por Florentino, Jean-François decidiu que ia empreender a viagem de retorno à França sozinho. E sentiu-se revigorado pela liberdade de conhecer o caminho por si mesmo, de poder adentrar a escuridão das montanhas como um espírito iniciado. Ele pegou o bonde fora dos arrabaldes de San Sebastián. A rua serpenteava ao longo das montanhas que estreitavam o distrito portuário, onde cargueiros de enferrujados cascos cor-de-laranja, da Espanha e de todos os países que se podia imaginar, estavam amarrados na sucessão de docas. Guindastes de ferro movimentavam as cargas das embarcações para as docas e das docas para as embarcações — carvão, petróleo, sardinhas, ferro, laranjas e azeitonas —, provenientes tanto dos países nazistas quanto dos aliados, ou a eles destinadas, visto que a Espanha fazia comércio com ambos os lados. Jean-François pôde ver o tráfego de embarque no ponto final da linha do bonde. Cruzou a cidade andando até as estradas virarem para as montanhas, na direção de Oyarzun, ponto onde desceu para o centro do povoado, pegando em seguida a estrada sinuosa que outra vez subia as montanhas, onde eles tinham um esconderijo numa pequena propriedade rural chamada Sarobe. Depois de descansar um pouco, continuou a escalada pela trilha dos contrabandistas, em direção à fronteira francesa.

A jornada era muito mais rápida sem a responsabilidade de guiar os aviadores em fila indiana. De vez em quando passava por um dos contrabandistas bascos, todos eles amigos de Florentino. Encontrou o caminho pelas montanhas com facilidade e chegou ao rio Bidassoa antes do alvorecer. Cruzou a rodovia no escuro, silenciosamente, para evitar as patrulhas da Guarda Civil, e então saltou sobre os trilhos da estrada de ferro e pulou da margem do rio. Atravessou rapidamente, com a água só um pouco acima dos tornozelos. Aquele rio era estranho, às vezes a corrente inofensiva de um riacho, outras, perigosa torrente. A gente nunca sabia o que ia encontrar.

Jean-François fez uma parada rápida na casa de Kattalin. Ela lhe contou a má notícia da prisão de Jean Dassié e da esposa. Também contou que tinham dado um tempo no transporte de pilotos. Todos pensavam que havia problemas no norte. Ele sentiu-se ainda mais pressionado a descobrir o que estava acontecendo.

Na manhã de 25 de março, Jean-François foi diretamente à estação ferroviária de Bayonne, onde pegaria o expresso diário para Paris. Tinha um álibi perfeito para viajar de trem. Como sempre, ele portava documentos bem falsificados que o identificavam como Jean Noto, estudante da Sorbonne.[4] Neste papel, ele podia viajar pela França e para sul, ao País

Basco. Sua carteira de identidade e demais documentos também lhe permitiam viajar ao longo da costa francesa. Era natural que os estudantes andassem de um lado para outro do país, fosse em visita à família, fosse em férias.

Ele estava confiante ao esperar pelo trem, sabendo que seus documentos o protegeriam, sem temer a presença de soldados nazistas nas imediações. Estava tão imerso em seus pensamentos sobre como restabelecer a rota de fuga que nem notou a comoção do ajuntamento que se formava lá fora: veículos militares paravam diante da estação, carros, o som de ordens gritadas em alemão.

Ao longo da plataforma, as pessoas enfiavam as mãos nos bolsos e saíam de lado. Talvez tenha sido o relógio da torre batendo a hora que chamou sua atenção. Ele levantou os olhos e viu que uma falange de guardas alemães, de baionetas caladas, se deslocava rapidamente em sua direção.

E então, lá estava ela. Eles iam transferir Dédée para Paris. Por coincidência do destino, Jean-François e Dédée iam pegar o mesmo trem.

Jean-François teve sentimentos arrebatados, conflitantes: alegria imediata de saber que ela estava viva, horror de que estivesse sendo levada embora, um lembrete do seu fracasso em resgatá-la. Ele quis sair correndo, explodir o trem; mas nada podia fazer. Dédée era o centro de tudo, andando no meio da patrulha alemã, seguida por Jean Dassié, sua esposa e os três aviadores ingleses capturados.

Dédée, pálida, embora altiva, viu-o e teve a mesma gama de reações de choque. O homem a quem ela abraçaria como a um amigo e a sua liberdade estavam ao alcance da mão, mas encontravam-se encurralados, impossibilitados de fazer sequer o menor gesto de reconhecimento.

Jean-François agiu como se lesse jornal ou pensasse em alguma outra coisa; se os nazistas percebessem Dédée olhando para ele, seria um desastre para ambos. Lenta e deliberadamente ele deu a volta, indo se colocar num ponto da plataforma de onde era possível se olharem de longe.

Ela o viu, mas eles mal podiam se arriscar a levantar as cabeças, e falar estava fora de questão. Quando o trem chegou, Dédée e os outros detentos entraram a bordo de um vagão especialmente arranjado, com barras de ferro nas janelas e guardas de capacete postados em cada entrada. Jean-François entrou no vagão seguinte e percebeu que homens com botas de montaria impediam a visão dos prisioneiros.

Todo e qualquer outro pensamento era impossível naquela hora. Ele se concentrou em imaginar um plano. Mas qual? Impossibilitado de falar com ela, de certo modo era tão prisioneiro quanto Dédée. Jean-François considerou a hipótese de desviar a atenção dos carcereiros; pensou em descarrilamentos, em saltar do trem e atrair os soldados atrás de si, para ela poder escapar. E Dédée estava preocupada, pensando que Jean-François podia ser pego tentando ajudá-la. Mas não havia qualquer jeito lógico de fazer isso. O trem parou em Bordeaux logo depois de deixar Bayonne. Jean-François andou pela plataforma e viu o rosto dela através das barras. Eles trocaram um olhar furtivo, imperceptível para qualquer outra pessoa. Isso foi tudo o que puderam fazer.

Outra vez no trem, foi uma tortura para Jean-François se manter sossegado numa viagem na qual Dédée se encontrava tão perto. Cada hora que passava tornava tudo bem pior do que atravessar as montanhas sem saber se ele próprio seria preso ou do que os riscos de driblar as patrulhas nazistas. Nas montanhas ele tinha o comando das suas próprias decisões e podia escolher quando agir. Aquele intervalo de tempo passou da maneira mais horrível; ele rezou pela segurança dela, por sua saúde, para que de algum modo conseguisse se libertar. Ele expulsara de sua mente a frustração da tentativa de fuga em Bayonne, quando estivera tão perto de conseguir. Ao longo de todo o caminho até Paris, nas cinco horas em que pensou intensamente em Dédée, ele vasculhou tudo, procurando a chave para resgatá-la, mas simplesmente não havia. Jean-François suportou a viagem num estado de absoluta impotência e desesperança. Quando chegou finalmente à estação de Austerlitz, em Paris, demorou um pouco até vê-la rapidamente uma última vez antes que os soldados e a Gestapo a enfiassem num carro. E depois disso ela já havia partido.

A presença de Dédée e sua incapacidade de agir quase o fizeram adoecer. Era errado castigar-se por não tê-la resgatado. Mesmo que ele soubesse de antemão, qualquer tentativa no trem seria suicida. E ela não ia querer que ele fosse irresponsável. Fazia parte do pacto que havia entre eles — não ser imprudente, garantir a sobrevivência da nossa linha de resgate.

Dédée foi transferida de Paris para a prisão de St. Gilles, em Bruxelas, onde permaneceu durante a primavera e uma parte do verão. Amigos belgas puderam acompanhá-la enquanto esteve lá. Ela resistiu às sessões de interrogatório, mas depois de um tempo os alemães se desinteressaram.[5] Dédée compareceu diante de um tribunal da Ocupação belga e, num processo cheio de irregularidades, foi condenada à morte por subversão.

Finalmente, houve uma informação de que os prisioneiros de St. Gilles seriam transferidos para prisões e campos de concentração alemães. Pouco antes da transferência, Dédée estava no pátio da prisão quando teve um encontro sombrio, tão abençoado e maldito quanto ver Jean-François no trem. Embora proibissem os prisioneiros de se juntar, às vezes, ao andar pelo pátio, eles podiam se aproximar fugazmente. A cadeia estava cheia de belgas contrários à Ocupação — patriotas infelizmente apanhados; velhos e jovens, homens e mulheres. Na meio da multidão, um dia, ela percebeu o olhar cortante e intenso de um homem que estava afastado dos demais. Era Nemo, seu amigo e líder da rota de Bruxelas. Dédée sequer sabia que havia sido preso, e não quis acreditar que era ele. Instintivamente, da maneira que os prisioneiros aprendem a fazer para não chamar a atenção de seus captores, Dédée e Nemo simularam indiferença e lentamente se aproximaram um do outro.

Em janeiro, apenas alguns dias antes da malfadada viagem para o sul, Dédée prevenira Nemo de que ele estava em perigo. Amigos haviam sido interrogados; todos eram espionados, e tinham sabido que os nazistas estavam treinando agentes para segui-los em Bruxelas e Paris. Foi por isso que o senhor de Jongh teve que fugir de Paris. E era igualmente importante que Nemo saísse de Bruxelas. Mas este se recusou.

Creswell tinha repassado a eles a informação dada por Neave e outros do quartel do M19 em Londres, de que os nazistas iam aumentar os esforços para destruir a Linha Cometa. Relatórios de espiões diziam que Herman Göring, responsável pela Luftwaffe (a aviação alemã), tinha compreendido que os aviadores estavam sendo resgatados em Bruxelas. Para contra-atacar, os nazistas engajaram agentes para localizar e se infiltrar nas fileiras de Dédée e seus amigos. Eles descobriam informações sobre os simpatizantes e as casas usadas como esconderijos, e essas pessoas estavam sendo presas.

"Eu sei que há nove chances em dez de nunca sairmos vivos", disse-lhe ela.

Nemo apenas sorriu. Na ocasião, em 6 de fevereiro, ele também foi preso no seu quartel-general na Cantina Sueca. Foi quase um ato de resignação. Nemo tinha sabido da captura de Dédée. Também tinham ocorrido prisões anteriores em Bruxelas, inclusive da irmã de Dédée, Suzanne, e de sua jovem amiga, Andrée-Dumont, cujo nome de guerra era Nadine. Ele se dedicava à luta, não iria fugir.

Ironicamente, Dédée foi presa três semanas antes de Nemo, mas não era hora para recriminações. O encontro entre os dois foi acre-doce. Nemo tinha sofrido muito fisicamente, mas sua atitude era forte. Eles mal puderam falar.

"*Fui condenado à morte*", disse ele a Dédée.

"*Eu também.*"

Foi um contato fortuito; as palavras não eram adequadas para expressar as emoções. Sabiam que provavelmente nunca mais iriam se ver.

Trataram de conversar pouco para evitar que os guardas se interessassem e usassem um deles para extrair informações sobre o outro. Dédée, triste porque Nemo também fora pego, sentia-se ao mesmo tempo grata pelo momento. Estavam fadados a isso, pensou ela. Eles só podiam estar orgulhosos do que tinham feito e alcançado.

Dédée foi despachada com milhares de outros prisioneiros políticos para a Alemanha; ela conheceu uma série de prisões e finalmente foi mandada para o campo de concentração feminino de Ravensbrück. Até o fim da guerra eles ficariam perdidos atrás da cortina conhecida como *Nacht und Nebel*, "noite e bruma", uma tática usada pelos nazistas para dar sumiço aos agentes clandestinos e da Resistência. Heinrich Himmler, representante de Hitler, descreveu a estratégia num decreto: "O *Füher* é de opinião de que, nesses casos, a prisão, ou mesmo uma sentença perpétua de trabalhos forçados, será encarada como sinal de fraqueza. A intimidação efetiva e duradoura só pode ser alcançada com a pena de morte ou medidas que deixem a família e a população em geral inseguros sobre o destino do criminoso. A deportação para a Alemanha serve a este fim." O decreto bloqueava o fornecimento de informações à Cruz Vermelha Internacional ou a qualquer outra organização ou pessoa. Dédée, Nemo e todos os outros desapareceram, e seu destino permaneceu desconhecido até a guerra acabar.

Menos de uma semana depois de sair de Madri, Michael Creswell enfrentou uma séria ameaça às operações de fuga através da Espanha. Os alemães estavam cada vez mais conscientes do sucesso dos militantes da Resistência em transferir os aviadores aliados, e assim aumentaram a pressão sobre o governo espanhol para deter a atividade clandestina. Infelizmente, parece que a pressão alemã surtiu efeito. O governo de Francisco Franco ameaçou fechar a fronteira e disse que ia começar a despachar pilotos norte-americanos e ingleses de volta para a França ocupada. Ao longo de toda a fronteira espanhola, a polícia ameaçava devolver qualquer um que fugisse do território ocupado.

O governo espanhol na zona de fronteira expediu ordens em 30 de março de 1943, exigindo que todos os funcionários locais informassem sobre qualquer elemento que ajudasse pessoas a escapar do território nazista.[6] A ordem dizia que os funcionários deviam "relatar sobre pessoas em trânsito provenientes... do nosso país vizinho, ocupado pela Alemanha... as quais, por não terem meios de subsistência ou por levarem um estilo de vida além dos seus meios legais conhecidos, ou por se dedicarem a práticas contrárias à ordem pública, possam ser elementos que ajudem, guiem ou protejam fugitivos".

E isso não foi tudo. Num gesto fraternal, o ministro espanhol das Relações Exteriores enviou a Berlim uma lista de "refugiados vermelhos que, segundo o governo [alemão], deveriam ser removidos da fronteira".[7]

Nesse caso, o embaixador Hoare foi forçado a apoiar Creswell e os fugitivos. As vidas de Jean-François, seus colegas da Linha Cometa e de um grande número de aviadores estavam em risco. Em 29 de março, Hoare protestou veementemente.[8] "Por quase três anos, o governo espanhol, de acordo com a interpretação reconhecida da Convenção de Haia, tem permitido que sejam repatriados os prisioneiros fugitivos de guerra que chegam à Espanha", disse ele ao ministro das Relações Exteriores. "Como alegar qualquer imparcialidade numa ação que nada mais é que cooperação ativa [com a Alemanha nazista]... Não é esta instrução contrária a todos os preceitos de humanidade?"

Franco e seu governo responderam tipicamente, tentando aplacar os alemães e ao mesmo tempo não pôr em risco o apoio econômico que estavam recebendo dos Estados Unidos e da Grã-Bretanha. A Espanha simplesmente não fez mais qualquer pronunciamento sobre mandar pilotos fugitivos de volta à França — ou não. Suspendeu tacitamente a ordem de parar os fugitivos, mas Creswell teve de aprofundar seu envolvimento pessoal na proteção dos aviadores e daqueles que os ajudavam. Tão freqüentemente quanto podia, viajava para San Sebastián, desafiando implicitamente o governo espanhol a criar um incidente diplomático por maltratar fugitivos.

O embaixador britânico tinha pouco mais a dizer sobre as operações de fuga. A prioridade de sir Samuel Hoare era administrar sua embaixada e proteger a imagem da Espanha entre as camadas superiores. Sua consciência de classe e seu senso de justiça não lhe permitiam lidar com o que ele considerava o lado sórdido da vida.

Jean-François. Paris, França.
7 de junho de 1943.

Levou dois meses para a Linha Cometa se reorganizar após a captura de Dédée, e, quando isso aconteceu, Jean-François era o seu novo líder. Depois de chegar em Paris naquele dia do final de março no mesmo trem que a prisioneira Dédée, Jean-François pôde ver que a cidade estava mudando. A Gestapo e o serviço de inteligência da Força Aérea Alemã circulavam, plenamente conscientes das operações de fuga. Os alemães pareciam considerar 1943 o ano de apertar o cerco sobre as forças da Resistência. Muitos amigos de Dédée foram presos, tanto em Bruxelas como em Paris. Jean-François não considerou a possibilidade de que as prisões tivessem sido coordenadas, de que pudesse haver quebra de segurança dentro da organização da Cometa.

Ele deixou a organização de Paris nas mãos do senhor de Jongh e reassumiu o trajeto para o sul, em Saint-Jean-de-Luz. De fato mudou a rota, deixando de usar o trem expresso de Paris, mas escolhia trens locais e uma série de conexões que incluíam andar a pé, trechos de bicicleta e passar a noite em novos esconderijos. Os alemães estavam ficando mais espertos. Em toda a França e a Bélgica, andar de trem significava risco constante de controle dos documentos. Sempre que Jean-François chegava à casa da viúva Kattalin, Florentino estava à sua espera para atravessarem as montanhas mais uma vez.

Dédée tivera razão quando avaliara o risco corrido por seu pai. O senhor de Jongh era um homem admirável, disse Jean-François, mas confiante demais, um tanto ingênuo, e não muito bom para julgar o caráter das pessoas. Ao longo de toda a primavera de 1943, a Gestapo perseguiu implacavelmente a organização clandestina da Resistência. A chance deles surgiu quando o senhor de Jongh abriu inadvertidamente sua porta para um traidor.

Talvez como resultado da dor pela captura de Dédée, o fato é que o senhor de Jongh tinha deixado de pensar em sua própria segurança. Talvez tenha sido falta de cuidado. Ele se devotou à linha de fuga e mergulhou no restabelecimento de esconderijos e rotas para aviadores fugitivos. Pode ter sacrificado a cautela.

Camille Spiquel, uma ativista de confiança da organização Brandy, outro grupo de resgate, se aproximou do senhor de Jongh e apresentou-o a um novo belga que estava facilitando a transferência de pilotos de Bruxelas para Paris. Seu nome era Jean Masson, e ele chegou bem recomendado. Era um sujeito muito talentoso; tinha amigos nos serviços alfandegários franceses e belgas. A Linha Cometa estaria interessada trabalhar com ele?

O senhor de Jongh ficou entusiasmado. Sob ataque constante, a Cometa tinha perdido os seus contatos na Bélgica. Camille arranjou um encontro, e Masson se ofereceu para apoiar plenamente a Linha Cometa.

"*Posso transferir 12 aviadores por mês*", disse Masson.

Era um rapaz louro de 22 anos. Tinha um jeito que alguns chamariam de evasivo e dissimulado. Estava com carteiras de identidade em branco e mostrou-as ao senhor de Jongh. Disse que nunca tivera qualquer tipo de problema com aqueles documentos. As autoridades de Lille sempre os aceitara.

"*Quando pode começar?*"

"*Assim que o senhor estiver pronto.*"

Masson fez várias viagens em abril e maio, e arranjou para os aviadores documentos forjados que pareciam tão bons quanto os verdadeiros. Ele tinha o dom de permanecer calmo sob pressão, e foi notável na capacidade de entregar os pilotos de acordo com a agenda.

Mas, para eterna vergonha de Camille, ninguém havia checado Masson. A Linha tinha gente na Bélgica que poderia ter informado sobre seu passado — e se tivessem feito isso iriam descobrir que a polícia estivera procurando por ele na fronteira belga. Era um ladrãozinho e já estivera na cadeia. Infelizmente ninguém perguntou. Quando Camille tentou avisar os amigos de Paris, já era tarde demais.

Jean Masson era um dos mais bem-sucedidos e diabólicos agentes duplos nazistas da França ocupada. Ele conseguiu paralisar a Linha Brandy, de Camille Spiquel, e depois se infiltrar na Cometa facilmente. Masson, traidor belga cujo verdadeiro nome era Jacques Desoubrie, tinha levado uma verdadeira procissão de ativistas e pilotos à Gestapo antes de armar a prisão do próprio senhor de Jongh.

Em abril e maio Masson transportou uma sucessão de fugitivos. Nunca tantos aviadores tinham sido transferidos num período tão curto. Felizmente, para esses aviadores, Masson os deixara atravessar a Linha enquanto obtinha informações sobre a organização e preparava a armadilha para o senhor de Jongh e os outros. Ele planejava decapitar a organização num golpe arrebatador.

No começo de junho, Masson visitou o senhor de Jongh no esconderijo da Cometa na rua Vaneau, dizendo que planejava escoltar mais cinco aviadores aliados e que chegaria à Gare du Nord em 7 de junho, às quatro e meia da tarde.

"Esteja pronto. Vou trazer um grupo grande de Bruxelas."

"Você vai precisar de todos os nossos colaboradores para acolhê-los à sua chegada em Paris."[9]

Era incomum transferir tantos aviadores ao mesmo tempo, mas aparentemente o senhor de Jongh não desconfiou de nada. Ele chamou Robert Aylé e a esposa, que moravam na rua Babylone.

"Vamos receber muitos pilotos. Jean Masson vai trazê-los hoje à noite."

O senhor de Jongh e os outros chegaram à Gare du Nord conforme o planejado. Viram Masson se aproximar, acenando e caminhando com vivacidade, seguido na plataforma por cinco aviadores. Sorria largamente, mas havia algo estranho em seu comportamento. Ele chamava atenção demais, considerando-se a natureza clandestina da operação. Masson estava entusiasmado como se cumprimentasse amigos num passeio.

Ele saudou o senhor de Jongh e os outros com ânimo, distribuindo apertos de mão enquanto sorria.

"Oi, a gente fez ótima viagem", disse Masson.

Segundos depois, uma dúzia de soldados alemães os cercava. Eles foram levados, a ponta de fuzil, à delegacia de polícia da estação ferroviária, algemados e transferidos de carro para o quartel-general da Gestapo no centro de Paris. O senhor de Jongh e os Aylé viajaram separados de Jean Masson e dos aviadores. Ao chegarem no imponente prédio da Gestapo, na rua de Saussaies, o senhor de Jongh e os Aylé foram levados para uma sala da guarda. Enquanto esperavam para serem interrogados, uma porta se abriu e mais uma vez Jean Masson se apresentou sorrindo. Ele não estava acompanhado nem algemado.

Avançou para dentro da peça e cuspiu no chão, na frente deles.

"É, vocês são uns otários", desdenhou.

Aylé correu na direção de Masson e deu-lhe um soco na boca antes de ser contido e empurrado para longe. Foi apenas uma migalha. Masson se ajeitou calmamente e saiu da sala.

O traidor não ia permitir que a agressão de Aylé empanasse a glória de sua realização naquela noite. Masson era insignificante, de estatura mediana— cerca de 1,77m de altura —, com a pele branca, macilenta e pálida, cabelos louros oleosos e uma cicatriz na linha do couro cabeludo. Alguém lembrou que tinha orelhas grandes. Falava francês com um evidente sotaque flamengo. Um combatente da Resistência que encarou Masson pela primeira vez no quartel-general da Gestapo disse que "ele tinha o olhar do mentiroso, de uma pessoa desprezível".

Humanistas e psicólogos analisaram o que tinha dado errado na vida de Masson. Discutiram seu passado, como teria sido sua formação de eletricista enquanto ainda vivia com a família em Tourcoing. Em casa, teve uma avó amorosa. Foram feitas tentativas de estabelecer um perfil psicológico: ele nascera fora do casamento, da união de Raymond Desoubrie, médico belga, e uma mocinha, Zoë Note, que o abandonara ainda menininho. O médico assumiu a responsabilidade e reconheceu o filho, mas o pobre garoto ficou marcado para toda a vida. O que se poderia esperar de um começo tão duro? Ele teve uma infância infeliz. E havia aqueles que conheciam essas histórias mas não davam importância à psicologia. Preferiam chamar as coisas pelo próprio nome, e diziam simplesmente: ele não passa de um bastardo sujo.

Houve ainda um certo número de prisões naquele final de tarde, resultantes da esperteza de Masson. A operação de 7 de junho completou o golpe quase perfeito de Jean Masson. Ele havia capturado o núcleo da operação Cometa — o senhor de Jongh, Nemo e as pessoas próximas a eles. A Linha fora dizimada na França, e houve muitas prisões em Bruxelas. Os homens que não foram executados desapareceriam, o que iria servir de dissuasão para outros eventuais ativistas. Porém, o trabalho de Masson não se completara, ele ainda não estava satisfeito.

Havia mais um belga, um homem de codinome Franco, que ele não havia conseguido pegar. Dizia-se que Franco era o líder da organização. Masson esperara que ele fosse capturado com os outros na estação de trem.

Mas aqueles inimigos do Reich eram uns tolos persistentes: Jean-François retornaria sem dúvida a Paris e tentaria reorganizar a operação.

Masson só precisava dar tempo. Ele patrulharia estações de trem, procurando subversivos. Era fácil capturá-los, mas Masson queria andar no meio deles, ganhar sua confiança e ajudá-los em seus planos. Desse modo conheceria seus integrantes e aprenderia seus métodos. E então ele atacaria no centro das operações e os destruiria. Levaria tempo, mas Masson ganhara prestígio com as últimas vitórias. Ele progrediria lentamente e, quando chagasse a hora, destruiria a todos.

Masson continuava a procurar o chefe — o homem que ele próprio só conhecia pelo codinome de Franco —, mas nenhum dos amigos de Jean-François poderia avisá-lo disso. Nem Jean-François nem nenhum dos outros camaradas sabiam que Masson era o traidor ou tinham a menor idéia sobre a armadilha que ele montara naquela noite. Por razões de segurança operacional, Jean-François jamais tinha se encontrado com Masson.

Na noite da prisão, Jean-François estava a várias centenas de quilômetros de distância, no País Basco, esperando na estação de Dax, a oeste de Bayonne, a chegada dos pilotos que o senhor de Jongh dissera estarem a caminho.[10] Quando os aviadores e seus condutores não apareceram, Jean-François pegou o trem para o norte, rumo a Paris, para descobrir o que tinha dado errado, dirigindo-se diretamente ao esconderijo da rua Vaneau para procurar o senhor de Jongh.

Jean-François não percebeu nada de errado no apartamento e presumiu que o senhor de Jongh ia voltar logo. Mudou de roupa, notando de passagem que sua gravata predileta não estava mais lá. Ainda sem suspeitar de nada, foi até a cozinha fazer um café. Abriu uma panela no forno e descobriu uma camada de mofo sobre uma comida velha de uma semana que não havia sido tocada. A atmosfera ficou imediatamente carregada de perigo. Ele pegou uns papéis e roupas e saiu apressado do edifício.

Foi rápido para a casa de seu amigo Max Roger, cujo apartamento ficava na rua Pigalle, do outro lado do Sena, a cerca de três quilômetros dali.

"*Max, onde está o senhor de Jongh?*", perguntou Jean-François. "*O apartamento da rua Vaneau está vazio.*"

"*Não sei.*"

Os dois jovens esperaram cair a noite, e então retornaram às escondidas ao esconderijo na rua Vaneau. Não havia qualquer sinal de alguém do lado de fora do prédio, então eles entraram, abriram o elevador e apertaram o botão do quinto andar. O apartamento ficava no quarto andar, mas, fosse por fabricação, fosse para economizar energia, só parava em andares alternados.

O portão do velho elevador fechou com estrépito. Quando eles começaram a subir, Jean-François ouviu uma agitação súbita, vozes, risadas e passos ecoando nos corredores. Ao chegarem ao quinto andar, pôde discernir as inconfundíveis vozes de homens falando alemão.

Uma porta bateu e Jean-François prendeu a respiração. Olhando pela tela entrelaçada que envolvia parcialmente o elevador, viu vários homens usando chapéus e longos sobretudos negros na escadaria. Era a Gestapo. Nem Jean-François nem Max se moveram ou fizeram um som. Se os nazistas decidissem subir um andar para pegar o elevador, eles seriam presos.

Escutaram um ruído de chave na fechadura, outras vozes ecoando e depois o bater de sapatos nos degraus. Os alemães estavam descendo. O ruído foi se afastando; Jean-François e Max abriram devagar a porta do elevador e, pela janela do corredor, viram os alemães saírem pela entrada da frente, entrarem no carro que os esperava e partirem. Os jovens aguardaram uns minutos, desceram as escadas sem fazer barulho e saíram pela porta dos fundos.

De lá, Jean-François e Max andaram vários quarteirões até o apartamento de Robert Aylé, no número 37 da rua Babylone. A Gestapo tinha colocado um lacre timbrado na porta. Eles partiram no silêncio das sombras.

Havia outros simpatizantes que moravam na rua Oudinot, logo depois da esquina. Aproximaram-se cautelosamente, mas a zeladora os ouviu e fez sinal para se aproximarem.

"Vocês têm de ir embora", disse ela. *"La Gestapo est déja venue — a Gestapo já esteve aqui."*

Todos os seus amigos tinham caído.

PARTE DOIS

* * *

Outubro de 1943

3. O Americano

Soignies, Bélgica, 20 de outubro de 1943

"Em algum lugar à distância, Bob Grimes ouviu cachorros latirem."

O piloto americano de 20 anos de idade estivera delirando. Perdia e recobrava a consciência, deitado junto à cerca viva numa propriedade rural ao norte de Bruxelas. Os galhos e arbustos o espetavam e arranhavam. Estava desorientado e sentia-se apertado e preso no seu macacão de vôo e nas pesadas botas. Ergueu-se um pouco e olhou em volta; o sol se punha. Consultou o relógio. Não estava funcionando. Era melhor esperar a escuridão.

Ele estivera sonhando com sua casa, que dirigia o Chevy cupê que comprara por 350 dólares. Saindo do Portsmouth Boulevard para pegar a George Washington Highway, dirigia até a casa de sua família em Alywin Road. Se em vez disso virasse na Bellehaven Road, ia dar nos fundos do campo de futebol da escola secundária Cradock. Ele podia lembrar-se de cada morrinho e torrão de grama, da trombada que dera para bloquear um atacante num jogo de futebol e da liberdade de soltar as pernas no esforço para ganhar na pista de corridas. Imaginou-se jogando basquete outra vez. Ele era o capitão do time.

Bob tinha orgulho de morar em Cradock. Havia calçadas, esgoto e água encanada de verdade — nem todo mundo na Virgínia podia dizer isso. A cidade fora planejada com a forma de uma âncora, bem apropriada para um lugar que fornecia comida para a marinha. Ele tinha vizinhos amistosos, garotos para brincar e agora alguns desses amigos também embarcavam, assim como ele, dois meses atrás. Poucos, porém, iam ser oficiais da aviação do exército.

Sua família tinha uma boa casa e não sofrera muito durante a Depressão. Bob tinha três irmãs e três irmãos. Assim, a família era grande, mas eles sempre tiveram comida e roupas, pois o pai possuía um bom emprego de carpinteiro na Base Aérea Naval de Norfolk. De uma maneira ou de outra, a maior parte da família — as três irmãs mais velhas, o irmão mais velho e o pai — faziam alguma coisa para a marinha. Os dois irmãos pequenos ainda estavam na escola.

Pois ele não continuava em dívida com Rella, a irmã de quem era mais próximo em idade e temperamento? O carro era dela, na verdade, pois Bob era novo demais para assinar os papéis. Sempre estava retribuindo alguma coisa a Rella, mesmo que fossem apenas os 15 centavos de que precisava para levar sua garota ao cinema.

Bob sentia-se bem com respeito às decisões que tinha tomado na vida. Tudo funcionava direito. Ele tinha saído da faculdade por um tempo, mas pretendia voltar. Só não achava que era certo gastar todo aquele dinheiro sem ter uma direção definida. Bob não queria perder tempo. Primeiro fez exame para o serviço civil e tirou a segunda colocação entre os cerca de 500 candidatos. Logo estava trabalhando no estaleiro de Newport News, como ajudante no porta-aviões *USS Hornet*, tão grande que tinha sete salas de caldeiras. Ele estava aprendendo muito no estaleiro, mas viajar de Cradock até lá era demorado e difícil. Bob tinha de andar até o bonde, viajar até a balsa, pegar a balsa, atravessar a baía e pegar outro transporte do outro lado. Levava cerca de três horas por dia. De modo que finalmente teve de se instalar em Newport News, e só via a família nos fins de semana em que vinha para casa.

Após seis meses, teve uma chance de se transferir para a marinha, para a fábrica de instrumentos aeronáuticos em Norfolk. Ele gostava de tudo o que tivesse a ver com aviões: fora mordido pela mosca azul ao ler a respeito do vôo de Charles Lindbergh sobre o Atlântico e dos pioneiros que atravessavam os campos em pequenos vôos de exibição na década de 1920. Quando criança, fazia modelos de pau-de-balsa dos velhos biplanos e aprendeu rudimentos de aerodinâmica. O novo trabalho era mais interessante. Quanto mais perto chegava dos aviões, mais queria aprender a voar. Ele se candidatou para o treinamento de vôo, mas os recrutadores da marinha o rejeitaram, dizendo que precisava de mais dois anos de universidade.

Então alguém lhe disse que era mais fácil tornar-se cadete da aviação no exército, pois se a gente consegue passar no exame, eles não fazem exigência de formação universitária. Foi um teste de QI, e Bob fez 144 pontos — resultado no alto da escala. Não demorou muito, foi chamado pelos recrutadores do exército em Richmond, sendo admitido como soldado, a 20 dólares por mês, enquanto esperava ser convocado como cadete da aviação.

Quando Bob disse ao tenente encarregado do pessoal em Norfolk que estava de partida, o sujeito o censurou severamente. Sentiu-se insultado de que alguém que trabalhasse com ele pensasse em sair repentinamente para o exército. E obviamente achou que podia convencer Bob de que este infringia a lei por estar ao mesmo tempo na marinha e no exército, imaginando que ele ia ficar com medo e permanecer no emprego da marinha — é difícil encontrar bons empregados.

"*O que você pensa que está fazendo?*", perguntou o tenente. "*Ninguém pode ter dois empregos no Estado. Você devia estar preso numa penitenciária. A gente vai pôr você na cadeia.*"

Bob sabia que não estava fazendo nada de errado. Ele não tinha entrado para a marinha. Então, bancou o inocente. Riu durante todo o caminho de volta para casa. Ele ia ser piloto.

O treinamento de guerra foi rápido: dez semanas de cursos no Alabama, Tenesse, Mississipi e Arkansas. Ele se lembrava do seu primeiro vôo num biplano PT-17 com apenas um manche e quase nenhum instrumento de vôo; depois, quase foi reprovado no simulador bimotor porque não conseguia fazer um pouso suave sobre as três rodas. O treinamento em B-17 começou logo depois de ele tirar o brevê e receber a patente de tenente-aviador do exército. Em seguida foi transferido para uma unidade de treinamento de combate no estado de Washington. E antes de ter tempo de pensar, escolheu nove tripulantes, e seu trabalho foi transformá-los numa unidade de combate integrada.

Eles embarcaram para a Inglaterra no verão de 1943. A tripulação pegou um B-17 novinho em folha e partiu de Spokane, voando para leste, esperando atravessar o Atlântico de Gender, em Newfoundland, até Prestwick, na Escócia. Após umas poucas semanas de treinamento na Escócia, foram mandados para o Aeródromo de Senetton Heath. E agora, apenas dois meses depois, ele jazia sob um arbusto na Bélgica ocupada. Isso é que era azar, mas seguido de sorte. Ainda estava vivo.

O barulho dos cachorros estava mais perto agora.

O tenente Robert Grimes estava no seu quinto combate sobre a Europa ocupada. Ele chegara na Inglaterra em 7 de agosto e servia em Senetton Heath, 8ª Força Aérea, 96º Grupo de Bombardeiros, 339º esquadrão, baseado em East Anglia, 160 quilômetros a nordeste de Londres, entre Cambridge e Norwick.

As primeiras poucas semanas de missão na Inglaterra tinham sido bastante fáceis. Eles realizaram todo tipo de treinamento, a mesma coisa que haviam feito em Moses Lake, Washington, e em Pendelton, no Oregon, nos meses de junho e julho. Foi lá que voaram sobre o oceano Pacífico e praticaram missões de navegação e resgate submarino. No caminho de volta, selecionavam cidades e simulavam operações de bombardeio. Na Inglaterra, os homens já se conheciam bem uns aos outros, mas voar sobre aquele país era diferente, e o treinamento se assemelhava mais às condições de combate.

Durante o dia, se o sol estava de fora, o navegador podia usar referências na terra para navegar. Não era tão difícil, porém, eles tinham de treinar triangulações — isto é, voar 30 minutos numa direção, fazer uma curva de 120°, voar mais 30 minutos, outra curva de 120°, mais 30 minutos. Com um pouco de sorte, isso os trazia de volta para casa.

De noite ou com o tempo fechado, a coisa era diferente. Bob decolava e voava só baseado no cálculo de posição. Às vezes a idéia era reunir-se com outro avião num ponto predeterminado. Só que não havia radar, e ele não podia depender do rádio, a menos que houvesse uma emergência. Era duro, e eles mal podiam se dar ao luxo de refazer os cálculos. Bob tinha de botar aquele monte de metal para voar, imaginar como encontrar um alvo com cálculos de direção e velocidade, reunir-se aos outros aviões, voar asa a asa durante horas, e então retornar, fizesse chuva ou sol, noite ou dia.

O avião se deslocava ruidosamente no ar, a cerca de 260 quilômetros por hora, e Bob sabia que havia dúzias de outros aviões no céu fazendo a mesma coisa. Às vezes, quando formavam antes do alvorecer ou na bruma do começo da manhã, Bob via Kellers, o engenheiro de vôo, lançar um facho de luz para iluminar o céu por um segundo e sinalizar a posição deles para os outros aviões.

"Darkie, Darkie, Darkie", chamou Bob no seu rádio numa das raras ocasiões em que o utilizou durante as sessões de treinamento noturno. Darkie, a rede de rádios de baixa potência espalhada por toda a Inglaterra, era capaz de orientar as aeronaves quando necessário. Ele dava seu número de código, pedia uma direção de bússola e continuava o vôo. Bob sempre encontrava o caminho de volta para a pista de pouso. Ele não tinha radar — não tinha qualquer visibilidade. Era como voar de olhos fechados.

Depois de todas as missões de treinamento, o primeiro vôo de combate estava programado para 27 de setembro. A Força Aérea do Exército dos Estados Unidos estava realizando missões diurnas, e a Real Força Aérea Britânica fazia suas saídas à noite. Bob nada sabia sobre os debates no alto escalão a respeito do prosseguimento ou não dos vôos diurnos, mas sabia que, com seu treinamento para vôos noturnos, estava pronto para voar a qualquer momento, quando fosse solicitado.

O treinamento tinha tornado rotineiro voar em qualquer condição, e o comando queria que Bob e sua tripulação acreditassem que sua primeira missão de combate era apenas mais uma viagem aérea de rotina. Mas ninguém acreditava nisso.

Na manhã do dia 27 de setembro, Bob e seus outros três oficiais — Pickett, o co-piloto, McElroy, o navegador, e Carlson, o artilheiro — acordaram no barracão Quonset antes do amanhecer. Vestiram-se e foram para o refeitório. Bob comeu o que eles chamavam de pão de soldado, um naco de pão preto que caía bem no estômago. Ele passava um pouco de manteiga de amendoim e geléia de maçã, e aquilo conservava o seu estômago cheio e assentado. Era melhor para ele que ovo em pó com o toucinho gorduroso.

Então ele e o restante da tripulação se acotovelaram na traseira do caminhão de duas toneladas que os conduziu da área de apoio ao campo de aviação. A tripulação se separou para instruções individuais — os metralhadores, os navegadores, os artilheiros e os pilotos e co-pilotos, cada qual tinha explicações específicas acerca do que esperar. Os instrutores descreveram a missão, o que procurar durante o vôo e detalhes sobre o alvo. A primeira missão era um complexo industrial em Emden, na Alemanha, a sudeste de Wolfsburg.

O dia estava apenas nascendo quando Bob correu na pista, cerca de 40 segundos atrás do B-17 anterior. Vinte e um aviões levaram duas horas até Emden, soltaram suas bombas, fizeram a volta e retornaram para casa — voando em formação, com apenas uns poucos metros separando as pontas das asas. Bob notou a presença de baterias antiaéreas, mas nada de muito grave. Se não tivesse que se lembrar onde de fato estava, o vôo não era tão diferente das missões de treinamento. Na cabine do seu B-17, Bob sentia-se isolado da guerra. A oito mil metros de altura, ele não ouviu a explosão das bombas nem o fogo antiaéreo. Naquelas cinco horas, Bob gastou suas energias para manter o avião em formação, ajustando os controles para conservar-se próximo, mas não demais, das pontas das asas dos aviões vizinhos. Era uma tarefa exaustiva.

Eles estavam de volta a Snetterton no começo da tarde. Depois de pousar, Bob andou em torno do avião e viu algumas marcas deixadas pelo fogo antiaéreo, mas nenhum dano real. Então ele e o restante da tripulação tiveram sessões separadas de relatório e prestação de contas, nas quais os oficiais da inteligência perguntavam detalhes sobre cada etapa da tarefa. No final da tarde, eles puderam retornar a seus beliches, relaxar e arranjar alguma coisa para comer.

A segunda missão de combate foi em Frankfurt, no dia 4 de outubro, uma semana depois da primeira. Eles fizeram alguns vôos de treinamento entre as duas, mas o tempo estava tão ruim que combate propriamente era cancelado sem parar. Mais de uma vez julgaram estar partindo em missão, mas o tempo fechava depois de decolarem, e eles eram chamados de volta à base. Desta vez, a viagem continuou. A mesma rotina: decolagem ao amanhecer, formação e voar para o alvo. Frankfurt não foi complicado. Bob de fato notou que havia mais fogo antiaéreo de terra e mais caças, porém pilotou sem incidentes.

A terceira missão só surgiu quatro dias depois, em 8 de outubro. Era uma operação de bombardeio no porto da cidade de Bremen. Desta vez, a artilharia antiaérea alemã saturava o céu. Bob pôde perceber que o fogo antiaéreo trabalhava com método. As forças de terra estavam claramente calculando a altitude e a posição mais prováveis no caminho aéreo dos bombardeiros, e depois concentrando uma barreira de fogo naquela área. A artilharia parecia situar-se num cubo translúcido desenhado no céu. Nada havia a fazer, exceto voar direto para dentro dele. Além disso, a marinha alemã tinha navios em Bremerhaven. Bob podia fazer claramente a distinção entre os canhões antiaéreos de terra e os navais — a marinha parecia estabelecer diretrizes muito mais precisas. Ele podia ver a diferença quando era a marinha que estava lá embaixo atirando. Os tufos negros de fumaça se aproximavam pouco a pouco; e ele rezava para que parassem. O avião não foi seriamente danificado, mesmo com o fogo mais pesado como naquela terceira missão. Eles soltaram as bombas sobre o alvo e voltaram para casa.

Tempo bom durante dois dias consecutivos era uma ocorrência rara, mas a previsão para o dia 9 de outubro era de dia claro, e o comando da 8ª Força Aérea tirou proveito. A quarta missão de Bob naquele dia foi um vôo de longo alcance até Gdynia, na Polônia.

O plano de vôo era um longo triângulo, quase no limite do alcance do B-17. Eles voaram sobre o mar do Norte, circundando a costa alemã, e viraram para leste até alcançarem Gdynia, um porto na fronteira polônio-alemã. Quando chegaram lá, os alemães tinham obscurecido o alvo cobrindo o porto, o estaleiro e os edifícios adjacentes com bombas de fumaça. Então eles sobrevoaram a cidade uma vez, e o seu corajoso líder deu a volta com uma grande curva de 180° para conduzi-los a um segundo sobrevôo. Bob e os outros aviões soltaram suas bombas na segunda volta, contudo isso deu uma segunda chance aos canhões antiaéreos: mais de uma dúzia de B-17 foi derrubada. Pelas limitações de combustível, eles não podiam refazer o caminho, voltando pelo mar do Norte. O único percurso direto era uma linha reta a 8.500 metros sobre a Alemanha. De modo que descreveram outro grande arco e trataram de voltar para casa. Bob olhou para baixo quando eles se aproximavam de Berlim. Naquela altura, o vôo era tranqüilo, além do alcance do pior fogo antiaéreo. Eles não tiveram nenhum problema sério até cerca de 480 quilômetros a oeste, perto de Essen, mais de uma hora depois. De repente, fragmentos de metal das bombas das baterias antiaéreas de terra explodiam à sua volta. Bob voou direto para dentro daquilo, pois não havia escolha — o fogo cobria o céu. A idéia era continuar voando e esperar o melhor. Passando a 260 quilômetros por hora, os fragmentos afiados de metal pareciam uma nuvem negra salpicada de poeira. Ao atingir o avião, os estilhaços soavam como pedras e bolas de beisebol jogadas contra a parede de uma casa. Todos ficaram com medo, porém controlaram o sentimento, agindo com bravura .

O avião sacolejava e tremia. Bob pilotava o melhor que podia no meio da saraivada de metal, pedaços de ferro que cortavam e arrebentavam a fuselagem. O fino revestimento do avião representava pouca proteção contra os projéteis. Bob só temia que algo atingisse o pára-brisa. Alguns dos rapazes estavam sentados sobre a mochila dos pára-quedas, pensando que a proteção extra salvaria seus traseiros se o metal varasse o avião por baixo. Era uma solução questionável.

Bob apenas tratou de garantir que o navegador os mantivesse na linha mais curta rumo às águas abertas do Canal da Mancha. E permaneceu em formação. Ele mal notou quando, voando através do fogo e da fumaça, o avião recebeu um leve baque. Um dos homens na cauda do avião disparou o sistema de comunicação interna.

"Avaria, avaria."

Uma bomba tinha explodido bem na frente de Jerry Nawracaj, metralhador interno que ficava na abertura do lado direito, a meio caminho entre as asas e a cauda do avião, de onde ele pivotava e disparava sua metralhadora .50. O avião deu um solavanco, saltou, e de repente o vento varria o interior. Jerry havia sido arremessado ao chão, e a metralhadora estava jogada por cima dele.

"*O que aconteceu?*", gritou Bob no rádio.

"*A escotilha do lado de Jerry explodiu. Ele está no chão, mas está bem*", disse um dos homens. Por um milagre o metralhador mal fora ferido, e Bob ainda continuava a voar. Em minutos estavam sobre o Canal da Mancha, e o fogo de terra havia calado. Milhares de coisas poderiam ter dado errado. Os estilhaços certamente provocaram danos, mas Bob pôde pilotar o avião, o que queria dizer que a parte hidráulica estava bem, que os motores não haviam sido atingidos e que os tanques de gasolina estavam intactos.

Ainda restava quase uma hora para chegar a Snetterton, e tudo com que ele tinha de se preocupar eram os caças nazistas. O melhor avião de caça alemão em outubro de 1943 era o Focke-Wulf Fw 190. Ele era capaz de voar 160 quilômetros por hora mais rápido que o B-17. Seus canhões de 20 milímetros tinham mais alcance que o armamento do B-17. Às vezes, os pilotos dos Fw 190 voavam na esteira de um bombardeiro que voltava para casa à noite, após uma missão; esperavam ele acender as luzes de pouso para então explodi-lo e ir embora. Era mais uma coisa para o piloto se preocupar, se quisesse, embora de pouco adiantasse. Os metralhadores da cauda e da torreta esférica da barriga ficavam vigiando a presença de aviões, embora pudessem não perceber seu reflexo entre as nuvens e a cerração atrás deles.

Nada aconteceu; nenhum avião os perseguiu à luz do dia, e Bob conseguiu voltar para casa. Fez um pouso suave e sem ocorrências, e taxiou para parar. Um caminhão se aproximou, todos recolheram seus equipamentos e subiram a bordo para o trajeto até a sala de relatório na base de operações.

Bob demorou um minutinho dando uma volta em torno do avião. O B-17 estava uma ruína. Havia um buraco escancarado no que fora a escotilha do metralhador, e o resto da fuselagem estava furado como um queijo suíço — Jerry, o metralhador, certamente tinha o corpo fechado. Bob soube que por pura sorte a fiação, os motores e os dutos de combustível haviam permanecido intactos.

"*Muitos buracos*", foi tudo o que disse ao subir no caminhão com o restante da tripulação para o trajeto de volta da pista. Ele ficou perturbado com todos aqueles danos.

Ninguém da tripulação — nem de nenhuma das outras tripulações — falou do medo apertando a boca do estômago porque que a missão — qualquer missão — podia tê-los matado. Após os relatórios, Bob foi ver um capelão, só para conversar um pouco, mesmo sem saber o que queria dizer. Porém não encontrou o capelão. Ele estava no cassino dos oficiais, enchendo a cara.

Na quarta-feira, 13 de outubro, Bob pegou uma carona de Snetterton até Norwich e depois um trem para Londres, para uma licença de três dias. O trem chegou na estação da Liverpool Street. Ele tomou um táxi para Piccadilly por um ou dois xelins e foi para o hotel dos oficiais deixar suas coisas. Como sempre, deu uma passada no guichê da United Service Organization, para ver se tinham ingressos. Havia no teatro uma comédia que parodiava os americanos, mas ele estava pensando em ver *Blithe Spirit*, de Noël Coward, que há dois anos se apresentava em Piccadilly. Em vez disso, talvez fosse ao cinema, ainda que aquilo se tornasse um pouco enervante. As platéias de Londres freqüentemente desafiavam os ataques aéreos permanecendo em seus lugares. Depois ele foi até a casa da namorada. Na verdade, não era uma namorada a sério — pelo menos não da parte dele; era uma boa companhia quando ele estava na cidade. Almoçaram, e ele deixou um pacote de cigarros para o pai dela. O exército distribuía cigarros, mas Bob não fumava. Em tempos de guerra, isso era um luxo para os ingleses.

A vida era fácil para os americanos em Londres, especialmente porque todo mundo gostava deles. Havia garotas em toda parte, lembranças para comprar, grandes táxis negros para pegar, pessoas enchendo as ruas. Era uma grande cidade! Os soldados americanos não pegaram o pior das *blitz*, que já haviam começado a diminuir na época em que eles chegaram. Milhares de pessoas morreram, e durante vários dias os incêndios ardiam nos escombros. Mas naquela altura algumas das pessoas que haviam abandonado a cidade já estavam retornando, e Londres via-se determinada a seguir como antes. Mesmo à noite, com os ataques aéreos e as ruas apagadas, era a mesma coisa: o cheiro de *diesel* e de fumaça, e mal se podia enxergar os ônibus vermelhos contornando as rotundas com as luzes apagadas. À noite, prostitutas esperavam nas esquinas escuras, e homens apregoavam mercadorias ilícitas de uma maneira estranha, abertamente, num estilo um tanto deslocado para o que estavam fazendo. Não importa o que dissessem, os ingleses pareciam vender ingressos para uma ópera no Convent Garden.

Bob ainda estava de licença em Londres na sexta-feira 15 de outubro à noite, quando cinco Junkers 188 da Luftwaffe decolaram de Chièvres, na Bélgica, para atacar a capital da Inglaterra.[1] Eles seguiram um curso indireto, para atingir a cidade no ângulo exato para escapar dos caças noturnos britânicos. O Junker 188 era um bombardeiro de dois motores, um avião relativamente novo do arsenal alemão, com alcance de cerca de 1.900 quilômetros. Os aviões fizeram um curso indefinido, voando para o norte a partir da Bélgica e chegando ao litoral de través em Ipswich, antes de rumar para o sul. Felizmente para a vigilância da Home Guard — a defesa civil — a Luftwaffe tinha tido a brilhante idéia de pintar a parte exposta desses aviões de azul-claro. Isso facilitou sua localização com o uso de holofotes e binóculos, e possibilitou a prevenção contra o ataque logo depois de os aviões cruzarem a costa inglesa a seis mil metros de altura perto de Harwich, a cerca de 130 quilômetros de Londres.

As sirenes soaram com estridência, e os holofotes começaram a riscar os céus; eles criavam uma luz familiar, projetando motivos delgados nas nuvens. Policiais e encarregados dos ataques aéreos começavam a levar transeuntes desanimados para os abrigos, na maioria dos casos na rede de estações de metrô, o *tube*, onde as pessoas tinham se acostumado a dormir com suas famílias. "Todo mundo para dentro", gritavam os encarregados. "Saiam das ruas, por favor."

Bob desceu as escadas. A passagem úmida cheirava a óleo e a mofo. Ao chegar ao fundo, viu centenas, talvez milhares de pessoas dormindo em beliches de madeira, construídos em três andares, alinhados ao longo das passagens e túneis, mesmo quando os trens bramiam ao passar perto das suas cabeças. Famílias inteiras estabeleceram pequenas moradias, ou apenas dormiam com travesseiros e cobertores, indiferentes ao barulho e à falta de privacidade. O metrô cheirava a gente, graxa e ozônio, e o eco das vozes reverberava das grandes entradas que ficavam à distância sob a cidade. Havia gente velha, mães e bebês; algumas pessoas bem vestidas, outras aos trapos. E havia uma certa ordem e método, algo que testemunhava a determinação dos ingleses de agüentar aquilo tudo e sobreviver.

Os cinco aviões alemães alcançaram Londres e atacaram cerca de 15 minutos depois que as sirenes soaram, cada qual acrescentando mais uma tonelada e meia de TNT às centenas de milhares de quilos que já tinham caído sobre Londres. Os cinco aviões seguiram viagem para o sul, correndo para o Canal da Mancha.

A grande profundidade sob Londres, Bob não ouviu o estrondo grave das explosões, nem viu os clarões ao longe, ou os holofotes procurando os invasores. Caças-bombardeiro Mosquito britânicos decolaram às pressas de uma base fora de Londres e perseguiram os bombardeiros. Eles interceptaram os Junkers 188 e derrubaram três deles enquanto fugiam em meio ao fogo da artilharia antiaérea e dos canhões. Um dos pilotos era o tenente aviador Karl Geyr, cujo tanque de gasolina pegara fogo. Ele saltou de pára-quedas antes de o avião cair e explodir perto de Birchington, em Kent, a 115 quilômetros da cidade, a poucos quilômetros do canal. Geyr foi capturado e enviado para um campo de prisioneiros de guerra.

Quando soou o fim do bombardeio, Bob subiu as escadas de volta à rua apagada. Ele nada sabia sobre Karl Geyr, mas, ao olhar os holofotes acima do Tâmisa, soube que em algum lugar para aqueles lados estavam pilotos de bombardeiros alemães que cumpriam missões por uma causa, jogavam bombas sobre alvos anônimos e depois voltavam para casa.

Um ataque aéreo não ia estragar a diversão de ninguém. Os londrinos não se incomodavam com as sirenes de ataque aéreo, e tampouco Bob se incomodou. As pessoas costumavam dizer que o zunido das bombas voadoras era uma coisa boa — só quando paravam de fazer barulho é que era preciso se preocupar. Queria dizer que os motores tinham sido cortados e que ela estava prestes a explodir em algum lugar perto dali. Estava na hora de correr atrás de abrigo.

Logo, a rua estava alvoroçada outra vez, com gente correndo para todo lado no escuro. Era impossível saber onde se estava indo. Casos de amor podiam começar na rua, bastava um soldado encontrar uma garota que não tinha visto até ela trombar com ele. As relações tornavam-se amorosas rapidamente. Bob, infelizmente, só se lembrava de ter colidido com o nariz de uma senhora de chapéu. Ela era velha demais. Apenas sorriu, pediu desculpas e continuou andando. Era curioso como as pessoas se habituavam à vida naquelas condições.

Bob foi para a primeira casa noturna da noite. Subterrâneas, as boates funcionavam nos porões fortificados nas cercanias da cidade, em lugares como Camden Town e Belize Park. Eram locais úmidos e enfumaçados que funcionavam como pontos de encontro agradáveis para os soldados. Na primeira ele tomou uma cerveja, cultivou o seu novo interesse pelo uísque escocês e bateu papo com outros soldados e umas garotas inglesas bastante interessantes.

Entediado, depois de um tempo ele foi para outro lugar, onde ficou um pouco mais, pois estavam apresentando uma peça de revista. Os ingleses se vestiam como os soldados americanos e imitavam sua maneira de falar e de sempre tentar paquerar uma garota. Os ingleses estavam sempre transando alguma coisa com os americanos. Tudo era diversão, e o objetivo era afastar o espírito de todos da guerra que estava em curso. Nunca funcionou de verdade, mas todo mundo fingia que sim.

Na mesa seguinte havia um grupo de pilotos de caça. Dava para ver que eram de caça por causa do fundo vermelho sob as asas prateadas do emblema que usavam nos bolsos. As asas dos bombardeiros tinham fundo azul.

Os pilotos bombardeiros começaram a caçoar dos pilotos de caça, dizendo o quanto eram inúteis, como sempre desapareciam antes da luta começar. Os pilotos de caça gozavam a lentidão dos bombardeiros e zombavam de como eles voavam mal. A coisa começou de brincadeira, mas em pouco tempo alguém já estava bêbado, e houve uma briga. Foi o sinal para Bob sair porta afora, à procura de outra boate.

Quando acabou o percurso das boates, Bob chamou outro táxi. Ele já não sabia mais onde estava, o que não era difícil de acontecer, pois não conhecia Londres nem de dia, imagine à noite e sob blecaute. Não conseguia entender como o motorista podia enxergar o caminho certo. Mas, por uns poucos xelins, o motorista o depositou em alguns minutos no seu alojamento perto de Piccadilly. Bob estava muito cansado e tinha bebido bastante, e, assim, desabou na cama. Se houvesse mais bombardeios, clarões no horizonte ou janelas chacoalhando à noite, Bob não tomaria conhecimento. Seus amigos sempre brincavam com ele, pela capacidade de dormir em qualquer situação.

Na manhã seguinte, a licença tinha terminado, e Bob tomou o trem de Londres de volta a Norfolk. Pegou uma carona até Snetterton e chegou na hora certa ao barracão Quonset que dividia com os outros oficiais da sua tripulação, Pickett, McElroy e Carlson; o pessoal alistado vivia separadamente. Falava-se sobre uma missão de bombardeio realizada dois dias antes, em 14 de outubro, sobre uma fábrica de rolamentos de esfera em Schweinfurt, na Bavária setentrional. O pessoal chamou a data de Quinta-Feira Negra. Sessenta B-17 que partiram da Inglaterra haviam se perdido, e havia 600 homens desaparecidos — tantas perdas que o comando aliado pensava em acabar com os bombardeios diurnos. Por sorte, Bob e sua tripulação haviam estado de licença naquele dia.

O comando aéreo nunca dizia nada sobre as perdas. Primeiro havia rumores e boatos, depois o comando mandava alguém da administração geral recolher os pertences num beliche em que ninguém dormia há dias. Era assim que os homens percebiam que um sujeito não ia voltar. Não havia como saber se o homem ausente fora capturado, estava perdido ou morto. Os aviadores não tocavam no assunto. Mas uma coisa que Bob notou foi que muito pouca gente tinha voltado — muito poucas, na verdade. Tudo que um aviador tinha a fazer eram 25 missões, e então podia voltar para casa. O problema era que Bob não conhecia ninguém nem com a metade dessa marca.

Art Pickett, co-piloto de Bob, também estava de licença naquele fim de semana em Londres. Eles tinham ido cada um para o seu lado. Bob sempre pensou que Art fosse mais desregrado e aventureiro — pelo menos fazia propaganda disso. Ele estava sempre se gabando dos seus feitos durante a licença. Era engraçado quando falava sobre todas as suas namoradas. "A garota com quem estou indo para Londres é um troço", dizia Art. "Aquilo sim é que é mulher, nada a ver com aquelas inglesas mal-ajambradas de sempre. Ninguém sabe o que é *swing* antes de dançar com uma dessas inglesas. Não tem carro para a gente dar uma parada por aí, não tem nada para fazer a não ser dançar. Então, acho que é por isso que elas dançam tão bem."[2]

Pickett estava sentado no seu beliche, escrevendo para casa em papel de carta com a sua caneta-tinteiro de pena dourada. As cartas eram o único meio que qualquer um do grupo usava para expressar o que significava ficar tomando tiros. Pickett agia como se fosse durão demais para se preocupar, mas dava para perceber como estava se sentindo.

"Eles vêm direto para cima da gente, as asas, uma bola de fogo saindo pelos canhões", escreveu. "Nossa, a coisa toda é um tremendo espetáculo. Um tremendo espetáculo, e a maioria dos rapazes quase imediatamente gostaria de estar nos Estados Unidos e de volta para os braços da mamãe. Eu disse *quase*. Algumas balas de canhão são cronometradas para explodir sem bater em nada, então tem explosão branca para todos os lados. Se olhar bem para trás, a gente vê os 88 cuspindo fogo à distância, enquanto os 190 vêm pelo lado ou pela frente. Qualquer desgraçado que disser que os aviões boches não são bons, mande ele para o inferno em meu nome, está certo?"

Na segunda-feira de manhã, dia 18 de outubro, houve outras missões de treinamento. Ao terminarem o trabalho após um dia inteiro andando de avião, Bob e Art saíram para dar uma volta. Eles conseguiram arranjar uma antiga motocicleta numa garagem abandonada — um lixo velho, mas fizeram ela funcionar. Então negociaram com um soldado da manutenção para pegarem um galão de gasolina quando precisassem, e saíram da base às escondidas para fazer aquela coisa correr. Art dirigiu e Bob se agarrou à garupa. Eles tiveram um momento de glória disparando de motocicleta pelos campos; o objetivo era correr o máximo possível, para onde desse. Não havia destino particular; a vida em Snetterton era sair numa missão de bombardeio ou então esperar pela próxima. Eles não tinham nenhum outro lugar onde ir.

O tempo abriu em 19 de outubro, e o oficial de operações disse que eles teriam uma missão na manhã seguinte. Porém, nada era definitivo naqueles dias; após as recentes perdas, talvez fosse uma missão noturna. Bob não se preocupou, pois estava bem treinado em vôos noturnos. Além disso, cancelavam as missões cotidianamente por causa de mau tempo; aquele outubro estava muito chuvoso. Duas ou três vezes, ao decolar, havia tanta cerração que eles nem conseguiam ver os outros aviões para entrar em formação. Era surpreendente não terem colidido e despencado.

Bob teve uma boa noite de sono; seu toque de despertar na manhã de 20 de outubro de 1943 foi uma lanterna em pleno rosto. O tempo estava bom, e a missão ia ser realizada. Bob saiu do beliche e estava vestido logo depois de o dia clarear. Foi para o refeitório, tomou seu café da manhã de pão de soldado com geléia de fruta e foi para a instrução de vôo.

Havia um mapa sobre o quadro, na parede na frente da sala. Eles foram enviados para um alvo em Aachen, bem em cima da fronteira entre a Bélgica e a Alemanha, a cerca de 480 quilômetros de Snetterton. Os instrutores falaram que a missão ia ser moleza, duas horas de vôo, entrada fácil, despejar as bombas, duas horas de volta, a tempo de tomar uma cerveja. Disseram para eles ficarem prontos para um pouco de fogo antiaéreo ao alcance das baterias, talvez alguns caças alemães, mas nada para se preocupar caso permanecessem em formação.

"Não permitam que eles tirem vocês de formação", disse o instrutor. *"É isso que eles querem. Resistam à tentação de fugir. É mais seguro voar em formação."*

Bob, Pickett e os outros membros da tripulação pegaram o caminhão da área de apoio até o campo e foram deixados diante do seu avião naquele dia. Por causa dos danos na quarta missão, na Polônia, o avião deles estava em reparo. Este era um aparelho de reserva, com o nome de *Shack Rabbit II*.

Bob andou em volta do avião e o examinou. Não dava para ver a diferença. Era um dos 3.400 bombardeiros B-17 idênticos, da série F, construído pela Boeing. Eles chamavam o B-17 de Fortaleza Voadora, e ele era o burro de carga da guerra sobre a Europa. Tinha quatro motores Wright R-1820-97 Cyclone de nove cilindros radiais, refrigerados a ar, de 1.200 cavalos de potência cada. Isso se traduzia numa velocidade de cruzeiro de 260 quilômetros por hora, e uma velocidade máxima de 460 quilômetros por hora. O alcance era de 5.500 quilômetros — bom para a viagem de ida e volta sobre a Europa Oriental para despejar uma carga útil de oito toneladas de bombas.

A coisa parecia fácil, mas não era assim que Bob estava se sentindo. Ele apenas sabia como fazer o trabalho. Era preciso concentração e coragem para voar em formação cerrada — ação e reação constantes para manter a distância e a velocidade, e ficar sempre de olho no que estava acontecendo em volta, ver se não havia nada errado, sabendo o tempo todo que, pesadona e grande, uma Fortaleza Voadora podia ser um alvo fácil para o fogo inimigo.

Na praça de manobras, o pessoal da manutenção tinha rebocado uma dúzia de B-17. As equipes faziam ajustes, enquanto os caminhões enchiam os tanques de gasolina, e os mecânicos andavam agachados em volta das máquinas para realizar o controle. Bob subiu a escada dianteira, esgueirou-se até a cabine de pilotagem pela passagem no deque central e instalou-se no assento esquerdo. Pickett já estava lá, no assento do co-piloto, e ajustava sua Mae West, o propriamente alcunhado corpulento colete salva-vidas, verificava o equipamento do macacão de pára-quedista, ajeitava sua máscara e os fones de ouvido.

Não houve gozação ou bravatas sobre o fim de semana em Londres. A situação era séria demais; deixavam os homens a seus próprios pensamentos. Havia muita espera antes de decolar. Bob olhou sobre o ombro e fez uma checagem de rádio com o restante da tripulação. McElroy, o navegador, e Carlson, o artilheiro, rastejaram um pouco abaixo, para suas posições no nariz da aeronave.

A meio caminho entre Bob e Art estava o engenheiro e metralhador Kellers, que podia levantar-se na bolha da torreta dorsal sobre a fuselagem do avião e girar, disparando a sua .50. A posição lhe dava 360 graus de visão no alto do aparelho. Era possível andar até a cauda por um passadiço estreito que atravessava o compartimento das bombas e chegava ao compartimento de rádio, passando depois à parte de trás da fuselagem. O metralhador de cauda, os dois metralhadores internos e o metralhador da torreta esférica da barriga estavam lá, checando seus equipamentos e preparando as metralhadoras, que se projetavam pelas fendas e podiam girar sobre um encaixe numa das janelas de vidro do corpo ou da cauda, de modo a procurar os alvos inimigos num amplo raio de ação. Bob viu Nawracaj, um dos metralhadores internos, que pode ter olhado para ele e sorrido timidamente, lembrando-se de como o fogo antiaéreo e a metralhadora tinham explodido sobre ele na semana anterior.

Metlen, o metralhador da torreta esférica da barriga, tinha provavelmente a posição mais precária do avião. Uma chave girava o metralhador da torreta para baixo no interior de uma bolha de vidro suspensa sob o avião. Assim como a bolha do engenheiro na parte de cima, isso lhe dava capacidade de girar em todas as direções para atingir alvos em ângulo agudo sob o aparelho. Mas também o expunha, em todas as direções, a tiros e ao fogo antiaéreo. Dava trabalho sair da torreta esférica em caso de emergência. Não foram uma nem duas as torretas a não funcionar com rapidez suficiente, e homens morreram no seu interior, impossibilitados de girar para sair, voltar para dentro do avião e saltar.

Bob estava muito satisfeito com a sua tripulação; eles conheciam o trabalho de Bob, e este entendia a personalidade de seus homens. Todos tinham treinado bombardeio diurno e noturno, como acertar os alvos e o vôo de emergência. Bob podia tê-los fora do avião em menos de dois minutos, uma vez dado o sinal para saltarem. O piloto precisava saber com que rapidez seus homens poderiam se virar caso o avião ficasse inoperante. Eles compreendiam os princípios básicos de combate como unidade, manter silêncio no rádio, obedecer ao comando. Bob tinha compreendido, durante a fase de treinamento para se tornar piloto, que a história ia além de apenas manter o avião no ar. Ele se tornara um psicólogo de 20 anos de idade e, enquanto estavam no ar, uma figura paterna para os nove homens que dependiam dele para fazer uma viagem segura de ida e volta.

A checagem pré-vôo dava o que fazer a Bob e Art antes de o líder colocar sua aeronave em posição, e as outras Fortalezas Voadoras começarem a segui-lo, uma a uma.

"*Alavanca do trem de pouso*", leu Bob na lista de checagem.

"*Posição neutra, conferido*", disse Art.

"*Aleta de resfriamento do motor. Direita, aberta. Esquerda, aberta. Travadas.*"

"*Freio de pouso. Checagem hidráulica. Ligado. Conferido.*"

"*Pressão das bombas. Ligadas. Conferidas.*"

Bob e Art fizeram a lista, e tudo parecia estar correto: a pressão hidráulica, o nível do combustível e do óleo nos quatro motores. Bob acelerou os quatro motores e eles soaram perfeitos, a pressão da distribuição estava boa. Esperou o avião da frente se mover.

A manhã já estava terminando quando Bob taxiou o avião para o final da pista, esperando o que estava à sua frente começar a correr para decolar. Não havia conversa. Bob ajustou a máscara de oxigênio, passou a mão sobre os controles, firmou os pés nos pedais, deu uma olhada nos manômetros e checou de novo as leituras de combustível. Confirmou que os freios estavam travados, ajustou os ailerons e verificou se a bequilha traseira estava presa. Empurrou os manetes de gasolina. Os quatro motores tiniam. Ele confirmou o ajuste do horizonte artificial e observou os giros e a pressão de cada motor. Tudo checado. Ouvia-se um rugido profundo, o avião rangia e queria saltar até ele soltar os freios; então o *Shack Rabbit II* começou a andar lentamente, com os manetes no fundo. Era preciso usar cada pedacinho da pista para tirar do chão as 26 toneladas a cerca de 175 quilômetros por hora, praticamente raspando na ponta das árvores durante a subida.

O avião ganhou altitude com dificuldade; Bob diminuiu a potência, recolheu os trens de pouso, ajustou as aletas de resfriamento e inclinou-se lateralmente para o sul. A subida foi lenta, e por um tempo parecia que o avião ia arrebentar os telhados de East Anglia, que ficavam intermitentemente ocultos por nuvens leves e esparsas. Como sempre, havia silêncio nas ondas de rádio, pois os alemães eram bons em sintonizá-los e promover festas de boas-vindas.

Bob subiu lentamente, girando no céu da Inglaterra, com algumas voltas preguiçosas sobre a região de Ipswich, e depois sobrevoou a foz do Tâmisa, seguindo o litoral sudeste da Inglaterra. Os aviões começaram a entrar em formação a cerca de 300 metros de altura, sobre um transmissor de rádio de orientação situado junto à costa. Eles se aproximaram um a um, criando grupos de seis ou sete aviões, depois mais dois grupos em altitudes diferentes, compondo uma formidável esquadrilha de 21 aviões, cada qual tomando posição à medida que ganhava altura atrás do líder. A cerca de meia hora da missão, Bob moveu o aparelho cuidadosamente à direita, para a segunda posição em relação ao líder da esquadrilha, e eles continuaram a subida constante, ponta de asa com ponta de asa, com uma distância de três metros entre elas. Uma vez atingida essa posição, Bob passou a se preocupar com a turbulência e o vácuo produzidos pelos motores dos outros aviões, procurando equilibrar a cauda e nivelar as asas.

Ao mesmo tempo, uma esquadrilha de aviões de caça se aproximou para escoltá-los pelo Canal da Mancha. Eram os pilotos rivais, com a borda vermelha por trás da insígnia de vôo, e eles podiam dar *loopings* em volta das lentas Fortalezas Voadoras. Sim, mas os pilotos bombardeiros sempre os chamavam de covardes porque saíam da formação antes de entrarem no território inimigo. Não compreendiam que os caças aliados não possuíam gasolina suficiente para dar proteção às esquadrilhas de bombardeiros quando as formações Delta — três níveis de até 21 aviões — avançavam sobre o território nazista. Os caças tinham autonomia para acompanhá-los até a costa da Europa, e então retornar. A velocidade mais lenta dos B-17 seria compensada pelo fato de que qualquer caça alemão que se aproximasse encontraria um grupo cerrado de 63 aviões. Cada aparelho tinha pelo menos oito metralhadores — a formação podia varrer o céu com o fogo das metralhadoras em todas as direções se os caças inimigos se aproximassem.

Bob manteve a subida constante sobre o Canal da Mancha, calçou as luvas quando a temperatura caiu e fechou sua jaqueta contra o frio. A temperatura caía bem abaixo de zero nas grandes altitudes, e todo e qualquer pedacinho de pele tinha de estar protegido.

Cerca de 15 minutos depois, Bob começou a ver a costa européia à distância. O compressor do motor número quatro, na asa direita, não estava funcionando direito. A 3.700 metros de altitude, não era tão mal, mas quanto mais alto voasse o esquadrão, mais baixa seria a pressão de distribuição do motor. Ao perder potência, o motor superaquecia, e a hélice girava mais devagar, atuando como um freio a ar que os tornaria mais lentos. O restante do grupo ainda estava ganhando altura, e Bob começou a ficar para trás por causa do arrasto. Alguém tratou de ocupar sua posição no flanco direito. Finalmente, compreendendo que o compressor não ia consertar sozinho, Bob cortou o motor, embandeirou e desligou o compressor defeituoso, e cortou o suprimento de combustível. Isso reduziu o arrasto, e ele empurrou os manetes dos motores restantes.

Bob pôde compensar a perda aumentando a potência dos três motores, e alcançar o grupo quando eles se nivelaram a seis mil metros de altitude, sabendo que o consumo extra de combustível não seria problema numa viagem relativamente curta até a fronteira belgo-alemã. Esforçou-se para retomar um lugar na formação, no final da linha, local que eles chamavam de "*tail end Charlie*", a última ponta do delta. Naquela altura dos acontecimentos, tudo parecia em ordem. Mas quando cruzaram a costa belga, o grupo percebeu uma muralha de mau tempo, e o líder levantou o nariz para subir outra vez e passar por cima das nuvens.

O avião de Bob não podia subir mais e ele tinha decisões imediatas a tomar. Havia pouco tempo para ponderações.

"*Voltar*", disse aos seus botões.

"*Não posso voltar. Temos que despejar as bombas, missão é missão.*"

"*Volte, você não vai conseguir alcançar os outros, seus três motores não vão subir mais.*"

Ele ficou abaixo dos outros, impedido de subir, o soldado extraviado que se tornava a presa fácil que os pilotos de caça alemães gostavam de jantar. "*Dá para conseguir, é só ficar junto.*"

O rádio intercomunicador despertou de repente.

"*Bandoleiro*", disse Kellers no torreta dorsal.

"*Bandoleiro*", disse Nawracaj, metralhador interno.

"*Bandoleiro, bandoleiro, às 12 horas, no alto*", disseram do nariz.

"*Bandoleiro chegando, nove horas.*"

Pelos menos seis Fw 190 caíam sobre o *Shack Rabbit II*, vindos de todas as direções. Bem à frente, um caça era visível no pára-brisa, suas metralhadoras pareciam semáforos flamejantes ao atirar direto contra ele.

Metlen, o metralhador da torreta esférica da barriga, fez um giro completo, tentando mirar à frente dos aviões o jato de fogo de sua metralhadora .50.

"*Bandoleiro, bandoleiro*", gritou Metlen da torreta esférica.

Bob abaixou uma asa e procurou nuvens onde se esconder.

As metralhadoras pivotavam em seus berços à medida que os caças alemães davam voltas, se aproximando e afastando.

"*Bandoleiro, bandoleiro chegando, chegando*", gritavam os homens a cada passada dos caças, que surgiam, disparavam suas metralhadoras e fuzis, e fugiam do ângulo de visão.

As metralhadoras cuspiam labaredas, e o avião jogava e sacudia enquanto Bob se esforçava para alcançar um grupo mais baixo de nuvens.

Só haviam passado alguns minutos desde que se perdera do restante da formação.

Bob viu um caça mergulhando direto para cima dele, ouviu as balas estalarem contra a fuselagem e manteve o avião ziguezagueando numa ação de fuga enquanto se inclinava na direção das nuvens.

"*Bandoleiro*", eles continuavam a gritar, com oito conjuntos de metralhadoras que pivotavam e tentavam pegar os aviões, muito mais rápidos.

O esforçado B-17 não podia superar o poder de fogo de aviões duas vezes mais rápidos. Segundos depois houve um tranco, fragmentos na janela, estrépitos e então um ruído estridente, como uma lata de sardinha estourando.

Uma bala de 13 milímetros de uma metralhadora alemã tinha atingido a parte interna da capota do motor número dois, perto do assento do piloto; partira-se em dois e ricocheteara, girando pela fuselagem; rompeu o traje de vôo de Bob, dilacerou seu músculo femoral, penetrando no tecido mole e foi se alojar no quadrante superior do fêmur. Ele sentiu como se tivesse levado uma martelada na perna.

"Bandoleiro, bandoleiro."

Bob puxou o manche para manter o nariz do avião levantado, sacudiu a cabeça para clarear os pensamentos e viu que outro motor morria, soltava fumaça, definitivamente atingido pelos relâmpagos chispantes dos canhões do Fw 190. Bob sentiu outros tremores no comando, e a partir daí o avião não respondia mais ao leme de direção. Era como se seus pés estivessem totalmente soltos, e os controles não servissem para nada. Puxou o manche para trás, para manter o avião levantado, viu os caças girarem em forma de oito à sua volta, embandeirou o motor avariado e cortou o combustível para não pegar fogo.

"O avião consegue voar com dois motores."

Mas Bob mal conseguia mantê-lo voando reto. Os dois motores restantes estavam puxando a asa direita para baixo. Ele só conseguia voar direito empunhando o manche com toda força. E, ainda por cima, continuavam os baques e os estalos de metal quente contra a fuselagem. Aquilo não ia dar certo.

O silêncio começava a envolvê-lo, o zunido do ar sobrepujava os rangidos e os baques da cabine, o barulho da corrente de vento nos seus ouvidos começava a superar a violência do intenso combate.

"Puxe, puxe o avião para cima."

O aparelho ia entrar em mergulho. *"Puxe, puxe para cima."* Os lemes de direção e de altitude não respondiam mais. O avião não ia conseguir se safar.

Bandoleiros, ecoou o chamado no intercomunicador, seguido, pela primeira vez, pela voz de Bob.

"Tripulação, abandonar avião. Saltem! Saltem!", gritou ele, apertando o botão do microfone ao mesmo tempo que acionava o alarme de emergência para saltar, exatamente como haviam treinado.

"Um, dois, três..." Bob começou a contar lentamente até 120, o número de segundos que os nove homens sob seu comando tinham de levar para vestir os pára-quedas e saltar do avião.

A falta de controle aumentou, e Bob sentiu que estava preso numa cápsula de ar; ele não ouvia nada no rádio intercomunicador e agia mecanicamente, fazendo por instinto o que tinha sido treinado para fazer.

"Oito, nove, dez, onze..."

Pickett já estava de pé. O co-piloto retirou sua máscara, pegou o pára-quedas sob o assento e prendeu-o ao arnês frontal. Pela escotilha no chão, desceu até o deque central e saltou por uma porta lateral. Bob estava ocupado, puxando o manche para tentar manter o avião nivelado, esforçando-se por ganhar tempo. Ele se concentrava em contar os dois minutos que tinham estipulado para todos pularem. O avião puxava no sentido contrário, forçando uma inclinação para a esquerda que ganhava um ângulo cada vez mais abrupto, até entrar finalmente num rodamoinho mortal, direto para o solo.

"Trinta e quatro, trinta e cinco, trinta e seis."

Quanto tempo? Dois minutos eram o bastante para o metralhador da torreta esférica da barriga? Em geral ele era o último a sair na parte de trás do avião.

"Quarenta, quarenta e um." Bob tentou pilotar empurrando os manetes de gasolina até o fundo e puxando o manche com força.

Havia treinado e treinado de novo os seus homens. McElroy, o navegador, e Carlson, o artilheiro, estavam na frente. Definitivamente tiveram tempo. E havia os cinco homens na parte de trás; não havia como ir até lá atrás verificar. McManus, o operador de rádio; Nawracaj e Sheets, os metralhadores internos; e Jansen, o metralhador de cauda. Mas quem o preocupava mais era Metlen, na barriga. Será que a torreta esférica tinha funcionado para ele se esgueirar e saltar com o resto dos homens? Tinha de pensar que eles tinham conseguido saltar.

"Sessenta, sessenta e um, sessenta e dois, sessenta e três..."

Bob não conseguia mais manter o avião estável. Olhou para Ted Kellers, que operava a metralhadora na torreta acima dele. Todos os outros deviam estar saltando, mas Kellers continuava lá. Isso era típico dele — queria continuar lutando.

"Vá embora, salte, saia já daqui. Pule, pule."

"Setenta e três, setenta e quatro..."

Era ele quem estava gritando para Kellers, ou Kellers quem estava gritando para ele? Os dois tinham de saltar imediatamente. Bob fez um movimento com os braços na direção do seu engenheiro. Eles não tinham muito tempo. Finalmente, Kellers desceu da torreta e espremeu-se rumo à porta de saída no deque central.

"Oitenta e sete, oitenta e oito, oitenta e nove..."

Será que conseguiria mesmo chegar aos 120? O avião fazia uma curva longa, ia entrar em parafuso. Bob começou a soltar o cinto de segurança e, no exato momento em que ia deixar a posição de piloto, algo chamou sua atenção: droga, se não era um avião alemão subindo a bombordo, voando em formação para dar uma olhada. Devia ser um monomotor Fw 190, mas será que estava vendo dobrado? Ele achou que tinha visto dois motores.

Bob e o piloto alemão não podiam distinguir o rosto um do outro, encobertos pelas máscaras de oxigênio. Mas o alemão olhava direto para ele. Devia ser o piloto que fizera o abate. Havia algo na maneira como eles se olhavam, como se o alemão estivesse perguntando uma coisa a Bob:

"Por que ainda está no avião? Você não vai a parte alguma."

Outra coisa: o alemão não estava atirando. Já tinha feito o seu trabalho. De piloto para piloto, aquilo era um sinal: está na hora de saltar.

Passaram-se mais ou menos cinco segundos depois disso. Bob tinha perdido a conta. Disse a si mesmo que bastava, que dois minutos já tinham se passado, tempo suficiente para o resto da tripulação. Arrancou a máscara, tirou as luvas, puxou o pacote do pára-quedas de sob o assento, enganchou o arnês e afastou-se do assento em direção à escotilha.

"Tempo, quanto tempo?" Ele sabia que o avião estava caindo.

Depois disso, Bob só se lembrava de imagens isoladas, mas nada coerentes. Não teve sensação de frio, vento ou qualquer som. Não se lembrava de ter-se esgueirado para sair da cabine de vôo; não se lembrava do vento soprando na escotilha da fuselagem.

Ele viu Kellers jogado no chão, tateando para enganchar seu pára-quedas corretamente e depois saltar para a claridade.

Bob não se lembrava de ter saltado. Havia um instante, ele podia ver os controles e ouvir o metal estalando, como se alguém estivesse jogando pedras na janela. Escutava os motores e os ruídos da batalha. E então o tempo se contraiu até o momento em que, sugado para o céu, houve um turbilhão contra o seu rosto, e o ar zuniu em seus ouvidos, e ele foi arremessado, girando.

Então houve calma e silêncio, e ele mergulhava, flutuando no ar, murmurando palavras levadas ao vento.

"É o céu, eu devo estar no paraíso."

Mas havia um problema. Ele não tinha verificado o arnês de seu pára-quedas. Talvez isso tenha sido uma boa coisa, pois ajudou a mantê-lo acordado: não tinha vestido corretamente o arnês, e uma das correias das pernas ficara frouxa. Quando o pára-quedas abriu, a plena força do vento que preenchia o velame puxou fortemente a correia para o meio de suas pernas, o que o fez pensar que seus testículos estavam sendo empurrados para algum lugar perto da boca. Arregalou os olhos.

Bob se esqueceu de orientar o pára-quedas e de olhar para baixo. Ficou espiando as nuvens e a abóbada celeste. Fazia silêncio — acabara o estrépito metálico e o zumbido constante dos motores; o nariz estava livre da queimação da máscara de oxigênio. Mas o devaneio cessou quando ele puxou um lado do pára-quedas para baixo, para aliviar a dor e a pressão entre as pernas. Tudo o que podia fazer era olhar impotente para baixo e ver o campo, uma estrada e duas figuras, talvez dois animais andando juntos e depois parando. Então viu que eram pessoas de bicicleta. Estava chegando a hora; ele caiu no chão e andou de quatro para recolher e soltar seu pára-quedas.

Bob tinha sido transportado para perto de uma estrada, e um homem e um garoto vieram correndo.

"Ele ouviu os cachorros latirem outra vez, talvez mais perto. Seu estômago contraiu. Os cachorros procuravam por ele."

"Deutscher, Deutscher", dissera o velho. Onde estava? Pensou que o avião devia sobrevoar a Alemanha quando ele saltara. Mas parecia que o homem e o garoto falavam francês. Bob pegou o mapa de seda no kit de salvamento do macacão de vôo. O velho meteu o dedo pesadamente no mapa, indicando que estavam na Bélgica.

O velho escondeu o pára-quedas numa galeria de escoamento, debaixo da estrada, e o menininho o levou pelo pasto pontilhado de árvores para uma sebe longe da vista. Felizmente, quando a patrulha passasse, ela permaneceria na estrada, pois não iria encontrar qualquer sinal do pára-quedas ou qualquer indicação de que ele tivesse descido ali.

Agora, escondido no oco espinhoso dos arbustos, Bob compreendeu que o menino e o velho o avisavam sobre as patrulhas alemãs. Era certo que eles tinham visto o avião cair, e provavelmente o pára-quedas. Deviam estar vasculhando os bosques, procurando por Bob e sua tripulação. Ele deve ter desmaiado — quanto tempo se passara? Bob olhou a perna esquerda rasgada do macacão de vôo e viu que estava ensopada de sangue. Ao mesmo tempo percebeu que não sentia dor. Não estava com frio, e sequer lhe passara pela cabeça a idéia de comer ou beber alguma coisa; ele não tinha explorado os outros itens do seu kit de salvamento. Havia tabletes de leite achocolatado Horlicks, cigarros, anfetamina, pó para purificação de água, diferentes moedas, uma bússola e fotografias para carteiras de identidade e passaportes falsos. Havia esquecido que carregava aquilo tudo.

Ele mexeu no relógio. Tinha parado às três e quinze. O pino de dar corda deve ter sido puxado quando ele saltou. Colocou-o de volta na posição, mas não sabia quanto tempo perdera — umas duas horas, provavelmente, mas pelo menos dali em diante ele podia calcular a hora.

Seus pensamentos eram como os fragmentos esfarrapados do seu macacão de vôo, desconectados do restante. Por puro instinto de sobrevivência, avaliou onde estava e o que havia acontecido: certamente não estava no céu, talvez em algum lugar intermediário. O menino tinha dito que ia voltar depois do anoitecer. Bob teria de agüentar firme e esperar. Não tinha sido fácil chegar até aqueles arbustos no campo ondulado e cheio de ervas, se arrastando pelo chão. Sua perna estava dura. Ele tinha certeza de que seria capturado ao amanhecer.

Os latidos ecoavam em volta. O ruído chamou sua atenção para o meio circundante. Era como uma corda ligando-o ao mundo, quase um conforto, fazendo com que ele se lembrasse de que estava acordado. Havia razões para se preocupar. Os alemães estavam procurando todos os que tinham saltado do avião.

Não havia um fio único, porém uma série de pensamentos conflitantes: a missão, sua casa, o que aconteceria a seguir. Nenhum desses pensamentos trazia algo de bom, mas ele não podia evitá-los. Um barulho qualquer repetido o assustava.

Bob repassou cada detalhe do contato que tivera com o garoto e o velho. Eles haviam soltado as bicicletas e corrido. O velho pegou o pára-quedas e o arnês e voltou para a estrada, enfiando o equipamento na vala de drenagem. Depois disso, foi-se embora. O menino veio na direção de Bob para acompanhá-lo na travessia do campo aberto. Bob se deslocava com dificuldade, e o garoto acenou para ele continuar abaixado, o que queria dizer que ele tinha andado meio de quatro e meio se arrastando até a sebe, onde o menino fez um gesto com a palma da mão para ele ficar.

Como saber se o menino ia voltar? Em língua de sinais, dissera que voltaria. O menino falava francês, como Bob ia entender o que ele queria? Os dois anos de estudo na escola secundária em Cradock de nada haviam servido. Que idade tinha o garoto? Talvez dez anos, doze. Como saber se ele e o velho não iam trazer os alemães? De qualquer jeito, não havia nada a ser feito; a escuridão o circundava. Bob estava deitado numa moita de arbustos que o abrigava, mas que também amortecia um problema sério: ele não conseguia lembrar-se de nenhum contorno ou detalhe do lugar onde estava, e nem de sua posição. Onde era a estrada? Onde ficavam as árvores? Onde estava tudo? Estava mais que perdido. Via-se completamente desorientado.

A noite caiu sobre ele, e com ela a sensação de isolamento absoluto. Não dava nem para ver o relógio, ou mesmo um centímetro além do nariz. Que horas eram? Pelo menos a regularidade dos cachorros latindo tinha deixado de ser uma ameaça. Em vez disso, só havia silêncio, além do som de sua própria respiração. Ele estava acordado. Seus pés e suas mãos estavam frios. A relva e a lama mancharam seus cotovelos. Com os dedos, arrancou folhas amargas de um galho e colocou-as nos lábios. Estava com fome. Só. E numa compreensão apavorante, percebeu repentinamente o óbvio. E falou, para quebrar o vazio em seus ouvidos.

"*O menino não vai voltar.*"

Estava entregue a si mesmo. Tinha que sair dali. Mas para onde?

4. Do Outro Lado da Fronteira

Na fronteira entre a Espanha e a França. 20 de outubro de 1943

O sol se punha. O outono era frio no sopé dos Pireneus, na fronteira da França com a Espanha. Jean-François não fizera todas as viagens de travessia das montanhas, mas trabalhara principalmente entre Paris e a fronteira, para garantir que toda a logística funcionasse bem. Ele acompanhava os aviadores durante suas transferências de trem, trajetos de bicicleta e caminhadas ao largo dos postos de controle alemães. As perdas do inverno e da primavera tinham sido significativas, mas foram superadas e diminuíam de importância à medida que a Linha Cometa seguia avante.

O M19, porém, tinha convocado Jean-François a uma reunião em Gibraltar para discutir estratégia. Ele nunca estivera em Gibraltar, e esperava por isso como uma espécie de pequenas férias da guerra. Michael Creswell se encontraria com ele logo depois da fronteira espanhola, em San Sebastián, e eles seguiriam juntos, cruzando a Espanha rumo ao sul, de automóvel, até Gibraltar, a fortaleza impenetrável tão importante para a defesa britânica.

Jean-François esperou o transporte seguinte de aviadores, e quando eles foram para o sul da França, acompanhou-os na estrada com Florentino. Tinham feito a viagem de trem desde Paris, e Jean-François encontrou-se com os homens em Saint-Jean-de-Luz. De lá, andaram dois a três quilômetros até a casa de Kattalin, perto do mar.

Ele permaneceria com Florentino e os homens ao longo de toda a travessia das montanhas, até eles ficarem em segurança na Espanha. Uma vez chegados a Sarobe, a quinta nas montanhas do lado espanhol da fronteira, Jean-François deixaria os aviadores aos cuidados de seus amigos pelo resto do caminho. Os ajudantes de Creswell guiariam os aviadores, enquanto este esperaria por Jean-François em San Sebastián.

Durante todo o verão, a Linha Cometa fez uma média de 12 resgates por mês, com duas travessias em julho, quatro em agosto e seis em setembro. Jean-François tinha feito cinco travessias desde o final de julho. Ele até mantinha uma lista dos homens escondida na casa de Kattalin. Lembrava-se dos rostos, mas, depois de um tempo, eles começavam a se misturar. Como a maior parte da viagem era no escuro e com restrições de linguagem, Jean-François não conseguia ligar rostos e nomes.

Exceto um, Cole Clifford, era um tanto incomum, não só por sua patente — era major do exército dos Estados Unidos —, mas também por pensar que era uma boa idéia aproveitar a viagem de trem para pôr em prática o seu francês.

"*Mais oui, mademoiselle*", disse ele a uma mulher que lhe pediu fósforos. "*J'ai du feu.*"

Jean-François ficou horrorizado. "Era tudo o que eu precisava", pensou, "alguém que se acha capaz de falar francês. É pior que não falar francês algum."

Mandou o major manter a boca fechada, e Clifford ficou chocado.

"*O senhor sabe com quem está falando?*", perguntou ele.

Jean-François disse-lhe para se calar, que naquele território ele era o oficial comandante. Ao andar pelas montanhas poucas semanas mais tarde, Jean-François pôde pensar naquilo e sorrir, já que não tinham sido pegos. Clifford provavelmente não se esqueceria. "Acho que ele e os outros também, todos se lembram de mim", pensava, "mas não me lembro de muitos deles".

* * *

Enquanto Jean-François via a Linha Cometa como uma máquina que funcionava com eficiência, a perspectiva de Londres era bem diversa. Para eles o desastre estava sempre iminente. A Inteligência Militar se preocupava profundamente com a possibilidade de perdas recorrentes paralisarem a linha de fuga Cometa. O planejamento militar estava articulando a mais pesada campanha de bombardeio da guerra até então: enfraquecimento das defesas alemãs, ataques contra instalações estratégicas e uma campanha de bombardeios diurnos e noturnos com o objetivo de desorganizar a máquina nazista. Os agentes de Londres temiam que Jean-François e seus amigos pudessem ser capturados exatamente no momento em que a necessidade de resgatar aviadores se tornara maior. Mesmo com a bem-sucedida reorganização promovida por Jean-François, os debates continuaram em Londres ao longo de todo o verão, acerca de como consolidar as operações, especialmente ao aproximar-se a hora do ataque aéreo maciço sobre a Europa, seguido pela invasão aliada do continente, que ia acontecer com certeza.

Foi por isso que o M19 o convocou para a reunião no final de outubro em Gibraltar. Jean-François imaginou que os ingleses iriam argumentar em favor de um maior controle das operações; eles alegariam que ele podia se proteger melhor contra futuras armadilhas da Gestapo se Londres entrasse com maior treinamento e assessoria especializada. Jean-François, porém, estava determinado a rejeitar a oferta, apoiando-se na exigência tão freqüentemente manifesta por Dédée de independência total em relação aos ingleses. A posição de Dédée baseava-se em parte na noção de que os belgas deviam lutar as suas próprias batalhas contra os nazistas. Mas ela também pensava que trabalhar para os ingleses os tornaria mais lentos, e a operação iria se atolar em meio à burocracia distante do campo de atuação, fazendo com que eles ficassem mais vulneráveis ao ataque de agentes nazistas.

Jean-François também supunha que o M19 lhe faria perguntas sobre a abertura de uma segunda rota pela fronteira. Eles queriam ter mais flexibilidade para transferir um número maior de pilotos. Se a vigilância aumentasse num determinado ponto ao longo do rio, uma segunda rota os tornaria capazes de manter as transferências em outra parte da fronteira. Parecia bastante lógico, mas Jean-François não gostava muito da idéia. A última vez que tentou fazer isso, foi preso em Elizondo. Pela terceira vez era capturado — duas pelos nazistas, em 1940, quando estava no exército belga, e uma pelos espanhóis. Até então ele tinha conseguido escapar, mas não achava que sua sorte ia durar para sempre.

Houve uma mudança sutil, mas importante, depois da desastrosa prisão de Dédée, seu pai e os outros. É claro que os esconderijos foram mudados. Introduziu-se um processo minucioso e intensivo de exame para todos os novos membros da Linha. Um questionário era administrado a todos os aviadores, porque os alemães enviavam agentes duplos que falavam inglês.

No ano anterior, o estilo de Dédée era bancar a senhora elegante e viajar de primeira classe todo o caminho, da Bélgica até Saint-Jean-de-Luz, fazendo parte do percurso à noite. Porém, à medida que a guerra progredia e que crescia o volume de fugitivos, a linha férrea principal para o sul fervilhava de vagões com soldados e oficiais da Gestapo, sem falar de duvidosos agentes alfandegários e fiscais de trem. Por isso, o pessoal do resgate já não pegava mais a linha expressa de Paris até a fronteira espanhola, pois observara que os trens diretos mais caros eram freqüentemente submetidos a buscas e interrogatórios de passageiros. No verão, Jean-François desenvolveu uma rota indireta, viajando em carros abertos de terceira classe, em linhas e ramais secundários, menos ostensivos e vigiados.

Aquele era seu método de viagem em 20 de outubro de 1943, a caminho do encontro com Michael Creswell e de Gibraltar, para a reunião de planejamento. Isso aconteceu no mesmo dia em que Bob Granes saltou de pára-quedas sobre a Bélgica. Jean-François ainda não tinha ouvido falar sobre a Quinta-Feira Negra, os reides de bombardeio sobre Schweinfurt na semana anterior, em que se haviam perdido 600 aviadores aliados. A aceleração do ritmo das missões de bombardeiro significava que a Linha Cometa ia ter de lidar com um número crescente de resgates no território inimigo.

O trem local os trouxe finalmente para o sul, perto de Saint-Jean-de-Luz. Um por um, os aviadores chegaram à casa de Kattalin, cada qual acompanhado por um dos guias. Muitos desses ajudantes eram jovens mocinhas que faziam o que podiam para parecer ingênuas adolescentes apaixonadas em viagem com seus namorados. Do mesmo modo, as patrulhas nazistas não suspeitariam ao ver um garoto e uma garota andando na rua de paralelepípedos em direção à casa de Kattalin na baía. Eles iam montanha abaixo até a casa de dois andares com varanda, que não parecia diferente da fileira de residências contíguas que se apertavam na ladeira que descia até beira-mar. Kattalin os recebia com um sorriso e providenciava alguma comida e bebida. Os aviadores se agrupavam no primeiro andar e tratavam de descansar.

Jean-François olhou para os homens. Naturalmente eles estavam animados. Todos falavam rápido e brincavam em inglês. Muitos tinham ficado isolados no campo por semanas. Jean-François os fez lembrar com firmeza que deviam permanecer em silêncio. Ninguém podia ouvi-los falar inglês; não podiam levantar qualquer suspeita.

Florentino chegou no final da tarde. Olhou para o grupo de aviadores e verificou se estavam vestidos de maneira adequada para enfrentar a noite fria nas montanhas. O basco prestou atenção particularmente nos pés dos aviadores. Cada homem trocou suas pesadas botas de cadarço por alpargatas, as sapatilhas tradicionais do País Basco, de pano e corda trançada, atadas aos tornozelos. Leves e silenciosas no eco das montanhas, as alpargatas secavam facilmente e eram perfeitas para manter uma passada flexível nas trilhas da montanha e nas margens dos rios, na árdua caminhada até a Espanha. As sapatilhas eram fáceis de substituir quando se desfaziam, após uma noite de penoso caminho encharcado através da fronteira. Os aviadores aliados achavam-nas ridículas, e não as consideravam em absoluto um substituto razoável para os calçados robustos feitos para resistir à aspereza da rocha e à lama das trilhas. Mas obedeciam, e ao longo da noite passavam a entender sua funcionalidade. Florentino tratava as alpargatas com seriedade, vagando periodicamente entre os membros do grupo de aviadores para verificar se estavam devidamente amarradas. Ele levava uma enfiada de alpargatas de reposição penduradas ao pescoço, pois todos iriam precisar de um novo par ao longo da passagem pelos Pireneus.

Ao cair da noite, Jean-François fazia a revista da tropa de aviadores e dava as suas ordens para a marcha. Eles viajariam a noite inteira. Tinham de permanecer em silêncio, andar em fila indiana e seguir as instruções sem hesitar. Suas vidas dependiam disso.

Os aviadores vestiam roupas da região — velhas camisas toscas, calças largas e jaquetas de lã mal ajustadas, com buracos de traça e amarrotadas. Usavam boinas na cabeça, para se disfarçarem o máximo possível, e ouviam silenciosamente o que lhes era dito, embora não percebessem o que tinham diante de si.

Equipados contra o vento, Jean-François e Florentino deixaram a casa de Kattalin, foram ao extremo do povoado e cruzaram a rodovia costeira, esperando evitar as patrulhas alemãs logo naquela primeira parte da viagem.

Andaram ao longo da estreita faixa litorânea francesa no oceano Atlântico conhecida como golfo de Biscaia. Olhando para o interior do território, havia pequenas fazendas, vacas e terraços de milho nas encostas, ao longo das colinas, além de bosques ondulados. Ao andar por uma velha estrada sinuosa entre sítios, herdades e fazendas, chegava-se de repente à praça de algum antigo povoado; sempre havia uma torre de igreja feita de pedra, o prédio público do povoado e um monumento aos franceses mortos durante a Primeira Guerra Mundial. Naquela altura, no outono de 1943, a bandeira nazista tremulava nos edifícios públicos; sua presença agredia a beleza pastoral como uma praga trazida pelo vento. Ninguém estava seguro, e as pessoas andavam de cabeça baixa quando as patrulhas passavam. O perigo de ser descoberto era constante.

Estendia-se atrás deles a vista panorâmica do irregular litoral rochoso da França. O vento abafava o ruído das ondas na praia a várias centenas de metros abaixo de onde estavam; dava para ver a linha de espuma branca que se formava na costa escarpada. Florentino fez sinal para que entrassem na floresta, no caminho que os levava às colinas ondulantes no começo de sua jornada noturna. Rapidamente eles atravessaram a estrada. Apareceu um automóvel tcheco, o veículo preferido da Gestapo, mas os rapazes ficaram fora do alcance dos faróis. O carro continuou estrada abaixo, na direção da fronteira espanhola, com bandeiras nazistas tremulantes à brisa. Os aviadores ainda tinham os seus falsos documentos franceses, para o caso de encontrarem uma patrulha alemã em terreno aberto. Na floresta, porém, tinham de confiar na discrição e na orientação de Florentino. Só havia uma explicação possível caso uma patrulha nazista desse com eles atravessando as montanhas às escondidas: estavam fugindo e podiam ser mortos assim que fossem vistos.

O guia basco estabeleceu imediatamente um ritmo inflexível. A primeira parte da travessia levava cerca de duas horas nos caminhos serpeantes entre herdades e sítios até Urrugne, região onde Dédée fora capturada em janeiro, que ainda era a área de passagem antes de alcançar a fronteira espanhola. Tendo escapado por pouco dos nazistas, eles mudaram o destino para uma outra casa no povoado e não demoraram mais que o necessário para um curto descanso. Era uma noite fresca; a bruma se erguia do golfo de Biscaia e se acomodava sobre as montanhas, banhando as árvores num clima de mistério. Florentino marchava à frente, e raramente permitia que os homens descansassem. Os aviadores tinham de despender todo o seu esforço para acompanhar o passo, e logo ficaram extremamente exaustos e desorientados. Ocasionalmente, Florentino erguia uma mão, batia as alpargatas no chão e então acelerava de novo, ao ouvir qualquer sinal de perseguidores.

Havia pastores ao longo do caminho, e sua presença era antecipada pelo som melancólico das suas buzinas de folha-de-flandres, ou talvez o latido de algum cão ovelheiro. "*Tais toi*", disse Florentino num péssimo francês ao restante dos homens. "Fique quieto".

Cinco horas depois de terem saído da casa de Kattalin, a trilha se abria numa clareira repentina, no alto da montanha. Jean-François falou com Florentino em separado, e eles concordaram em deixar os aviadores descansar um instante. A partir daquele ponto nas montanhas, um pouco a leste de Biriatu, a vista alcançava até a foz do rio Bidassoa, onde as luzes da Espanha — a cidade balneária de Fuenterrabía — parecia desmentir a guerra na Europa. À noite, viam-se luzes ao longo da praia, a qual formava um arco que terminava na foz do rio, e depois golfo de Biscaia. Era um estreito pedaço de terra aninhado como uma língua de fogo na Europa controlada pelos alemães, cujas luzes permaneciam apagadas por causa dos ataques aéreos aliados. A Espanha podia continuar a fingir neutralidade, mas todos sabiam que seus amigos alemães patrulhavam as duas margens do rio, sem qualquer contestação pelas patrulhas de Franco.

A rota de fuga representava uma inversão com referência ao final dos anos 1930, quando os espanhóis cruzavam a fronteira no sentido contrário para fugir dos conquistadores falangistas de Francisco Franco. Na época, as pessoas se esforçavam para cruzar o Bidassoa da Espanha para a França. Agora elas fugiam na direção oposta.

Atravessar naquele trecho seria suicídio, apesar de os barcos de pesca ali atracados e ancorados darem a impressão de que seria possível. Jean-François imaginava o que fazer. A gente podia descer até o porto às escondidas e esperar anoitecer. Sem fazer barulho, dava para entrar na água e nadar entre os barcos ancorados do lado francês para o espanhol. Mas a idéia nunca funcionou, pois os alemães e a Guarda Civil espanhola patrulhavam ambas as margens. Acercar-se da margem com uma aparência de fugitivo, por mínima que ela fosse, seria um erro fatal.

Da posição onde se encontrava, pouco acima do porto, Jean-François podia subir o rio Bidassoa até as pontes ferroviária e rodoviária que faziam divisa entre a Espanha e a França.

Os empregados da estrada de ferro eram todos bascos, e alguns tinham montado uma operação de resgate em 1942.[1] Eles atravessavam refugiados clandestinamente, trazendo-os para a oficina de reparos pelas trilhas que acompanhavam o rio. A rota funcionou durante um tempo. Mas os alemães souberam, graças à polícia espanhola. Os empregados basco-franceses da ferrovia atravessaram um agente da Resistência chamado Michel Irribarrain com sua esposa, Janine. A polícia espanhola, porém, os capturou em Irún. Revistando os bolsos de Michel, encontraram estimativas sobre tropas e outras informações da inteligência. A Espanha devolveu o casal à França, e os alemães deram um grande espetáculo. Fuzilaram Michel e Janine, e anunciaram nos jornais que todos que tentassem sair às escondidas do país seriam executados.

Jean-François olhou as luzes da Espanha lá embaixo e pensou em liberdade. Em função do perigo inerente à via férrea, ao porto e à estrada naquela área populosa, a escolha óbvia era operar ali, vários quilômetros rio acima, onde os alemães nunca haviam estado, nas trilhas de cabra sobre as montanhas escarpadas ao longo da costa. Antes de Florentino acenar para os homens continuarem a descer até o rio, Jean-François não pôde evitar de contemplar o céu meridional. As luzes de San Sebastián, a cidade espanhola que era o seu destino a 16 quilômetros de distância, projetavam um brilho no horizonte. Para chegar lá por essa via tortuosa, a primeira coisa era descer até o rio. Depois, mais quatro horas de marcha até o esconderijo no lado espanhol. Eles também continuariam a esquivar-se da Guarda Civil, que tinha ordens de prender os fugitivos da França.

"*Allez, allez*", chamou Florentino. Ele fazia gestos para todos se abaixarem no mato entre as samambaias. "*Doucement, doucement*", disse subitamente. Ele acenou para os homens ficarem agachados e andarem em sua direção.

Jean-François olhou para Florentino, que o encarava. "*Devagar, em silêncio*", algumas das poucas palavras que Florentino podia dizer em qualquer outra língua que não o basco.

Em certos pontos, a velha rota dos contrabandistas atravessava estradas secundárias em fazendas, e uma ou duas rodovias que poderiam estar vigiadas pelos alemães. Houve o zumbido de um motor ecoando pela montanha e o brilho de um farol distante ricocheteando nas árvores.

Os homens escutaram o ruído e compreenderam que deviam ficar parados. Ouviram outros ruídos, vozes à distância: alemães. Em geral eles não se afastavam muito de seus veículos. Era impossível conhecerem aquelas trilhas ocultas. Após alguns segundos, ouviram novas vozes, a porta de um carro bater e o motor ser acionado. A patrulha continuou ao longo da estrada.

Havia a possibilidade de que, ao atravessar uma das estradas próximas, uma patrulha alemã os tivesse visto acidentalmente lá de baixo. Em geral os ruídos e apitos eram atribuídos a outros grupos bascos que subiam a montanha — contrabandistas e amigos de Florentino que também conheciam aquelas trilhas. Satisfeito por estarem sozinhos, o guia circulou entre os homens sob seus cuidados e fez uma verificação de rotina das alpargatas. Era preciso que estivessem firmes para a travessia do rio. "*Doucement, doucement*", disse Florentino, e eles começaram a percorrer o caminho sinuoso para a liberdade depois do rio Bidassoa.

Além da vista copada, havia uma ampla extensão de céu que sugeria os rochedos íngremes e o desnível até o golfo de Biscaia ao largo da costa francesa. As montanhas e o campo eram sempre visíveis, mas o contraste tornava-se absoluto.

Na subida da montanha, havia campos fulgurantes de lavanda — *izpiliku*, na língua de Florentino —, verbascos, papoulas e dentes-de-leão que ameaçavam cobrir a vegetação dos terraços musgosos. Até as crianças aprendiam rápido a dar a volta em heras, meimendros e cicutas venenosos que cresciam ao pé das fundações das construções em ruínas esquecidas à beira da estrada. A rota era uma malha de caminhos secundários que subiam, desciam e circundavam vales estreitos e outeiros densamente arborizados, por onde os romanos caminharam — embora seus passos fugidios não tivessem deixado rastros. Desde a Idade Média os peregrinos andam por ali em fila indiana, em seu caminho para prestar homenagem religiosa a Santiago de Compostela.

Ocasionalmente, ao subir um outeiro, ouvia-se o tinido leve de um sino e uma certa agitação, mas nada havia a temer, pois geralmente eram bodes desacompanhados ou um rebanho de ovelhas e um pastor que andava apressado. A polícia ou uma patrulha alemã é que não haveria de ser, pois tinham um modo distinto, pesadão, de andar nas florestas. Os comerciantes contrabandistas, pastores, debulhadores e ceifadores reconheciam o ruído e podiam mandar sinais uns para os outros. Todos aqui eram conhecidos; ninguém portava armas de fogo, e o código de honra entre os clãs e famílias bascos proibia roubar e desonrar. Por mais que estivesse disposto a aprender os segredos do País Basco, nenhum policial ou subalterno da Gestapo podia penetrar naquele terreno. Recuando-se até a época dos *vascones*, que viveram ali antes de haver registro histórico, a terra basca tinha atravessado e resistido a eras e eras de hegemonia de outros povos. O povo de *Euskadi* sabia que, de uma maneira ou de outra, eles sobreviveriam a qualquer fascista arrebatado — espanhóis, alemães ou franceses — que, metido em uniformes idiotas, tentasse manipular ou enganar *los fueros* — as antigas leis bascas — ou dominar a independência basca. Florentino os conduzia por entre amigos e parentes.

A caminhada montanha acima era uma verdadeira tortura para os exauridos aviadores aliados. Seus músculos cansados pareciam relaxar quando eles tinham a impressão de ter alcançado um pico numa subida, mas aí a trilha fazia uma curva na montanha e começava a subir outra vez. Finalmente, havia uma grande extensão enlameada no ponto mais alto, onde mais uma vez as luzes da Espanha contrastavam com a opacidade desolada da ocupação ao norte.

Ainda faltava uma hora ou pouco mais para chegar ao rio Bidassoa, na corrente rochosa que faz a divisa entre a França e a Espanha naquele trecho da fronteira. O rio nasce nos Pireneus, a cerca de 160 quilômetros, ganha força dos tributários que descem a montanha e corre em cascata entre matacões, num leito de seixos e pedras de quase cinco metros de largura. Quando não estava chovendo, a travessia não tomava mais que um minuto ou dois. Geralmente a água não chegava nem à cintura.

A lua surgia intermitente entre as nuvens. Florentino franziu o cenho. O rio estaria iluminado pelo luar. Fez um gesto para Jean-François e os três pilotos, para ficarem abaixados, mas não viu sinal de patrulhas.

Um dos aviadores era canadense e falava um pouco de francês. Jean-François lhe disse para dizer aos outros que iriam atravessar o rio.[2]

O canadense se queixou do leite de cabra que lhe fora oferecido.

"*Leite de cabra com conhaque.*"

"*Beba*", disse Jean-François, "*vai lhe dar energia.*"

O leite de cabra tinha um cheiro forte, e o canadense teve de tapar o nariz para engolir a mistura.

"*Esses bascos comem muito mal*", disse a seus companheiros.

No trem, quando estavam vindo da fronteira belga, alguém fizera ele comer dois ovos crus num copo de conhaque. Aquilo deu um nó em seu estômago.

"*Será que esse pessoal nunca ouviu falar de sanduíche e refrigerante?*"

"*Fique quieto*", disse Jean-François, e Florentino também se virou com o dedo sobre os lábios.

Eles tinham chegado ao rio. Uma patrulha alemã atravessava a ponte perto dali, e os faróis de um carro que a acompanhava ocasionalmente iluminava a escuridão nas árvores.

Antes de cruzarem, Florentino fez um gesto para os aviadores ficarem afastados enquanto ele ia até a margem. Quando não havia mais ninguém, acenou para que se aproximassem. Todos vieram agachados pela vegetação rasteira, antes da área aberta, logo abaixo de onde a montanha descaía até o rio. Embora estivesse claro, não se via nenhum alemão no lado francês, e os espanhóis na outra margem provavelmente estavam se embebedando em seu barracão de guarda.

No lado francês da fronteira, os soldados de infantaria alemães menos graduados não se interessavam tanto pela caça quanto poderiam eventualmente fazer as diligentes tropas da SS e da Gestapo. Do mesmo modo, os guardas de fronteira espanhóis, que não ganhariam mais que dez centavos por dia pelos seus esforços — se tivessem sorte —, preferiam ficar à toa nos seus barracões degradados, mas secos, do que sair para procurar contrabandistas e espiões.

Ainda bem que era assim, já que o tempo estava bom demais para a travessia. Florentino e Jean-François preferiam céus encobertos e brumas, que camuflavam seus movimentos à noite.

Um por um, na escuridão, os homens entraram no rio, obedecendo ao comando de Florentino. O próprio rio não era obstáculo; só estava com uns 30 ou 40 centímetros de profundidade, não chegava nem aos joelhos. Eles só precisaram enrolar um pouco as calças; a correnteza era forte, mas sem conseqüências. Cautelosa, a travessia levou vários minutos.

Depois eles cruzaram um estreito trecho seco do lado espanhol, seguido por uma inclinação íngreme, uma velha linha férrea, e depois a rodovia Irún-Pamplona, que se estende da costa espanhola até as cidades de Pamplona e Barcelona. As chances eram grandes de que um guarda de fronteira percebesse uma silhueta ou ouvisse alguma coisa nos poucos segundos de corrida até a cobertura do outro lado da estrada. Nas noites claras, a Guarda Civil fazia patrulhas freqüentes. Era conhecida por atirar em qualquer coisa ou pessoa que se mexesse perto do rio — e se não metesse na cadeia, era capaz de mandar qualquer um que fosse pego no ato de atravessar a fronteira direto para a custódia francesa ou nazista.

Rapidamente os homens se reuniram, tremendo de frio enquanto secavam os pés na margem espanhola. Jean-François os preveniu para não tirarem as alpargatas molhadas, a não ser que precisassem ser substituídas. "Uma vez descalçadas, a gente nunca mais consegue calçar outra vez", disse ele.

Após uma pausa para descansar, eles retomaram a caminhada. A primeira etapa era atravessar a pequena área de vegetação rasteira, depois cruzar os trilhos e, finalmente, mais dez metros até o talude íngreme da rodovia Irún-Pamplona. Florentino foi primeiro, depois Jean-François enviou cada um dos aviadores a intervalos iguais.

O canadense era o próximo; ele chegou até a via férrea, mas tropeçou num dos trilhos. Caiu pesadamente, e os outros ouviram o barulho do choque no cascalho e um grito abafado. Cachorros latiram a distância e uma luz foi acesa no posto da guarda na estrada. Florentino, acenando à frente, indicou para eles ficarem deitados no chão. Felizmente os cachorros pararam de latir; a luz foi desligada. Dez minutos depois eles retomaram a travessia.

Florentino ajoelhou-se à margem da estrada e procurou qualquer sinal da presença de guardas, que podiam estar dormindo, mas teriam facilmente sido acordados pelos cachorros.

"*Allons, allons!*", sussurrou ele, quase exaurindo seu vocabulário francês e indicando para cada qual o ponto de encontro rochoso do outro lado. Correram abaixados quando a lua se escondia e chegaram à capoeira do outro lado da estrada.

Superada essa etapa, havia um rochedo íngreme a escalar e depois outra série de colinas onduladas que davam a volta num cume chamado Peña de Aya e passava pelo Castillo Inglès, uma construção em ruínas que não era nem inglesa nem castelo, mas assim fora alcunhada segundo a predileção local pelos nomes extravagantes. Para alguém que nunca antes havia marchado daquela maneira, tratava-se de um castigo, caminhos infindáveis que desciam zombeteiros para subir uma encosta abrupta e contornar uma curva em forma de "U", antes invisível na trilha. Chegaram a uma encruzilhada conhecida como Bosnieta — os cinco caminhos —, e então cambalearam encosta abaixo, já ao amanhecer, até o esconderijo que todos chamavam de Sarobe.[3]

Esta era uma pequena propriedade rural que contava com uma horta, algumas ovelhas e vacas, um touro e um pequeno pomar de macieiras. Foi como uma aparição ao raiar do dia — um enclave circundado de árvores e campos ondulosos, e uma chaminé, que indicava que a lareira já esperava por eles. Não se situava sequer a 12 quilômetros do rio, mas foi um percurso interminável pelas montanhas. Os pilotos estavam exaustos. O segundo par de alpargatas encontrava-se arruinado, pendendo dos pés machucados que sangravam.

Paco Iriarte-Recalde, o pequeno sobrinho do proprietário de Sarobe, ficou à espera do grupo enquanto Florentino os conduzia pelo caminho escorregadio e pedregoso. Eles surgiram perto de um grupo de plátanos que se elevava acima de Sarobe e do vale que conduzia a Oyarzun, mais abaixo.

Paco olhou para Florentino, e o eriçado guia lhe deu um tapinha na cabeça.

"*Lembra do que eu lhe disse?*", perguntou Florentino, falando em *euskera* pela primeira vez naquela noite. "*O que vai fazer se a Guarda Civil aparecer?*"

"*Bai, Florentino, bai*", respondeu Paco com orgulho em *euskera*. "*Sim, Florentino. A gente não pode dizer nada para eles.*"

Florentino atirou para ele uma moeda de dez pesetas.

Antes de chegarem à entrada, os guias e os três pilotos puderam ver a fumaça na chaminé e sentir o aroma de comida sendo preparada. Os Iriarte — Manuel, Francisco, Regina e Fermina —, cuja família é dona de Sarobe há gerações, deu-lhes boas-vindas com a bonomia costumeira, embora surpresos ao ver os aviadores. Eles nunca sabiam quando os homens seriam trazidos.

O cheiro de óleo quente e os outros odores do preparo do café da manhã escapou pela porta da fazendola. Pela primeira vez em toda a noite o basco andou atrás de Jean-François e dos pilotos, que quase correram até a porta da frente.

À luz fraca do vestíbulo com o arco de pedra, os visitantes viram toda espécie de implemento tradicional da vida na fazenda, pendurados nas toscas vigas de madeira: vários tipos de lanterna; uma ceifadeira; uma engenhosa vara para carregar baldes de leite nos ombros cuja boca estreita era guarnecida de uma tampa articulada, para não derramar o líquido; um utensílio de madeira chamado *matraca*, que gira em torno de um eixo fazendo barulho e é usado em substituição aos sinos para chamar os fiéis à igreja durante a Semana Santa. Ervas amarradas em fardos pendiam de ganchos nos caibros do telhado; havia lavanda, hortelã, festões de alho, todos os odores que desafiavam o frio e se combinavam com os cheiros úmidos e bolorentos da chuva e da umidade nas roupas encharcadas.

Há tanto tempo Sarobe era uma estação intermediária nas montanhas ao longo da fronteira que ninguém conseguia mais se lembrar. Tratava-se de um típico *caserío* basco. O *caserío* — melhor traduzido como "residência" — vem sendo há séculos o ponto nevrálgico da herança basca. Um *caserío* é a reunião da família extensa sob um mesmo teto, num tipo de construção que evoluiu com uma arquitetura distinta. O estilo é em alguns aspectos remanescente do chalé suíço. O *caserío* faz uso do terreno, rico em madeiras duras e pedras retiradas das montanhas, e ao mesmo tempo adorna o cenário natural com um desenho folclórico. Sarobe era um bom exemplo do estilo. A madeira exposta da fachada era cercada por pedras e argamassa; as paredes caiadas contrastavam com as janelas verdes e vermelhas — as cores da bandeira nacional basca. Havia uma cerca em volta da casa, encerrando o gado, as ovelhas e os bodes.

Naquela época, Jean-François vinha a Sarobe quase todas as semanas, mas nunca perdeu o prazer de chegar ao raiar do dia para o café da manhã. Para as pessoas comuns na França e no restante da Europa sob ocupação alemã, a comida era severamente racionada. A refeição mais comum compunha-se de um bocado de batata e um nadinha de carne-seca com que temperar o caldo. Mesmo com dinheiro para o mercado negro, mal se podia pensar em comer um pedaço suspeito de pão preto ou um sucedâneo aguado de café misturado com aveia moída. Na Espanha, as cidades enfrentaram a verdadeira fome na esteira da Guerra Civil, e o racionamento dos gêneros escassos ainda piorava a situação.

Na ampla cozinha campesina, a tia de Paco dispôs bacias com água quente salgada, para os homens banharem seus pés cheios de bolhas. Diante deles havia uma mesa longa coberta de iguarias; quantidades substanciosas de queijo, leite fresco, *talua* (uma forma de pão de milho), suculentas lingüiças e presunto defumado, tudo produzido na fazenda; em tempos de guerra, uma raridade para os forasteiros. Tomou-se primeiro o leite quente; a família sentou-se diante deles com prazer evidente, observando-os comer.

Fizeram sinal para os pilotos sentarem-se no banco da longa mesa enquanto preparavam a comida. O canadense, queixando-se ainda do gosto do leite de cabra com conhaque, não pôde esperar para beber um gole d'água. Mas não era água o que estavam servindo.

"*Oh não*", disse ele, sorrindo, pois seus anfitriões não entenderiam que estivesse se queixando. "*Mais leite de cabra.*"

Não havia água à mesa, apenas leite, uma garrafa de vinho, cerveja quente e café.

O pequeno Paco entrou na cozinha e ficou observando os aviadores, sorrindo e impressionado pela maneira como comiam sem parar, os rostos enfiados no prato.

Os outros membros da fazenda também vieram olhar os pilotos, sorrindo. O velho tio de Paco ostentava um riso ladino; era o anfitrião. Ele falava a língua basca com a família e com Florentino, que se sentava com os pilotos, rindo e batendo na barriga; bebeu vinho e conhaque como se não tivesse passado a noite em claro.

Havia um sentimento de celebração. Os habitantes de Sarobe sabiam que estavam fazendo a sua pequena parte para ajudar a ganhar a guerra contra o fascismo, e o produto de seu trabalho eram os aviadores norte-americanos, canadenses e ingleses felizes e bem alimentados, a quem eles se referiam coletivamente como *los pilotos*, sem saber ou preocupar-se com suas nacionalidades ou se pilotavam aviões, encarregavam-se da metralhadora de cauda ou despejavam as bombas.

A tia de Paco ficou de costas o tempo necessário para preparar a *tortilla de patatas* que Jean-François adorava especialmente. Ela cortou algumas cebolas em cubinhos, disse a Paco para ir buscar alguns ovos no galinheiro e fatiou as batatas. Aqueceu um pouco de óleo no fogo e em seguida refogou as cebolas e amoleceu as batatas na mistura, acrescentando uma pitada de sal. Neste ínterim, bateu os ovos e juntou-os ao preparado, cozinhando-os até alcançarem a consistência de um omelete espesso e levemente dourado.

Cortou fatias grandes da *tortilla de patatas*. Todos comeram com deleite, mas era Jean-François quem mais ansiava pelo café da manhã em Sarobe. Ao longo de todo o caminho linha abaixo, desde Paris, e depois, durante a jornada nas montanhas, ele antecipava a recepção calorosa em Sarobe. Os aromas característicos da lareira e do fogo fumegante ao final da rota de fuga eram o símbolo de que — pelo menos por um tempo — estavam fora do alcance dos nazistas, em segurança e desfrutando a liberdade.

Sarobe era memorável também para os aviadores. Os viajantes não viam tal abundância desde que haviam deixado a Inglaterra. Após a refeição, saciados de comida e álcool, até Florentino estava pronto para dormir. A família os conduziu à escada, entre a entrada da casa da fazenda e a cozinha, que levava a um segundo andar aberto, um palheiro, onde se dispunham sobre o assoalho os leitos de palha seca com cobertores para os homens dormirem.

Jean-François dizia aos rapazes para descansar, mas eles sempre estavam nervosos. Algumas semanas atrás ouviu-se uma batida na porta, e os aviadores pularam para o milharal pela janela do palheiro, temendo ser presos. Era um vendedor de seguros do povoado.

Pela janela, os aviadores podiam ver o touro nos fundos da casa, várias ovelhas pastando, a ondulação do milharal e os *caseríos* caiados que pontilhavam o vale. Eles dormiram inquietos.

Depois do descanso, o próximo elo da corrente era descer a montanha até um outro esconderijo, um bar de propriedade da família Arbide Garayar. Seus três filhos adolescentes, Venancio, Vicente e Luciano, os levariam de carroça até um ponto de encontro onde um motorista do consulado britânico estaria esperando. Conforme as ordens de Creswell, eles seriam transferidos o mais rapidamente possível para Gibraltar.

Enquanto os aviadores dormiam, a tia de Paco tratava de conferir o suprimento de alpargatas de Florentino. A maioria era de sola de corda. Às vezes aparecia uma ou outra cujas solas eram feitas com os raros suprimentos disponíveis de pneus velhos. Ela descia ao mercado do povoado e comprava o tipo que tivesse, mas nunca mais de um ou dois pares no mesmo lugar, para não chamar a atenção.

Os serviços de inteligência britânicos pagavam todas as despesas: alpargatas, alimentação e equipamentos, subornos e passagens de trem — bem como os odres de couro, as *botas*, como se diz em espanhol, e os frascos de conhaque camuflados que Florentino escondia nas montanhas e vales. Afora isso, Florentino fazia pouco uso ou tinha pouco interesse por dinheiro. Ele deveria ganhar 1.500 pesetas a cada travessia. Um dia, Jean-François entrou no quarto de Florentino na casa de Kattalin e encontrou os pagamentos de muitas viagens enfiados numa gaveta da cômoda, as moedas descuidadamente embrulhadas em notas amassadas de dinheiro.

Depois da estada com seus amigos em Sarobe, Florentino iria voltar cruzando o rio para preparar a chegada de outros pilotos. Jean-François, porém, não dormiu. Tinha um encontro com Creswell em San Sebastián.

"*À bientôt, adiós, agur, mis amigos*", disse Jean-François em francês, espanhol e basco, para abarcar a todos.

Ele desceu a montanha na direção de Rentería, onde podia pegar *El Topo* — "A Toupeira" —, a linha de metrô que corria ao longo da fronteira de Irún a San Sebastián e parava ao norte da cidade. Dali andaria até o porto. Michael Creswell viera de carro de Madri e havia marcado de pegar Jean-François num dos esconderijos do consulado britânico. Não havia dúvida de que a sobrevivência da rede de evasão Linha Cometa — bem como a do piloto americano ferido, Bob Grimes — estava em risco.

5. Retomada de Forças

Bruxelas, Bélgica, Outubro de 1943

Quando o sol se pôs, na noite de 20 de outubro de 1943, Bob Grimes começou a considerar suas opções. Não havia muitas: ele podia permanecer nos arbustos e morrer de fome, ou ser capturado; podia ainda procurar ajuda. Se o menino que o socorrera não voltasse, ia ter de sair dali.

Bob tratou de se recompor e levantar-se, notando que sua perna pulsava. Compreendeu que estava ferido, mas não sabia com que gravidade. O que havia a fazer era procurar uma fazenda ou quinta. Escolheu uma direção e saiu pelos campos, à procura de luzes, à espera de que, mesmo com o blecaute, pudesse enxergar alguma claridade. Puxando a perna esquerda e olhando tudo à sua volta, finalmente enxergou um lampião à distância. Logo entrava num curral e acercava-se de uma casa do outro lado do caminho.

Pela janela, o agricultor Louis Carlier e sua família observaram ele se aproximar — um rapazote todo sujo e molhado que parecia trazer a guerra para a soleira de sua porta. Seu primeiro instinto foi manter a porta fechada.

Bob bateu e chamou. "*Por favor, por favor, americano, americano.*"

"*Allez, allez*", disseram eles. "*Vá embora.*"

O jovem diante deles era um molambo, o rosto coberto de sujeira e arranhões. Mas tinha, ao mesmo tempo, a bela imagem do americano, um sujeito louro de pele clara, olhos azuis e sorriso franco. Se era ou não colaborador; se os alemães iam ou não aparecer de repente e matá-los a todos, o fato é que a simpatia superou o medo. Eles sabiam que os alemães o estavam procurando em todo o povoado. O jovem sangrava e precisava de ajuda.

"Por favor. Minha perna. Americano. Merci, merci."

Seu francês da escola secundária não ajudava, mas a família naquela casa tinha compaixão. Olharam Bob nos olhos, ele suplicou, e finalmente eles o levaram até a cozinha.

A senhora Carlier pôs pão, queijo e cerveja para ele na mesa.

"*Merci*", disse Bob, que com isso chegava até o limite do seu vocabulário em francês.

Os filhos do casal apareceram na cozinha.

"*Je suis Louis, et voici ma soeur, Yvonne.* "

As crianças sorriram.

A mãe delas examinou o ferimento, trouxe tintura de iodo e colocou direto na perna de Bob, pelo buraco do macacão rasgado.

Ele não sentiu absolutamente nada. Deram-lhe um cobertor, e ele se deitou no chão da cozinha e pegou no sono instantaneamente. Yvone e Louis ficaram olhando da porta.

Durante toda a noite os alemães fervilharam nas regiões de Soignies e de Silly, a cerca de 60 quilômetros ao sudoeste de Bruxelas, e deram buscas de casa em casa. Os Carlier com toda razão estavam com medo de serem descobertos ao dar guarida a um piloto aliado, se é que ele era isso Talvez fosse um espião inimigo. Em todo caso, o velho Carlier, o avô das crianças, manteve seu bacamarte apontado para o ferido a noite inteira, por trás da porta da cozinha.

De manhã, Louis cutucou Bob, que abriu os olhos.

"*Avec moi. Avec moi.* "

Louis levou-o até a estrada, por onde chegou um caminhão. Alguns homens se aproximaram, içaram Bob para a caçamba e levaram-no estrada afora. Bob circulou durante as três noites seguintes. Os fazendeiros belgas tinham como alertar uns aos outros quando uma patrulha alemã se aproximava, enquanto escondiam Bob e o transferiam à noite para uma casa que já tivesse sido revistada. Esta parecia ser a única opção no momento; com 1,88 metro, ele era mais alto que quase todos os belgas, e eles temiam que se destacasse demais. Embora não fosse capaz de conversar com eles, Bob era um sujeito cativante. Tímido, sorridente, gentilmente grato às pessoas, ele parecia ser o que dizia: um piloto ferido que precisava de ajuda. Felizmente, não era difícil passar a perna nos alemães; era perigoso, mas havia um certo prazer em fazer isso.

O arranjo teria sido perfeito, não fosse por uma coisa: Bob tinha cada vez mais dificuldade para andar. A perna estava inchada, e ele começava a ter febre e até mesmo, às vezes, a delirar. Poucos dias depois, já não conseguia mais ficar de pé.

Lily, o contato da Linha Cometa em Bruxelas, recebeu um relatório sobre o piloto ferido. Um menininho o tinha visto descendo de pára-quedas e ajudado a chegar até uma sebe. O pai do garoto o proibira de dar qualquer outro tipo de apoio ao fugitivo, temeroso de eventuais represálias alemãs. O pára-quedas tinha sido recuperado e parecia autêntico. Já estava sendo cortado para fazer roupas e toalhas de mesa. Os simpatizantes do campo precisavam de auxílio médico e de transferir o americano antes que os alemães prendessem a todos.

Mesmo sem o aviador ferido, a Linha Cometa estava sob uma pressão considerável, correndo riscos crescentes, alguns deles fatais. O ritmo da chegada de fugitivos aumentava. Além desse homem ferido, vários outros esperavam para ser removidos, tanto em Bruxelas como nos povoados circundantes.

Exatamente como haviam previsto os serviços de inteligência britânicos, o aumento do número de missões aliadas sobre a Europa causava novas perdas, e mais homens saltavam de pára-quedas. Isso significava que a Linha Cometa teria de trabalhar cada vez mais rápido.

Ao mesmo tempo, os alemães incrementavam seus esforços para capturar pilotos e punir aqueles que os ajudassem. Nos dois meses anteriores, a Gestapo e a polícia secreta da Luftwaffe tinham infiltrado agentes que falavam inglês para passar por aviadores aliados. Os alemães não chegariam ao disfarce extremo de ferir seriamente o agente infiltrado, certo, mas não valia a pena arriscar. A Resistência sabia que germano-americanos — alguns dos quais falavam inglês sem qualquer sotaque — tinham retornado à Alemanha quando os nazistas haviam tomado o poder.

Os nazistas também se infiltravam nas organizações de fuga, fazendo-se passar por simpatizantes e entregando à morte os membros da Resistência e os pilotos a quem ela ajudava. A perda de ativistas de confiança não era apenas algo sério e trágico. Tinha também um efeito inibidor sobre os que restavam, bem como sobre a frouxa aliança de belgas com coragem bastante para resgatar os aviadores que desciam de pára-quedas em seus campos. O aviso alemão era claro — e tinham acabado de o reiterar. Em 20 de outubro, dia em que Bob Grimes saltou de pára-quedas sobre a Bélgica, correu a informação de que 11 simpatizantes da Linha Cometa tinham sido capturados e executados pelos alemães em Bruxelas.

A notícia foi publicada em *Le Soir*, jornal colaboracionista, com um aviso de que as autoridades alemãs iam lidar da mesma maneira com todos aqueles que ousassem ajudar ou incitassem alguém a ajudar os pilotos fugitivos.[1]

Poderiam ter sido 12 os homens executados naquele dia, pois os ativistas da Cometa tinham sido presos em Bruxelas juntamente com o velho amigo de Dédée, Nemo, a quem ela vira uma última vez na prisão de S. Gilles, em Bruxelas. Mas o destino poupou Nemo do pelotão de fuzilamento: ele morrera num bombardeio aliado em Etterbeek, na Bélgica, cerca de seis semanas antes, em 7 de setembro de 1943.

Com a ameaça intensificada, a organização devia ter certeza de que aquele piloto não era uma nova armação dos agentes e colaboradores alemães. Porém, à medida que eles investigavam os fatos, a história do jovem piloto parecia se confirmar. Um B-17 tinha caído perto de Quevaucamps em 20 de outubro. A base da Luftwaffe em Chièvres relatou que seus caças Fw 190 atacaram um B-17 e o viram mergulhar para o chão. A polícia da Luftwaffe e seus cães vasculharam a região e recuperaram os corpos de quatro homens: um deles num pára-quedas que não abriu corretamente e três outros que haviam sido mortos pelo fogo da artilharia inimiga antes de o avião cair — seus corpos foram achados nos destroços.[2] O pára-quedas de outro americano se chocou com força contra a parede lateral de uma casa em Harchies e ele não sobreviveu por muito tempo.

Uma das plaquetas de identificação levava o nome de Arthur Pickett — o co-piloto de Bob. "Ele só viveu uns minutos", disse a senhora Franz Lefebre, presidente da Cruz Vermelha belga local. "Pouco antes de morrer, nosso padre pôs uma cruz em sua mão, pela glória do Crucificado." Antes que a Gestapo pudesse chegar, a senhora Lefebre e sua amiga Maximilienne Style salvaram os objetos pessoais de Arthut Pickett, "algumas cartas de casa que encontramos, seu anel de piloto, um outro anel, um broche e a caneta-tinteiro de tampa de ouro". Elas enviaram esses objetos à mãe dele em Warren, na Pensilvânia, juntamente com uma carta e uma outra lembrança. "Com reverência, querida senhora, como se a senhora estivesse presente, cortamos da cabeça daquele que a senhora gerou três mechas de cabelos castanhos claros."[3]

Outro aviador, Theodore Kellers, estava vivo e também escondido por ativistas da Cometa. Tanto Kellers como Bob foram submetidos a um questionário extensivo, parte da difícil tarefa de confirmar se eles eram fugitivos genuínos. Presumia-se que todos os que não passassem no teste fossem plantados pelos alemães. E aquilo não era uma brincadeira; a pessoa seria levada para uma longa caminhada de ida pela floresta.

A lista de perguntas era padrão: base de origem, missão, detalhes sobre operações inglesas que um alemão não devia saber e confrontação com outras informações específicas que eles pudessem receber.

"*Quando saiu da Inglaterra?*"

"*No dia 20 de outubro*", disse Bob Grimes.

Ele não sabia que em 20 de outubro 11 membros da linha de fuga tinham sido executados em Bruxelas.

"*De onde partiu?*"

"*Snetterton Heath.*"

"*Qual o número da sua unidade?*"

"*Oitava Força Aérea, 96º Grupo de Bombardeio.*"

Tudo batia. Kellers e Bob Grimes deram os nomes um do outro e também o de Pickett como parte da mesma tripulação. A existência de dois aviadores fez com que o grupo pudesse cruzar uma história com a outra. Kellers disse que era de Ohio e contou-lhes que era engenheiro de vôo no avião de Bob. Ele também parecia autêntico, mas o teste final foi observar o contato entre os dois.

Primeiro, deviam estabilizar o piloto ferido. Ele tinha febre alta e volta e meia entrava em delírio. Sua perna estava gravemente inchada; algo tinha de ser feito. Não podiam amputar a perna, pois isso significaria detecção quase certa por parte de simpatizantes ou agentes nazistas. Bob Grimes podia morrer antes de terem tempo para isso acontecer.

Contudo, a logística para prover cuidados médicos era difícil e potencialmente tão mortal quanto a detecção. Os alemães tinham colaboradores no campo que eram capazes de localizar qualquer intervenção médica. Os hospitais eram vigiados de perto. Os burocratas nazistas monitoravam o tipo de ferimento, fichas, remédios e procedimentos. Uma cirurgia não podia acontecer sem a possibilidade de alguém informar os nazistas.

Dois médicos vieram ver o piloto, mas eles não dispunham de instalações. O primeiro apalpou o buraco na perna do jovem. Bob estremeceu de dor, mordeu seu travesseiro e agarrou-se à cama.

"Ele precisa ser operado."

Na noite seguinte, outro médico veio e também examinou a ferida. Bob agüentou firme e mordeu o travesseiro outra vez para suportar a dor. Ele já tinha sofrido o bastante. Os médicos não conseguiram descobrir o que havia com a perna. Estava infeccionada e inchada, e ele tinha febre. O médico saiu, prometendo enviar uma enfermeira para cuidar dele.

A enfermeira, Rolande Cruseau, trouxe um estoque de sulfa e pílulas do tamanho de um dólar, e acabou salvando a perna do piloto e quem sabe até sua vida. Ela limpava a ferida repetidas vezes e depois aplicava o pó — e felizmente havia um bom suprimento à mão. O inchaço diminuiu e a febre passou. Em sua quarta manhã na Bélgica, Bob acordou para ver um rosto familiar: o seu engenheiro, Ted Kellers.

"Olá, tenente."

"Kellers, e o resto da tripulação?", perguntou Bob.

"Não sei."

Nenhum dos dois nada sabia sobre os outros oito companheiros. Mas Keller deu uma informação muito importante para Bob, tranqüilizando-o sobre a queda do aparelho.

"Você sabe o que aconteceu com o avião?"

Kellers não sabia onde o avião tinha caído. Depois de saltar, ele fora resgatado por aldeões e entregue à Linha Cometa. Mas o engenheiro pôde serenar a angústia incessante de Bob sobre a missão.

"*Quando atacaram, os Fw 190 arrancaram a maior parte da cauda. O avião estava perdido*", disse-lhe Kellers.

Tinha visto o leme ser arrancado inteiro, e ficou olhando ele cair, pairando, afastando-se do avião. Bob continuava preocupado com o restante dos homens, mas compreendeu que não havia por que continuar pensando no vôo daquele dia. Fora derrubado.

"*Bom, eu fiz tudo o que podia para manter ele no ar*", disse Bob.

"*Não dá pra pilotar o avião com a cauda arrancada*", disse Kellers.

Os simpatizantes da Linha Cometa ficaram satisfeitos com a conversa: os homens eram fugitivos autênticos. Os responsáveis encontravam-se nervosos demais para deixar a visita se alongar. Levaram Kellers embora.[4] Depois disso, os simpatizantes mantiveram Bob em trânsito entre uma série de esconderijos. Finalmente, várias manhãs mais tarde, Bob foi acordado em sua cama, na casa de um padre da paróquia local.

"*Hora de partir*", disse o padre. Bob tratou de vestir-se. Eles lhe deram roupas que não serviam direito, calças curtas, apertadas, camisa rasgada e sapatos velhos.

O padre e uma mocinha da paróquia o ajudaram a descer um lance de escadas. Sua perna voltara ao tamanho normal. O pó de sulfa e as pílulas tinham funcionado, mas a perna ainda estava dura e doía quando ele a flexionava.

Um arredondado Lincoln Zephyr 1936 esperava ao lado da igreja. Dois garotos sorridentes estavam no carro. O padre beijou Bob nas duas faces.

"*Boa sorte. Au revoir.*"

Um dos garotos dirigia. O outro ajudou Bob a instalar-se no banco da frente e subiu com ele. Por que os três tinham de ir na frente? Ele olhou para trás e viu peças de carne que apareciam por baixo de um cobertor. Era contrabando, obviamente.

"*Não tem problema*", disse o garoto na direção. Ele mostrou uma arma a Bob, que não ficou exatamente reconfortado.

O tráfego de automóveis era estritamente vigiado nas estradas de Bruxelas. Obviamente aqueles militantes clandestinos eram bem relacionados. Trocaram de carro, passando a uma camionete do município ao se aproximarem da cidade.

E quando a sentinela alemã os fez parar e olhou para Bob, todos sorriram.

"*A gente estava jogando futebol, ele machucou a perna*", disse um dos belgas.

O alemão não suspeitou de nada; sua expressão não se alterou quando fez sinal para eles passarem.

Dirigiram-se ao centro da cidade, pegaram a rua Marie-Christine, ao lado da linha do bonde, e pararam numa vila.

Os garotos deram tapinhas nas costas de Bob e partiram.

Uma velha senhora de rosto angulado, emoldurado por cabelos curtos e escuros, atendeu à porta do número 160 e conduziu o piloto devagar, subindo um lance de escadas. Havia um vestíbulo e uma outra porta, que se abria para um apartamento de duas peças.

Hélène Camusel era uma solteirona de meia-idade muito ativa na rede de fuga. Estava bem preparada para visitas curtas, mas aquela provavelmente ia ser uma longa estada. Haveria procedimentos médicos, e o piloto precisava recobrar as forças para poder fazer a árdua viagem até a Espanha.

"*Oi, Robert*", disse a garota que cumprimentou o piloto depois de ele claudicar escada acima. Ela falava um pouco de inglês. "*Eu sou Lily*", disse. "*Vamos dar uma olhada na sua perna?*"

Lily não era o que parecia. Bem mais baixa que Bob, era uma garota esperta, de cabelos escuros, que usava um colete azul sobre a blusa branca, meias brancas e sapatos de verniz. Seus cabelos eram curtos, e o rosto, sorridente. Bob imaginou que tivesse uns 12 ou 13 anos de idade, mas estava errado. Ela ajudou-o a sentar-se e depois a tirar a calça, para trocar o curativo. Apesar de sua aparência de garotinha, era uma bem treinada enfermeira de 22 anos de idade.

Lily — seu nome verdadeiro era Micheline Dumont — já era veterana da Resistência, embora só trabalhasse com eles em tempo integral há apenas um ano. No começo da guerra, sua mãe e seu pai faziam o possível para a Resistência, e sua irmã mais velha, Nadine, trabalhava com Dédée de Jongh enquanto Lily estava fora, na escola de enfermagem. Em novembro de 1942, os alemães caíram de repente em cima de todo o resto da família Dumont, arrastando-os para a prisão de St. Gilles. Lily tomou uma atitude caracteristicamente atrevida: foi visitá-los. Um guarda lhe disse para ir embora, alegando que ela não podia ser uma Dumont, visto que toda a família estava presa.

Lily ficou muito perturbada, mas nada pôde fazer para ajudar os pais e a irmã. Entrou em contato com Dédée e ofereceu seus serviços à Linha Cometa. Logo estava encarregada da logística em Bruxelas. Organizava esconderijos, trabalhava com fotógrafos para produzir carteiras de identidade e, o mais importante, acompanhava aviadores no percurso do campo até a fronteira francesa. Ela também continuou o seu trabalho de enfermeira, visitando doentes e feridos nas clínicas e hospitais das cercanias da cidade.

O trabalho não era fácil, e o fantasma de que os nazistas pudessem pegá-la a qualquer momento estava sempre presente. Um dia, quase aconteceu. Um amigo numa das clínicas avisou que os alemães a tinham identificado e localizado, e já estavam chegando. A boa sorte salvou-a naquele dia, pois a clínica tinha uma saída de incêndio que dava para um serviço de assistência social vizinho, onde ela conhecia pessoas em quem podia confiar.

"*Raymond, Raymond, eu preciso sair daqui!*", gritou ela para o edifício ao lado.

"*Voilà, vite, vite.*" Raymond a empurrou para uma porta lateral ao mesmo tempo que a Gestapo subia correndo a escadaria do edifício adjacente para prendê-la.

Depois disso, Lily entrou para a clandestinidade e passou a morar no apartamento de Hélène Camusel, na rua Marie-Christine, sob um nome falso, confirmado por uma carteira de identidade que dizia ser ela uma estudante de 16 anos de idade.

Todos os dias saía do apartamento de manhã e fazia o seu circuito. O tempo todo havia mais aviadores precisando de ajuda. Tinha estabelecido uma coordenação com pessoas que recebiam os pilotos no campo. Ela garantia o transporte até Bruxelas, montava a programação para deslocar os homens de um esconderijo para outro, arranjava roupas, comprava comida e visitava os amigos que escondiam outros pilotos para garantir que estavam em segurança. Levava dinheiro para as despesas nos esconderijos e entregava, de um lugar para outro, mensagens sobre quando esperar novas levas de aviadores. Lily tinha conhecido tantos pilotos que não conseguia lembrar de seus nomes ou rostos. Bob, porém, era um caso especial, pois ia ficar ali por um tempo. Eles se tornaram amigos.

Por razões de segurança operacional, Lily nunca dizia a Bob nem a ninguém onde ela estava em determinado momento.

"*Se eles lhe pegarem, não quero que saiba de nada. É melhor*", disse-lhe ela num inglês hesitante, um pouco melhor do que o francês que ele gaguejava.

À noite, Lily voltava ao apartamento de Hélène Camusel.

"*Como vai? Como está a perna?*", perguntava a Bob.

"*Nem tão mal*", respondia Bob. Ele não era de ficar se queixando.

Lily tornou-se o maior entretenimento de Bob. Quando ousava olhar pela janela, quebrando as regras de segurança, observava-a subir a rua com seu andar saltitante. Bob esperava ansioso pela volta de Lily do trabalho em alguma clínica médica ou de onde quer que estivesse retornando. Ele não tinha idéia de que ela dirigia a operação em Bruxelas. Tudo o que sabia é que estava na clandestinidade e fora encarregada de protegê-lo. Além disso, ele não devia fazer perguntas. Ela era sua única distração. Bob e Lily sentavam-se rindo, tentavam encontrar um jeito de superar a barreira da língua e falar um com o outro até tarde da noite, até a senhorita Camusel chamar Lily da outra peça e dizer que já estava na hora de todos dormirem.

Bob acomodou-se depressa na rotina da vida em Bruxelas — nada a fazer, esperar. O apartamento de Hélène Camusel, no segundo andar, era bastante atravancado; a cozinha, que também servia de sala de estar, tinha uma cama desmontável para Bob. Até que era bom, pois ele não podia mesmo andar direito. Ainda que a perna já tivesse desinchado, ela estava dura, e ele não conseguia ficar de pé por muito tempo.

Havia um armário cheio de roupas masculinas no quarto onde Lily e a senhorita Camusel dormiam. Bob encontrou algumas camisas e um roto paletó azul que lhe serviam melhor que as roupas temporárias recebidas dos fazendeiros. Ele estava confinado àquelas duas peças e ao banheiro, onde fazia sua barba rala diversas vezes por semana. Havia uma banheira numa peça separada que dava no vestíbulo externo do segundo andar, mas os belgas consideravam um incômodo trazer água quente para cima e tomar banho. Isso quase nunca acontecia.

Bob não podia sair, não podia fazer barulho, chegar perto da janela — e não podia falar francês. Sua comunicação com a senhorita Camusel ao longo dos dias era sobretudo por meio de mímicas — ela falava menos inglês que o francês superficial de escola secundária e com sotaque sulista de Bob.

A senhorita Camusel decidiu que aulas de francês seriam uma boa maneira de passar o tempo, e então começou com o elementar, coisas como: "*Eu sou uma mulher. Você é um homem. Como vai você?*"

Quando Bob não entendia algo, ela achava que o remédio era falar mais alto.

"*Je suis une femme. Vous êtes un homme.*"

Bob ria.

"*A senhora tem papel e lápis?*", perguntou. "*A gente podia fazer cartões didáticos.*"

Ela entendeu o que ele queria, mas a resposta foi um firme "*non!*". Seria suspeito deixar sinais de que ela lhe ensinava francês.

Bob implorou às duas mulheres que lhe dessem algo para ler, e alguém lhe entregou uma velha revista inglesa. Ele estava ávido para devorar cada palavra, mas ficou desapontado ao descobrir que se tratava apenas de uma relíquia esfarrapada da Primeira Guerra Mundial que não era mesmo grande coisa. Além disso, não havia nenhum jornal — absolutamente nenhuma notícia. A tentação de olhar pela janela era insuportável; Bob tinha que se obrigar a não fazê-lo. Mesmo assim, de vez em quando dava uma olhada, coxeando em volta da peça com a perna dura e passando rente à parede para examinar o mundo lá fora através das cortinas semi-abertas. Não havia muito a ver: a janela da cozinha dava para os fundos. Ele via os fundos de outras casas e uma pessoa ocasional aqui e ali, estendendo roupas no varal. Várias vezes na semana, contudo, reconhecia o ruído de cascos de cavalo na rua embaixo. Era o cervejeiro.

"Il y a de la bière; il y a de la bière."

A senhorita Camusel descia correndo as escadas, carregada de garrafas com tampa de trava, e Bob ousou dar uma espiadela por trás das cortinas. A carroça de cerveja era um carro puxado a cavalo que levava um enorme barril de madeira todo respingado de espuma. O cervejeiro enchia as garrafas vazias e passava as braçadeiras, vedando as tampas. Bob se afastou da janela e voltou a seu catre antes de a senhorita Camusel retornar com o novo suprimento. Ele tinha desenvolvido o gosto pela cerveja belga; perguntou-se se o cervejeiro não ficaria intrigado de ver uma velha senhora e uma mocinha consumirem quantidades tão grandes do produto.

Eles se sentariam na cozinha quando Lily chegasse, e Bob poderia sorver a sua caneca. Era um complemento perfeito para a dieta constante de insípidas batatas com pão dormido, insosso, única ração que os cupons podiam comprar.

Alguns dias depois da chegada de Bob a Bruxelas, Lily foi visitar um médico, Jean Rouffart, que ela havia conhecido durante o curso de enfermagem. Ele trabalhava numa clínica particular e era de confiança. Lily explicou o problema.

"Tem um piloto na minha casa. Ele está ferido, nunca vai conseguir escapar no estado em que está."

Embora a perna de Bob não parecesse estar infeccionada, ela tinha certeza de que era preciso operar; ainda havia a possibilidade de gangrena. Além da terrível perspectiva de perder a perna, havia uma questão prática: uma operação desse porte seria notada, e todos seriam presos.

Rouffart olhou para Lily. Ele era um tipo solidário, e ela era persuasiva. Todo homem e toda mulher tiveram de fazer escolhas durante a guerra. Um amputado não poderia fugir e provavelmente seria capturado pelos alemães.

"*Vou ver o piloto*", disse Rouffart. "*Vou ficar só dois minutos.*" Naquele final de tarde, Bob percebeu imediatamente que alguma coisa estava acontecendo. Lily não lhe havia prometido um médico, mas ele compreendeu que ela estava acompanhada. Ou isso, ou então era a Gestapo, pois ele reconhecia todos os sons que escutava lá fora. Com tão pouco a fazer, seus sentidos tinham se apurado. Bob pôde ouvir o trinco na porta do térreo. Pôde contar os degraus do lance de escadas e notar todos os detalhes do ruído da porta interna sendo aberta. Ouviu um ruído extra de passos e uma voz masculina. Em seu isolamento lingüístico, Bob não teve tempo de fazer perguntas. Apenas notou que a senhorita Camusel não estava perturbada.

A porta se abriu; Lily entrou, sorrindo. Bem atrás dela entrou um homem bem vestido que estendeu a mão e cumprimentou-o em inglês.

"*Meu nome é Rouffart.*"

Bob não ouvia o inglês corretamente falado desde que estivera com Kellers no interior — não que Rouffart se mostrasse interessado em conversar. Deitou-se em seu catre, e o médico examinou sua perna, explicando em poucas palavras a habilidade para se comunicar.

"*Eu estudei na Inglaterra.*"

Apalpou a área da ferida, percebendo que já não estava mais infeccionada.

"*Acho que vou poder ajudá-lo*", disse. Segundo toda probabilidade, um estilhaço estaria alojado em algum outro lugar da perna.

"*O estilhaço atravessou o músculo e está junto do osso*", disse o médico. "*Eu posso tirar, mas não hospitalizá-lo.*"

Havia informantes em toda parte. Uma cirurgia de emergência com anestesia e sutura seria detectada. Normalmente o paciente teria de pernoitar no hospital, mas eles não podiam confiar nos outros médicos, enfermeiros e ajudantes da clínica. Mesmo que não fossem exatamente colaboradores, a perspectiva dos problemas resultantes de não relatar atividades incomuns — talvez um teste de lealdade encenado pelos alemães — produzia os informantes.

"Nós vamos dizer que o senhor está com um problema na garganta. Teremos de ser rápidos. E o senhor vai ter de sair andando sobre as próprias pernas."

Rouffart partiu o mais rapidamente possível. Apertou a mão de Bob, deu um aceno de cabeça para Lily e já estava lá embaixo.

Dois dias depois, logo após o anoitecer, Rouffart voltou e, com Lily, ajudou o piloto a descer as escadas e entrar no carro. Eles cruzaram a cidade até a clínica na Place des Barricades; Bob ajustou o cachecol em volta do pescoço para fingir uma laringite se lhe fizessem perguntas. A clínica estava vazia, mas sempre havia uma chance de outro médico ou enfermeira aparecerem inesperadamente.

O médico era meticuloso. Explicou tudo a Bob enquanto se preparava para a intervenção. Primeiro, disse ele, iam usar um fluoroscópio para localizar o estilhaço. "*A gente encontra o objeto e remove. Por favor, encoste-se naquela tela.*"

O fluoroscópio bombardeou raios X de uma fonte Röentgen encostada num lado da perna e projetou uma imagem na tela. Como a radiação é bloqueada mais efetivamente por objetos densos, as imagens projetadas do osso — e do estilhaço — estavam claramente visíveis.

Rouffart viu a mancha distinta de um objeto amassado em forma de cápsula alojado no fêmur. Marcou o ponto menos invasivo para penetrar na área, apagou a lâmpada brilhante e levou o piloto para a mesa de exame.

"*Só temos uma dose pequena de clorofórmio*", disse. "*E posso botar um pouco de cloreto de etilo na pele para doer menos.*"

Rouffart deu-lhe uma toalha para Bob morder durante a cirurgia. Quanto ao mais, o doutor só podia prometer que seria o mais rápido e eficiente possível.

Rouffart sinalizou que estava pronto. Bob mordeu a toalha com força e tensionou os braços, agarrando-se às laterais da cama para não cair. Sentiu-se como se estivesse num filme de mocinho e bandido de John Wayne.

O médico tinha feito uma marca na parte interna da perna esquerda de Bob, no lado oposto de onde a bala tinha entrado. Bem na hora em que parecia que o corte estava avançando a patamares insuportáveis de dor, Rouffart enfiou uma pequena pinça na incisão estreita e extraiu a bala, que caiu com estrépito na bacia próxima.

"Nossa, parece que acabou de cair um pedaço do motor do avião", disse Bob, abrindo os olhos e relaxando os músculos.

Lily achou que ele tinha sido corajoso, mas Bob esperava uma dor muito maior — não chegara nem perto de quando os médicos no campo haviam enfiado as tentas para sondar a ferida infeccionada.

Rouffart serviu a Bob uma generosa dose de conhaque. Seus nervos estavam em ordem. Eles colocaram uma bandagem estéril sobre a pequena incisão. Em cinco minutos já ajudavam Bob a vestir as calças. Ele teve dificuldades para levantar-se, apoiado pelos outros, mas andou com as próprias forças, tentando não cambalear sob o efeito do conhaque e do clorofórmio.

Rouffart conduziu-os de volta à casa da senhorita Camusel, falando muito pouco.

"Descanse a perna e venha me visitar daqui a alguns dias."

Eles se despediram, e o carro de Rouffart se afastou.

Bob se apoiou pesadamente em Lily ao caminharem até o apartamento.

"*Não é tão mal assim*", disse ele, mais relaxado, de volta ao catre na cozinha. A vida está melhorando: chega de cirurgias.

Bob sentiu cheiro de ensopado de batatas no fogão. Ele tomaria uma cerveja extra no jantar. Caiu num sono pesado. Na mão segurava com força o pedaço fosco de metal que Lily tinha lavado para lhe dar. Era um fragmento de pouco mais de cinco centímetros de uma bala de 13 milímetros, esmagada e denteada na ponta quebrada, o corpo polido e a base com uma pátina cinza. Bob se desfizera das plaquetas de identificação, do relógio e de todos os seus pertences, mas decidiu guardar a bala como lembrança daqueles dias — para poder contar a todos sobre a época em que enganou os nazistas e conseguiu escapar com vida.

Anne Brusselmans, que falava inglês e trabalhava com Lily na operação de fuga em Bruxelas, disse que podia conseguir alguns suprimentos de farmácia. "Preciso de bandagens, iodo, algodão, éter e gaze esterilizada", disse Lily ao farmacêutico, esperando que ele não fosse atendê-la. O boticário reagiu com simpatia.

"Não vou cobrar nada, madame. Se precisar de mais alguma coisa, pode voltar", disse ele.[5]

Lily passou na casa de Anne para pegar os suprimentos. Ela continuou trocando os curativos na perna de Bob. A nova ferida cicatrizava bem, e ele não tinha febre.

Já estavam no começo de novembro. O outono era sombrio e chuvoso, mas, para Bob, era primavera, pois tinha a chance de sair pela primeira vez em semanas.

"*Nós precisamos andar*", disse Lily. "*Você tem de se preparar para caminhar.*"

Para ele, tudo bem. Todas as noites, quando Lily voltava para casa, eles saíam para passear. No início davam uma volta no quarteirão, e Bob não conseguia andar mais que isso. Porém as caminhadas foram ficando cada vez mais longas, até Lily ter certeza de que ele estava forte o bastante para subir as montanhas. Bob ficava excitadíssimo com a perspectiva de não ser mais prisioneiro do apartamento da senhorita Camusel.

Mas Lily estava decidida a tomar todas as medidas possíveis para protegê-lo.

"*Primeiro você precisa de documentos novos.*"

Bob lhe mostrou que ainda possuía as fotografias de identidade que tinham vindo no estojo de salvamento.

"*Não são boas*", disse Lily. "*Inglesas demais.*" E jogaram as fotos fora. Os ativistas tinham descoberto que às vezes os alemães faziam testes com o papel da fotografia para saber o país de origem.

Juntos, eles tomaram o bonde para fazer fotos novas com um ativista da Resistência na cidade. No caminho, pararam no Hôtel Métropole, na Place de Brouckère. O edifício era esplêndido, mesmo durante a guerra. Havia flores cheirosas e uma decoração clássica de colunas e balaustradas ornadas com madeira talhada. Bob, vestido com suas roupas emprestadas, sentiu-se deslocado.

O orçamento deles era limitado, então, enquanto os outros tomavam cerveja, Bob e Lily apenas sentaram-se por um minuto e tomaram limonadas. Sentiam-se embaraçados, não ousavam conversar um com o outro em público. Bob estava mudo, e Lily pediu a conta.

Rapidamente Bob já estava com sua nova identidade. Ele era Robert Louis Van Tighem, natural de Roulers, de 24 anos de idade.

Em casa, Lily examinou tudo o que ele tinha que pudesse ser incriminador. Eles arranjaram cuecas belgas, pois ela ouvira falar de alemães que tiravam as camisas ou as calças dos homens em plena rua para descobrir roupas íntimas estrangeiras.

"*E mais, trate de não meter as mãos nos bolsos.*" Eles já tinham visto montes de americanos à toa de mãos nos bolsos. "*Nenhum europeu faz isso, é muito americano. E fique sempre de chapéu, para parecer mais belga.*"

Felizmente Bob não fumava. Os americanos têm um jeito de pegar o cigarro com um movimento lateral de braço que certamente levantaria suspeitas — os europeus têm modos mais recatados ao fumar.

O mesmo em relação a comer em público. Ela o instruiu sobre o uso de talheres.

"*Vocês, americanos, ficam trocando o garfo e a faca de mão quando comem. Isso não é nada europeu. Corte a comida, mas não fique trocando a faca de mão.*"

Todas as manhãs a senhorita Camusel era a primeira a acordar para preparar o terrível sucedâneo de café, junto com nacos de pão e um pouco de manteiga rançosa. Lily saiu do quarto com suas roupas de garotinha. Não havia muita comida, e Bob sempre achava que Lily deixava a maior parte da sua porção, para ele ficar mais bem alimentado. Após o café da manhã, Lily saltava escada abaixo, para pegar o bonde.

A velha senhorita retirou-se para tricotar em sua poltrona e começou a repetir palavras para Bob acompanhar. Na maioria das vezes, era apenas um monólogo.

"*Vous êtes un bon élève.*" Você é um bom aluno.

"*Je suis un bon élève.*" Eu sou um bom aluno.

"*Qu'est-ce que c'est?*" O que é?

"C'est une fourchette." É um garfo.

Ela corrigia a pronúncia dele, mas nunca parava de falar. Bob não tinha certeza de estar aprendendo alguma coisa.

E depois Lily voltava. Toda tarde eles andavam cada vez mais longe do apartamento. Lily o levava até o ponto do bonde. Eles iam até o ponto final e faziam o caminho de volta. Ou então passeavam um pouco e pegavam outra linha de bonde. Alternavam rotas e horários, tentando evitar suspeitas. Bob podia muito bem passar por um rapaz em passeio com sua irmã mais nova. Lily sempre se vestia como uma garotinha.

Os bondes eram diferentes dos ônibus elétricos norte-americanos que Bob conhecia. Tinham compartimentos abertos, e os passageiros sentavam-se frente a frente. Havia uma plataforma exterior separada por janelas de vidro e portas de cada lado do carro, os passageiros podiam ficar ali ou viajar nos estribos, na lateral.

Bob e Lily fizeram um acordo sobre como viajarem.

"Nós nos sentamos separados. Você não me conhece. É perigoso demais", dizia ela.

"E se me pegarem, aja como se não me conhecesse. Apenas vá em frente", respondia Bob.

Os transportes públicos estavam sujeitos a controle de identidade por parte dos alemães; se os nazistas parassem Bob, ele apresentaria seus documentos sem dizer nada e esperaria pela sorte. Para nenhum dos dois, de nada adiantaria ser pego junto com o outro. Ele ficava olhando para ela, esperando um sinal, e saía do bonde quando ela saía. Parecia ser a coisa lógica a fazer, exceto pelo fator humano. Bob sentia-se naturalmente inclinado a proteger Lily, e se questionava sobre ficar ou não apenas olhando se ela fosse levada pelos nazistas.

Se fosse pega dando proteção a um americano, Lily enfrentaria um perigo muito maior. Eles conversavam sobre questões de segurança, mas ambos estavam violando regras. Ela ficava perto dele, na expectativa de responder a alguma pergunta repentina em francês, coisa que ele certamente não seria capaz de fazer.

Na cidade, nesse período, os dois andavam de mãos dadas. Evitavam falar em público e ficavam especialmente silenciosos nos bondes. Misturavam-se aos oficiais e soldados nazistas que se penduravam nas portas abertas dos bondes sempre lotados. Iam aos saltos e solavancos pelos trilhos, e Bob nunca se acostumava aos encontrões que dava nos alemães. "O que eles iriam pensar se soubessem contra quem estão se apertando?" Não poderia dizer-lhes uma palavra, sobretudo em alemão, e se o fizesse em francês, o risco seria enorme. Mas os belgas tinham adotado uma pose de ignorar "*les Boches*" — como eles e os franceses chamavam os alemães —, resmungando e respondendo somente quando lhes dirigiam a palavra diretamente — e mesmo assim somente com monossílabos. Bob era tão capaz quanto qualquer outro de fingir que ignorava os alemães, ou de responder com lacônicos *oui* e *non*.

Bob e Lily caminhavam juntos tão tranqüilos que às vezes se sentiam imunes aos perigos da guerra à sua volta. A captura pelos nazistas parecia distante. Havia um aspecto monótono, trivial, na vida em Bruxelas. A cidade era parda, marrom-escuro e sem vida no outono. A melancolia da ocupação nazista via-se acentuada pela folhas que caíam e o frio que se aproximava. Quando os nazista invadiram a Bélgica em 1940, muitas pessoas tinham abandonado a cidade para ir ao campo. Os que permaneceram pareciam mecânicos e rijos ao caminhar pelas ruas desprovidas de cor.

Lily e Bob raramente conversavam sobre família ou trabalho. Falavam sobre comida, como os bondes funcionavam, dinheiro e os detalhes da vida cotidiana na Bélgica. Bob fazia muitas perguntas sobre a língua francesa, sempre tentando aprimorar o seu conhecimento. Ocasionalmente, Bob e Lily saíam para passear. Quando faziam isso, às vezes ouviam o ronco dos bombardeiros norte-americanos, durante o dia, e dos aviões britânicos, à noite. Bob sabia, pela hora, se seus camaradas iam ou voltavam de uma missão. Era um contato muito distante com a guerra — sem dúvida, quase a única maneira de saber o que estava acontecendo no mundo. À diferença de Londres, não havia sirene de ataque aéreo em Bruxelas. Somente uma vez durante as seis semanas na capital belga ele ouviu o que parecia ser o som de explosões. Havia fábricas nos subúrbios da cidade, mas Bob não podia dizer se o barulho era de um ataque aliado ou algum outro sinal da guerra distante.

Se havia música no rádio, não havia notícias da guerra; ouvir notícias de verdade, a BBC em francês ou em inglês, nem pensar, isso representava um crime. Era arriscado demais se expor ao perigo de alguém ouvi-los sintonizar uma estação proibida no rádio.

Várias semanas depois, Bob deixou escapar que no dia 24 de novembro faria 21 anos. Ele estivera na Bélgica recuperando-se dos seus ferimentos por pouco mais de um mês, e era véspera do dia de Ação de Graças nos Estados Unidos. Não apenas em casa, mas onde quer que houvesse americanos, eles estavam preparando perus. Em Snetterton Heath, a velha base de Bob na Inglaterra, os *chefs* também se viravam para arranjar um peru ou algo parecido, um gostinho de casa em tempos de guerra. Alguém da administração-geral já tinha passado no barracão Quonset onde Bob estava alojado e recolhido os seus pertences. Ele e sua tripulação estavam na lista dos desaparecidos em missão.

"*A gente vai fazer uma festa*", disse Lily.

A moça entrou em contato com suas amigas, as irmãs Hermine e Jeanne Biard. As famílias eram íntimas antes da guerra, e agora as meninas também ajudavam a abrigar pilotos. Depois do passeio habitual, Lily levou Bob do outro lado da cidade. Ele não estava muito certo sobre onde iam e não tinha entendido que se tratava de uma festa. Porém, depois de mudarem de bonde, Lily o fez caminhar depressa. Ela sempre parecia saber onde estava indo.

Hermine e Jeanne estavam esperando.

"*Feliz aniversário, Bob.*"

"Nossa", disseram as meninas Biard, "cuidado para o céu não desabar. Tem um homem visitando a nossa casa!" E era um homem bonitão daquele jeito.

"*O americano sabe falar francês?*"

"*Está melhorando*", disse Lily.

Eles sentaram-se para um drinque — um pouco de cerveja e uma boa garrafa de vinho.

Bob sorriu amavelmente e ficou surpreso com a boa comida. As meninas tinham uma pequena mercearia, o que lhes permitia contornar as restrições do racionamento. Isso também significava que elas podiam arranjar um pouco de comida extra para os esconderijos. Considerando a conjuntura, as amigas de Lily tinham preparado um verdadeiro banquete. Bob teve de lutar contra o instinto para não comer tanto quanto mandava seu saudável apetite. Ele sabia sobre o racionamento e a falta de alimento, compreendia que qualquer coisa que consumisse significava menos comida do prato de outro. Comeu moderadamente, assim como fazia na casa da senhorita Camusel, que em suas maneiras maternais o estimulava a ingerir porções mais generosas.

"Hermine e Jeanne são amigas de família", explicou Lily. *"O meu pai e o pai delas também são amigos."*

Lily não falava muito do pai, que estava desaparecido depois de ser preso. Bob não soube o que dizer.

"A comida está muito boa. Obrigado."

Não era peru — Bob não achava que eles tivessem perus na Bélgica —, mas uma boa carne, mais do que eles tinham tido já há algum tempos. A refeição foi coroada com um bolo de aniversário e café.

O francês de Bob estava melhorando, mas não a ponto de entender claramente o que as meninas diziam, nem sequer distinguir seus nomes e o relacionamento delas com Lily — não que isso importasse. Mas todos ansiavam pela mesma coisa, uma variação sobre o tema, que todos ficassem em segurança e os alemães fossem logo derrotados.

A festa acabou cedo para Bob e Lily correr de volta à casa da senhorita Camusel antes das dez e meia da noite. Bob agradeceu o melhor que pôde a Hermine e Jeanne.

"Não é perigoso andar por aí tão perto da hora do toque de recolher? Os alemães estão em toda a parte."

"Tudo bem", disse Lily.

Hermine e Jeanne ainda trinavam excitadas com a presença de um hóspede tão bonito.

"*Bom, o piloto até que se comunica bem, desde que não abra a boca quando houver alguém estranho por perto.*"

"*Não se preocupem.*"

"*Alors, bon anniversaire*", disseram as moças, beijando-o em ambas as faces enquanto Lily e Bob se afobavam para sair.

Correram de volta ao ponto de bonde, evitando as multidões de alemães que esperavam a chegada dos carros. Saltaram para dentro da condução; porém, bem na hora em que o cobrador chegou para coletar os bilhetes, um pelotão de soldados alemães cercou o bonde e ordenou que todos saíssem para o controle de identidade.

"*Cartes d'identité, s'il vous plaît. Identité.*"

Não ficou claro quem estavam procurando. Havia tanto soldados uniformizados quanto homens à paisana às ocultas nas sombras. Bob calculou que estivessem procurando desertores e pessoas na clandestinidade — e pilotos fugitivos, exatamente como ele.

Bob e Lily não tiveram sequer a chance de olhar um para o outro ao se acotovelarem na calçada. Lily, porém, ficou de olho nele. Enquanto um sargento se postava à espreita, três soldados examinavam documentos e revistavam cada passageiro na desorganizada fila de gente encurvada à espera de ir para casa. Quando levantou os braços para ser revistado, Bob escamoteou um indício incriminador — escondeu sua bala da sorte no vão entre o polegar e o indicador levantados, e os alemães não viram nada no escuro. Ele entregou seus papéis e foi revistado sem incidentes. Ninguém falou, e Bob seguiu a fila taciturna de passageiros que reembarcava no bonde. De repente, um dos soldados espetou o fuzil em suas costelas.

"*Avez-vous montré vos documents?*", perguntou o soldado. "*O senhor mostrou seus documentos?*"

O estômago de Bob se contraiu, e sua mente disparou à velocidade da luz, até ele entender que tinha compreendido a pergunta.

"*Sim, sim*", respondeu. O soldado acenou com a cabeça, deixando-o passar.

Ele subiu no bonde, que partiu, e Lily sentou-se perto dele. O perigo tinha passado. O tempo todo, porém, ela havia ficado perto demais. Não era o que eles tinham combinado.

"Você devia ter-se afastado, por que ficou?", sussurrou Bob. *"Eles podiam tê-la matado."*

Lily olhou para ele.

"Eu estava preocupada se eles lhe perguntassem alguma coisa. Pensei que ia precisar de ajuda."

Não deviam conversar no bonde, muito menos aos sussurros.

"Mas eu fiquei preocupado com você."

Não muito depois, a ilusão de segurança e de distanciamento com respeito à Ocupação caiu por água abaixo. A Gestapo tinha agarrado Jane Macintosh, uma das colaboradoras de Lily — e esta tinha acabado de lhe dar o endereço da senhorita Camusel. Jane era uma moça inglesa, uma das almas desafortunadas que fora pega no continente em 1940 pela invasão nazista. Ela estava de férias em visita a parentes, e de repente viu-se retida pela guerra. O endereço de Lily estava no bolso do mantô dela, e Lily era obrigada a presumir que os nazistas iam encontrá-lo. Apesar de todas as precauções, a casa de Hélène Camusel já não era mais segura.[6]

Bob estava sempre à espera de Lily, pois tinha pouco a fazer, exceto também esperar pelo cervejeiro e praticar o seu francês com a senhorita Camusel. Ele fazia progressos, mas a senhorita Camusel continuava a repetir as palavras em voz alta quando ele não compreendia alguma coisa.

Lily saltou no ponto de bonde mais próximo e pegou a rua Marie-Christine. Ela tinha feito um caminho tortuoso, para o caso de estar sendo seguida, e ostentava um ar de indiferença e a mais absoluta falta de pressa. Na verdade, ela nunca ficara tão preocupada.

Bob ouviu-a subir as escadas.

"Nós temos de sair daqui."

Lily começou a falar rápido com a senhorita Camusel.

"Não estamos mais seguras. Jane tinha o endereço. Temos de sair daqui imediatamente."

"*Negativo*", disse a senhorita Camusel. "*Os nazistas não virão aqui.*"

A senhorita Camusel se recusou a sair, mas Lily não se arriscou. Eles limparam o apartamento e saíram com a roupa do corpo, mais nada. Houve um abraço da senhorita Camusel e votos de segurança e boa sorte — que Bob só compreendeu pela metade — da corajosa mulher a quem ele não sabia como agradecer adequadamente.

"*Bonne chance*", desejou ela, beijando-o em ambas as faces.

"*Merci, merci beaucoup.*"

"*Continue estudando francês*", disse ela.

Lily e Bob foram primeiro à casa de Jeanne e Hermine Biard, suas anfitriãs no dia da festa de aniversário. As garotas ficaram felizes de vê-los novamente, mas rapidamente Lily encontrou um apartamento do outro lado da cidade, na *chaussée* Saint-Pierre.

Mais uma vez, Lily e Bob estavam preocupados com a segurança um do outro. Lily pensou que seria mais garantido para ele esconder-se com suas duas amigas, que nem de perto eram tão ativas quanto ela na clandestinidade. Bob disse que não.

"*Se você está em perigo, quero ficar com você.*"

"*Pode ser um risco maior para você*", disse ela.

Bob falou que não se importava.

"*Vou ficar com você até ir embora.*"

Lily não protestou demais. Pensou tratar-se de um gesto de coragem característico daquele americano firme e decente. O novo local, garantiu ela, estava limpo e acima de suspeitas. Em compensação, era muito isolado. Lily ficava fora durante horas. Tinha de fazer compras, entregar mensagens e se desincumbir de diversas outras tarefas. A maior parte do tempo, Bob evitava sair durante o dia. Não havia nada para ler, nada para ver, absolutamente nenhum estímulo até ela voltar à noite. Numa de suas saídas, Lily trouxera para casa uma porção de manteiga. Para aliviar o tédio, Bob decidiu surpreendê-la com um purê de batatas.

Ele tentou se lembrar como sua mãe fazia purê em casa. Ferveu um pouco de água, colocou as batatas até ficarem macias, tirou quase toda a casca e depois esmagou e misturou as batatas com o grande pedaço de manteiga que encontrou na geladeira.

O aroma espalhou-se pelo apartamento, recriando a atmosfera da cozinha em sua casa, em Cradock.

"*Eu fiz uma coisa para nós.*"

"*Toda a manteiga...*", foi tudo o que ela disse.

O esforço culinário tinha irritado Lily — inadvertidamente, Bob usara toda a preciosa ração de manteiga de um mês numa única refeição. Ele ficou consternado com seu erro. Detestava se impor ou causar problemas.

Poucos dias depois de Bob e Lily terem se mudado, a Gestapo prendeu Hélène Camusel e levou-a à prisão de St. Gilles. Lily estava certa; tinham sido localizados pelo endereço no bolso de Jane. Mas a Resistência limpara todos os indícios incriminadores. Assim, ao revistarem o apartamento de duas peças da senhorita Camusel, os alemães não encontraram nada de extraordinário: nenhuma cama de armar na cozinha, nenhuma roupa de homem no armário, nenhum pincel de barba ou suprimento médico. Ela convenceu a Gestapo de que era apenas uma pobre, talvez excêntrica e mesmo louca solteirona que recebia visitas ocasionais do cervejeiro. Eles a soltaram, mas seu apartamento já não era mais útil para a Linha Cometa.

Ao aproximar-se o Natal de 1943, não havia muito a celebrar. Os passeios noturnos e os encontros ocasionais com os amigos e amigas de Lily continuaram por um tempo, enquanto os belgas enfrentavam o triste e frio quarto ano sob ocupação alemã. Nos passeios com Lily, Bob percebeu que a freqüência do sobrevôo de bombardeiros aumentava; teve a expectativa de que os rapazes estivessem atacando os alemães dura e freqüentemente.

* * *

Bob e Lily fizeram uma última visita à clínica do doutor Rouffart. Como sempre, evitaram o caminho mais direto, preocupados de que alguém os pudesse seguir. Era um prazer visitar Rouffart, pois ele falava inglês fluentemente, e era homem.

"*A perna está quase boa.*"

"Estou me sentido bem. Nós caminhamos todos os dias."

"Acho que você já está bom. Boa sorte."

Bob tomou a visita ao médico como uma confirmação de que já estava pronto para partir. Não houvera nenhuma conversa sobre o futuro de Bob. Sem dúvida não existia qualquer pressão para ele partir, e Lily evitava o assunto. Ambos sabiam que alguns pilotos optavam por se esconder da guerra e permaneciam clandestinos na França ou na Bélgica. Mas isso não fazia parte do perfil de Bob. Ele ouvia os bombardeiros e sabia onde devia estar.

Bob esperou por um encontro com a senhora Brusselmans, a colaboradora que tinha arranjado suprimentos médicos com o farmacêutico depois da cirurgia. Eles se encontraram num café, e ele pôde discutir sua situação em inglês. A senhora Brusselmans também havia sido educada na Inglaterra.

"Não quero criar nenhum problema, e a hospitalidade é ótima, mas estou pronto para partir."

"Sua perna já está boa?"

"Oh, sim, acho que está, graças a Lily. Não quero dar a ninguém qualquer impressão errada sobre a hospitalidade, mas já estou aqui há seis semanas, e chegou a hora de ir. Sou um piloto, tenho obrigação de voltar."

"Então, tudo bem."

Os passeios com Lily continuaram mais alguns poucos dias. Qualquer oportunidade de quebrar a rotina era um prazer. Uma vez, Bob ficou deliciado de ir à feira com Lily. Os gêneros não eram lá essas coisas, as batatas eram vendidas à unidade, e também os ovos. O pão estava cada vez mais preto, mais para o papelão que para o trigo. O café era uma raridade, e quando se conseguia arranjar um pouco, era na verdade uma espécie de mistura que parecia e tinha gosto de água suja.

Cerca de uma semana depois de sua conversa com a senhora Brusselmans, Lily subiu as escadas e falou em tom inexpressivo. "*Você vai embora amanhã.*" Bob pensou que a senhora Brusselmans tinha lhe explicado as suas emoções contraditórias sobre querer voltar para a guerra. Eles não discutiram nenhum detalhe, só que ele ia partir de uma estação de trens.

A manhã seguinte estava clara, com uma ponta de frio do inverno. Lily e Bob caminharam sem falar até o ponto e esperaram o bonde que os levaria à estação Midi-Zuid, no centro da cidade. Aquele era o começo da arriscada jornada de Bob pela Linha até a Espanha. Houve algumas instruções finais.

"*Minha amiga Marie vai pegá-lo. Pode confiar nela. Vocês farão uma viagem de uma hora até a fronteira. E aí você passa para a França.*"

Bob ficou em silêncio, como sempre, por medo de que alguém pudesse ouvir suas palavras em inglês.

Na estação, ele a envolveu num abraço apertado e beijou-a. Ela olhou para Bob, admirando sua força e a honestidade simples.

O que podia ele dizer? Obrigado, Lily? Isso era o bastante? Ela salvara sua vida.

Lily imaginava o que dizer. "A *gente se liga mais a uns que a outros*", pensou. Estava grata pela força de caráter que Bob demonstrara todo tempo que estiveram juntos. Era tanta, e ele só tinha 21 anos. Como lhe comunicar isso? Então ela encolheu os ombros e não disse nada, indicou com a cabeça a mulher ao lado, que iria guiar Bob na próxima etapa de sua expedição para fora dos territórios ocupados pelos nazistas.

"*Esta é Marie.*"

Quando ele se virou outra vez, Lily partira, já andava do lado de fora da estação, e Bob sentiu-se sozinho de novo.

6. Intriga e Nevoeiro

San Sebastián, Espanha. Outubro de 1943.

Xirimiri, *substantivo*, euskera. *Também*, siri-miri, *espanhol:*
1. nevoeiro persistente.

Ao longo de todo o inverno de 1943, os nazistas pressionaram mais que nunca para Francisco Franco e seu governo pagarem a dívida que tinham com Hitler por ajudá-los a derrotar a República Espanhola e vencer a Guerra Civil. E os Estados Unidos e a Grã-Bretanha pressionavam com igual insistência para a Espanha lhes dar garantias de sua neutralidade na guerra. San Sebastián, tão próxima da luta e ainda se recuperando das agruras da Guerra Civil, tinha-se tornado um centro de espionagem e boatos, uma encruzilhada da diplomacia e uma parada conveniente para quem se dirigisse ao território ocupado pelos nazistas ou dele estivesse de saída. A atmosfera de intriga era tão espessa e persistente quanto o nevoeiro que o povo basco chama de *xirimiri*.

Se o *xirimiri* fosse capaz de amortecer o coração e o espírito do País Basco, não haveria ali vida alguma. Ele caía sobre os povoados de pescadores bascos, sobre as montanhas e cidades — uma garoa ininterrupta que descia dos céus para banhar o interior, resultando em campos verdes e limo. Primeiro as nuvens apareciam no horizonte, o vento encrespava o golfo de Biscaia e as ondas vinham bater no litoral. Mesmo o calor do verão era enfraquecido pela bruma fria que não tinha estação. A luz era baça, e todos os sons se transformavam num eco acinzentado incapaz de atravessar o nevoeiro. O *xirimiri* confundia a gente e, antes que percebêssemos — embora raramente parecesse estar chovendo —, tudo estava encharcado.

O *xirimiri* caía quando Jean-François entrou a pé em San Sebastián. Sua japona de lã estava quase ensopada na névoa inexorável. Ele não chamaria atenção ao cruzar o subúrbio em direção à cidade para seu encontro com Michael Creswell. Quando atravessou a ponte sobre o riacho estreito e às vezes caudaloso que orla o centro da cidade, viu a baixa silhueta da arquitetura de inspiração francesa, as avenidas margeadas de árvores do Paseo de los Fueros e do Paseo de Francia, sobre o rio Urumea, tendo ao fundo os edifícios de apartamentos com cobertura de telhas — a França como seria se fosse livre, se não houvesse Ocupação. É claro, nem San Sebastián nem nenhum outro lugar da Espanha eram realmente livres. Havia aqui a memória opressiva da Guerra Civil, e a proximidade de uma guerra mundial tornava o cenário sombrio naquela manhã cinzenta.

Na Parte Vieja, a cidade velha de San Sebastián, o *xirimiri* tornava as pedras da Plaza de la Constitucíon escorregadias e lustrosas. Crianças corriam atrás de cachorros e pombos sarnentos, mal se desviando dos pés da Guarda Civil, que andava em duplas, as mãos atrás das costas, em seus aparatosos uniformes verdes e tricórnios negros brilhantes, verdadeira força de ocupação no País Basco.

Jean-François entrou na basílica de Santa Maria; não havia igreja que não atraísse sua devoção. Percorreu o caminho até o altar, o que fazia parte do processo de concentrar suas energias e o seu compromisso. Lembrou-se de que falava menos sobre sua fé que no ano anterior, quando passara o Natal de 1942 com Dédée em San Sebastián.

"*Você vai comigo à Missa do Galo?*", perguntou-lhe ele.

"*Não, bem que eu gostaria*", respondeu ela. "*Mas não posso, eu não tenho fé. Vá você. Gostaria de crer, mas não, apenas não creio.*"

Ele foi sozinho à missa de Natal na catedral del Buen Pastor, uma das duas maiores igrejas de San Sebastián, que ficavam frente a frente, a cerca de um quilômetro e meio uma da outra sobre o eixo central da cidade. E ali estava a outra igreja, à sombra do monte Urgull, no coração da cidade velha.

Pouco importavam as crenças de Dédée. Para ele, ela era a mais devota, a mais espiritual de todos os incréus que jamais conhecera. Então, como outrora, Jean-François se ajoelhou e rezou pela paz. Orou para que Dédée, o pai e as dúzias de combatentes sobrevivessem à prisão e à tortura dos seus captores nazistas. E rezou para poder prosseguir na resistência, enviando muitos outros soldados aliados de volta ao campo para lutar contra o Terceiro Reich, até que o mal propagado pelos nazistas deixasse de existir.

Jean-François andou um pouco ao sair da catedral. O nevoeiro ainda estava no ar. Nunca cessava. O *xirimiri* ia sobreviver tanto aos nazistas quanto à ocupação do País Basco — esta era a regra, não havia exceção. Os cidadãos sentavam-se nas vastas arcadas que circundavam a praça da cidade, enquanto tomavam café e extraíam pedaços escassos de informação dos seus jornais amarfanhados.

San Sebastián fora poupada do fogo e do bombardeio sofridos por outras cidades espanholas durante a Guerra Civil. Os combatentes nacionalistas bascos tinham repelido um ataque violento dos combatentes anarquistas, que queriam incendiar a bela cidade velha. A luta chegou a um quarteirão da praia, mas os anarquistas foram expulsos. Finalmente, San Sebastián caiu diante das forças de Franco a 13 de setembro de 1936, e metade dos 80 mil habitantes da cidade fugiu. As forças franquistas executaram pelo menos três mil dos que permaneceram — e mais dez mil em todo o País Basco e por toda a Espanha. Sessenta anos depois, ainda há reivindicações conflitantes, investigações e buscas de covas coletivas.

Os alemães tinham ajudado Franco a vencer a Guerra Civil e usaram o interior da Espanha como campo de teste para seus armamentos modernos.[1] O mais infame entre os ataques foi o bombardeio diurno de Guernica, a cidade entre San Sebastián e Bilbao que é o berço da nação basca. As leis do País Basco, *los fueros*, eram promulgadas sob um antigo carvalho em Guernica; um tratado de paz estabelecia que os reis da Espanha jurariam à perpetuidade o seu respeito às leis e à independência bascas.

Ondas sucessivas de aviões da Legião Condor nazista transformaram o dia de feira, na tarde de 26 de abril de 1937, num inferno. O bombardeio do tipo "terra arrasada" destruiu a cidade de sete mil habitantes, matando um número estimado de 1.658 pessoas e ferindo 889. Franco orquestrou o ataque como um assalto frontal simbólico contra os bascos. Para os alemães, tratava-se de uma prática de tiro, um exercício precoce de bombardeio aéreo em preparação para a guerra mundial iminente. Em seu cinismo perverso, Franco argumentou que não haviam sido os nazistas, mas sim os bascos que dinamitaram sua própria cidade. Isso não explicava por que membros da legião Condor receberam aplausos e condecorações ao retornarem à Alemanha. Hitler afirmou que Franco devia quase completamente ao Terceiro Reich a manobra da vitória e estabeleceu a cifra da ajuda alemã durante a Guerra Civil em 200 milhões de dólares — e esperava que a dívida fosse paga.

Parte do pagamento era tolerar que os alemães operassem ao longo da fronteira, fornecer suprimentos e munição ao exército alemão e permitir que os militares germânicos tirassem licenças e encontrassem recreação do lado espanhol. Franco e a maioria do seu comando militar eram escancaradamente pró-nazistas. Por isso havia soldados alemães em toda parte.

Por trás dos protestos de neutralidade espanhola, avultava-se sempre a presença nazista. A poucos quarteirões da praia onde Jean-François andava situava-se o indistinto e obscuro edifício da rua Prim, 21. Era no térreo desse prédio, cedido pelo governo espanhol, que a Gestapo interrogava e ameaçava cidadãos espanhóis e estrangeiros.

E com igual freqüência a Gestapo exibia sua arrogância, operando diretamente nos quartéis da Guarda Civil. Firmas alemãs usavam fachadas facilmente detectáveis para embarcar legalmente — e, quando pressionadas, contrabandear — materiais bélicos do centro industrial basco de Bilbao para a França e até para a Alemanha através de San Sebastián. A Espanha alimentava e dava apoio aos nazistas. Sob lei marcial, a Guarda Civil podia abordar qualquer um nas ruas e exigir documentos. Como na

Europa ocupada, os cidadãos espanhóis eram obrigados a portar passaportes domésticos e documentos de viagem que mostrassem que estavam autorizados a deixar as cidades onde residiam. A Linha Cometa tinha forjado documentos para Jean-François e seus outros integrantes, para eles poderem circular sem problemas.

O golfo de Biscaia era um centro lógico de comércio e espionagem. Durante séculos, a estreita planície costeira entre o oceano e o sopé dos Pireneus vinha sendo a melhor conexão entre a Europa meridional e a setentrional. Era também um local privilegiado de espionagem e tráfico. Mata Hari passara de San Sebastián a Hendaye durante a Primeira Guerra Mundial. Kim Philby, que cobrira a Guerra Civil Espanhola para o *Times* de Londres, passou freqüentemente por San Sebastián para encontrar os amigos logo do outro lado da fronteira, perto da estação ferroviária de Hendaye. Durante a década de 1930, Philby cultivou uma reputação de conservador e talvez até de simpatizante nazista. Quem poderia pensar que suas noites em Hendaye serviam para encontrar-se com agentes da KGB e informar Moscou sobre os últimos movimentos de tropas?

Acontecimentos diplomáticos extraordinários ocorriam naquele dia em San Sebastián. Automóveis Mercedes-Benz e BMW reluzentes subiam a estrada sinuosa, conduzindo e descarregando enviados alemães e espanhóis à esplêndida entrada do Hotel María Cristina. As negociações em curso diziam respeito à insistência nazista sobre a necessidade de a Espanha comprometer-se mais e expandir o fornecimento de matérias-primas ao Terceiro Reich. Oficiais alemães de Berlim estavam presentes, assim como funcionários da embaixada de Madri. Os enviados alemães disseram ao ministro das Relações Exteriores espanhol, o conde Jordana, que a ajuda espanhola para derrotar os Aliados adquiria uma importância central no futuro da Europa. A Espanha teria um papel proeminente na Europa sob o Reich. Mas os nazistas também lembraram de que havia a questão prática de pagar a dívida de 200 milhões de dólares que, segundo seus cálculos, a Espanha ainda devia à Alemanha.

* * *

Quando San Sebastián acordava, as pessoas começavam a perambular lentamente nas ruas, à procura de escassas rações ou para comprar o jornal local, o *Diario Vasco*, por 25 centavos, e talvez cigarros mata-ratos, que podiam ser adquiridos em quiosques ou tabacarias, onde eram vendidos por unidade. Quando não havia cigarros ou dinheiro, viam-se homens remexendo lixeiras e sarjetas, à procura de guimbas.

No dia em que Jean-François chegou a San Sebastián, o jornal circulou com quatro páginas, e lê-lo foi um sacrifício, em parte por causa das absurdas elegias diárias ao exaltado líder espanhol. Além da inclinação pró-Eixo e da ênfase nos exagerados elogios a Franco e seus comandantes, o *Diario Vasco* era feito com papel de baixa qualidade que às vezes não alimentava corretamente a impressora; o resultado eram caracteres compridos e borrados que de muitos modos se adequavam à distorção praticada nas notícias. Não havia imprensa livre na Espanha de Franco.[2]

A primeira parte do jornal informava sobre o bombardeio de Schweinfurt na semana anterior pelos colegas de Bob Grimes, da 8ª Força Aérea. De Washington, o secretário de Guerra dos Estados Unidos, Henry L. Stimson, reconhecia que 600 aviadores estavam desaparecidos após o bombardeio. E acrescentava que fotografias feitas após a operação mostravam que a maioria das fábricas havia sido destruída. Ele publicou uma advertência sobre o respeito às regras da Convenção de Genebra: "Nós não toleraremos a perda de 600 bravos soldados, e esperamos encontrá-los são e salvos, mesmo que estiverem em mãos inimigas."

Jean-François soube que, com esse tipo de perda, cada vez mais aviadores aliados iam precisar de apoio e assistência. Os próximos meses seriam cruciais.

Nesse ínterim, a invasão da Itália se encaminhava tão bem para os Aliados que nem os chefes de torcida espanhóis nas redações e no Ministério da Informação do governo conseguiam ocultar o entusiasmo dos opositores do nazismo. O exército norte-americano estava empenhado na Itália, e os alemães tentavam desesperadamente manter suas posições. O jornal relatava o começo da batalha de Roma, em 16 de outubro. "A partir do norte e do sul, os Aliados convergem sobre a capital italiana."

Tal era o cenário em San Sebastián a 20 de outubro de 1943, quando Jean-François se preparava para sua viagem a Gibraltar. Na coluna de fofocas, "Xirimiri", o *Diario Vasco* aspergia notícias sobre a sociedade local. O jornal também apresentava críticas e propagandas dos últimos filmes em cartaz. *Suspeita*, com Cary Grant e Joan Fontaine, era exibido no Kursaal. Havia um filme de Boris Karloff no Príncipe. O Victoria Eugénia exibia *Terror-GSU*, um filme de propaganda anti-soviética do diretor alemão Karl Ritter. Assim como os mais prestigiados cinemas da cidade, o Victoria Eugénia era freqüentemente obrigado a passar películas de diretores como Ritter e sua colega Leni Riefenstahl, que se dedicava a produzir filmes que exaltassem as virtudes da causa nazista.[3]

E o mais provocativo e irritante para o *xirimiri* nas ruas era a informação de que os combatentes da altamente elogiada Divisão Azul — os 17.924 membros da força voluntária espanhola que estavam lutando na Rússia ao lado dos nazistas —voltariam para casa. Paradas heróicas eram planejadas, ainda que a verdade sobre o que acontecera não as justificasse.

Franco era um oportunista. Porém, apesar de sua tendência a apoiar Hitler e os nazistas, também era um pragmático — ou pelo menos seus conselheiros. A Espanha precisava de víveres e combustível para manter o controle do país. Quando a sorte da guerra européia começou a minguar para o lado nazista, em 1943, Franco não desistiu de expressar sua lealdade a Hitler, mas começou a perceber que o Reich de mil anos poderia não sobreviver. De muitas maneiras, ele cercava a aposta, tentando não se mostrar demasiadamente antagônico a nenhum dos lados.

Conseqüentemente, a Espanha e a Alemanha concordaram, no começo de outubro, em desativar a Divisão Azul, oficialmente designada como Divisão de Infantaria 250 da Wehrmacht. Em seus 27 meses na frente de batalha, cerca de 45 mil voluntários lutaram nessa força espanhola, nenhum deles recrutado. Havia uma grande rotatividade, para que todos os combatentes sequiosos de morrer a serviço do *Füher* pudessem ter sua justa chance. Cerca de 4.500 espanhóis foram mortos em ação, e cerca de 16 mil haviam sido arrolados como feridos ou prisioneiros.

Jean-François sempre sentia um alívio quando chegava à Espanha e comparava problemas ocasionais de segurança em San Sebastián com os perigos de operar diretamente sob o jugo nazista. Porém, quanto mais ficava no país, mais claro se tornava que Franco mantinha sua marca própria de repressão.

A vida em San Sebastián era uma questão de sobrevivência — física e outras. Marisa Ferrer, uma menina de 17 anos de idade, teve problemas por se esconder num pórtico, numa ocasião em que a multidão se reunia para ouvir a orquestra da cidade tocar hinos patrióticos na praça defronte à Prefeitura. Quando a música acabou, um policial a viu parada a distância e prendeu-a por algo que se poderia chamar de falta de demonstração de patriotismo: ela tinha deixado de fazer a saudação fascista e de gritar o obrigatório "Longa vida à Espanha". Felizmente, Marisa pôde se comunicar com a mãe por intermédio de um amigo, que correu à casa dos Ferrer perto da Plaza de Guipuzcoa. Os contatos da família a livraram rapidamente.

A presença dos alemães era sempre visível. Toda semana, os carros do pessoal alemão se alinhavam diante do Hotel María Cristina para alguma reunião oficial. Ao saudar seus homólogos espanhóis, os oficiais nazistas resplandeciam em seus uniformes. Como os generais alemães e espanhóis se davam bem! Circulava um boato de que Heinrich Himmler estivera na cidade recentemente. O almirante Canaris, chefe da inteligência militar alemã, também a visitava de tempos em tempos.

Se de fato havia uma atmosfera geral de repressão e perigo em San Sebastián, o sentimento de dominação aumentava marcadamente uma ou duas vezes por ano. Franco tinha adotado San Sebastián como sua cidade. Ainda que sua residência ficasse distante, a oeste, na Galícia, durante o verão e sempre que podia, Franco velejava para San Sebastián em seu iate particular, o *Azor*, e alojava-se no grandioso Ayete Palace, perto da praia de Ondarreta. Agustín Lacort, que vivia na rua de Zubieta, junto à praia de Ayete, podia ver o iate adentrando o cais. Era grande o seu desgosto ao assistir às equipes de remadores em treinamento na baía serem obrigadas a interromper seu exercício e levantar os remos, todos ao mesmo tempo, para saudar Franco. "O próprio rei nunca teve direito a nada parecido", bufava ele.

Franco, aquele homenzinho flácido que assinava pessoalmente cada ordem de execução entre uma torrada e outra no café da manhã, preparou de fato um roteiro para sua chegada, exatamente como se fosse o sucessor do rei Alfonso XIII entrando na cidade com seu séqüito de aduladores. Quando ele chegava, centenas de soldados faziam um cordão de isolamento nas ruas; quando Franco ia à missa na cidade velha, franco-atiradores se posicionavam sobre os telhados com seus fuzis em posição, e os moradores da Calle Mayor eram obrigados a fechar suas janelas.

Na verdade, as preocupações de segurança se reduziam grandemente quando o ditador estava na cidade. Joseba Salegui era um nacionalista basco que fora preso após a vitória de Franco e sobrevivera a um campo de concentração espanhol, escapando de uma sentença de morte. Ele disse aos amigos que era fácil adivinhar quando Franco estava planejando visitar San Sebastián. Para preparar a chegada do *caudillo*, a Prefeitura sempre ordenava a transferência dos cisnes do lago da Plaza de Guipuzcoa para o Ayete Palace, para que Franco e sua esposa tivessem uma vista mais agradável à sua janela. O arensar dos cisnes virou um sinal para os militantes antigovernistas se esconderem. Com a chegada de Franco, a Guarda Civil sempre arrebanhava todos os opositores do regime, assim como aqueles que haviam sido mantidos em campos de concentração espanhóis imediatamente após a Guerra Civil. Quando Franco saía de San Sebastián, os dissidentes e os cisnes tinham sua custódia relaxada.

Os protestos ocasionais de frustração redundavam em nada. Num determinado momento, Alberto Elósegui, talvez encorajado pelo exemplo do seu franco e direto professor, o padre Jakob Gapp — que fora capturado e levado pela Gestapo — subiu ao monte Urgul, lá plantou e fez tremular sobre a cidade a proscrita bandeira nacional basca. Ele escapou de ser capturado pelas guarnições próximas e depois fugiu da Espanha para evitar ser morto. Protesto e praticidade eram coisas que andavam separadas. Os bascos e outros espanhóis que detestavam Franco esperavam que ele também caísse quando o Terceiro Reich finalmente desmoronasse.

E o Partido Nacional Basco trabalhava para esse fim, organizando um serviço de inteligência para fornecer informações aos Aliados. Eles identificavam espiões alemães sob fachadas comerciais, informavam a posição de armamentos pesados nas estradas entre a França e a Espanha, e usavam centenas de subagentes para monitorar embarques, agentes e quaisquer nazistas que transitassem na região para levar a cabo aventuras externas.

Essa era a atmosfera em San Sebastián — tão próxima da luta, mas, como o restante da Espanha, ainda emergindo do trauma social e econômico da Guerra Civil. Havia grande carência de víveres e suprimentos. As pessoas compravam lentilha estragada no campo, optando por catar as pedras e deixar os vermes. "Um pouco de proteína", brincavam elas.

A ração mensal era de cerca de um quilo de batatas, um quarto de litro (uma xícara) de óleo de cozinha, 200 gramas de açúcar e 100 gramas de café. A qualidade era terrível. O café tinha gosto de papelão, o pão parecia uma mistura de palha triturada com serragem. Os carros eram de dois tipos, os conduzidos pela oficialidade e os das pessoas comuns. Os automóveis oficiais eram de modelos recentes, incluindo carros norte-americanos e limusines BMW alemãs. Os outros eram adaptações muito imaginativas. Como não existiam peças sobressalentes, os consertos eram feitos com acessórios fabricados em oficinas improvisadas ou remendados com pedaços de arame e pano.

Em troca da neutralidade espanhola, os Estados Unidos enviavam gasolina. Os serviços de inteligência estadunidense e britânico informavam que parte do combustível era desviada para a Alemanha — produtos petrolíferos norte-americanos abasteciam a Wehrmacht. Era o mesmo que fazer negócios com o demônio — na pessoa do *generalísimo* Francisco Franco — para mantê-lo fora do Eixo. Os derivados do petróleo mantinham a indústria em funcionamento, abasteciam o governo e o tráfego militar e contribuíam para o mercado negro. As pessoas comuns imaginaram um modo de converter seus motores de combustão interna para funcionarem movidos a carvão. Fogões portáteis a carvão atados ao caminhão injetavam um combustível de baixa octanagem no carburador, em substituição à gasolina, mas quase sem produzir aceleração e potência. Carrocerias Chevrolet montadas sobre chassis Chrysler, com pneus completamente carecas, em rodas de tamanhos diferentes, eram combinações comuns em toda a Espanha.

Para Jean-François, contudo, a chegada à Espanha representava um impressionante afrouxamento das condições de guerra. Havia eletricidade, pelo menos por umas poucas horas, na maioria das noites; racionada como era, a comida parecia comparativamente abundante para alguém chegado da França ocupada. Havia privacidade e relativa segurança nas ruas, embora os nazistas uniformizados perambulassem em toda parte.

Os alemães não faziam o mesmo tipo de jornada que Jean-François tinha de suportar cada vez que cruzava a fronteira. A viagem de Saint-Jean-de-Luz era de uma hora e pouco pela estrada principal, comparada à trilha de 12 horas desafiando a morte pelas montanhas. Enquanto os soldados se comportassem bem e demonstrassem a melhor face do Reich do *Füher*, a Wehrmacht recompensava seus afiliados com passes diurnos. Aqueles jovens alemães passeavam alegres e desimpedidos, e às vezes eram até aplaudidos pelos cidadãos ao longo do caminho. Entre o bulevar e a praia, numa diagonal a partir do cassino, havia uma área aberta de recreação para crianças, onde elas podiam andar de balanço ou brincar de pique entre os tamarindos retorcidos.

Um dia, um grupo de jovens soldados que passeava viu a filha de oito anos de Agustín Lacort, Merche, brincando por ali, com os cabelos e a saia flutuando enquanto se divertia. Talvez ela fosse uma lembrança da criança ariana idealizada que haviam deixado em casa. Não tinha culpa de ser loura. Mas saiu em disparada quando eles tentaram se aproximar, frustrando a tentativa de tirarem uma fotografia.

Os alemães foram bastante educados, mas ela tinha medo desde o dia em que foi à aula de ginástica e a professora, a *señora* Ullmann, estava chorando. Merche não freqüentava a escola pública, pois Franco tinha transformado toda a educação formal em ensino religioso. Seus pais queriam que ela tivesse uma educação secular. Professores como a *señora* Ulmann — que lecionavam matemática, ciência, literatura e ginástica — davam aulas particulares e semiparticulares quando podiam.

Ao chegar para a aula um dia, no teatro Kursaal, junto ao quebra-mar, Merche se surpreendeu ao encontrar a professora vestida de saia e blusa, em vez do usual jaleco. "Não vai haver aula hoje", disse a *señora* Ulmann;

seus olhos estavam vermelhos e inchados. A garotinha fingiu que brincava num outro canto, mas ouviu a professora contar o que tinha acontecido. Os falangistas lhe deram ordens de apresentar-se na rua Prim, 21; lá, a Gestapo, que já sabia que ela era alemã, a abordou. “Eles disseram que meu filho tem de ser enviado à Juventude Hitlerista”, disse a *señora* Ulmann. Naquela mesma noite, a professora foi embora para Málaga, na esperança de fugir dos nazistas. Merche ficou cismando: por que os nazistas faziam as pessoas fugirem?

Merche nunca se esqueceu da *señora* Ulmann e de seu filho. Ela gritava toda vez que via soldados alemães, e a risada deles desencadeava sua fuga, correndo tanto quanto podia. Não queria ser enviada para Málaga, nem ser obrigada a entrar para a Juventude Hitlerista.

7. A Autonomia da Linha

Rochedo de Gibraltar.[1] *7 de outubro de 1943.*

Enquanto Jean-François se encaminhava para o sul por terra, para o encontro em Gibraltar, um vôo comercial da KLM deixava Londres via Lisboa. O avião fez uma grande inclinação lateral e desceu rapidamente na pista, oferecendo aos passageiros uma vista empolgante da colônia britânica. Um dos viajentes era Airey Neave, um major do exército que se tornara oficial do serviço de inteligência britânico. Se não estava nervoso, Neave sentia-se pelo menos aliviado de olhar para território britânico mais uma vez — era arriscado fazer o vôo comercial ao longo da costa, e ele sabia de um recente ataque alemão contra um vôo civil em junho. O ator Leslie Howard, numa viagem em prol do movimento de boa vontade, foi um dos passageiros que morreu. Havia especulações de que a Luftwaffe — que normalmente não atacava aviões civis indefesos — acreditava que Churchill viajava no avião.

Neave estava lotado no departamento de Fuga e Evasão do M19 da inteligência militar britânica e operava em conjunto com seu semelhante estadunidense, o MIS-X. Apesar de ser um oficial militar da ativa, usava roupas civis e portava um passaporte que o identificava como advogado. Sua história era que viajava para representar um súdito britânico que enfrentava um processo na Justiça portuguesa.

Neave não era um novato em questão de fugas e evasões; com certeza fora selecionado para aquela divisão precisamente por sua experiência nesse tipo de operação. O major de 27 anos, ferido em Dunquerque quando as Forças Expedicionárias Britânicas haviam ajudado a defender a França e a Bélgica dos nazistas, tinha escapado quatro vezes dos alemães. Sua última fuga bem-sucedida, executada durante uma tempestade de neve, em 1942, fora do mal-afamado Castelo Colditz, onde o Reich mantinha seus prisioneiros de guerra mais intransigentes. Disfarçados de oficiais alemães e depois de operários holandeses, Neave e um amigo atravessaram o pátio a pé e escalaram o muro do castelo, de quase quatro metros de altura. Conseguiram chegar em segurança à Suíça após uma complicada viagem de quatro dias. Colocou-se então a questão de como sair daquele país, quase inteiramente cercado. Ele esperou três meses, até que finalmente se fizeram os arranjos para que atravessasse furtivamente a França e depois viajasse de Marselha a Gibraltar. Ou seja, ele já tinha vivido a experiência.

Depois que ele regressara à Inglaterra em meados de 1942, o brigadeiro N. R. Crockatt, vice-diretor da inteligência militar, decidiu que aquele era exatamente o tipo de homem que devia organizar as fugas na Europa. Convocou-o para o Gabinete de Guerra.

"O senhor conheceu as pessoas que trabalham para nós por trás das linhas inimigas. Elas precisam de dinheiro e comunicações. Quer ajudá-las?"

Neave queria realmente ajudar, e assumiu a tarefa. Agora, cerca de um ano depois de sua própria fuga, estava de volta a Gibraltar para uma importante missão. Esperava convencer Jean-François de que a organização Cometa precisava do treinamento e da proteção que o ingresso pleno no serviço de inteligência britânico ofereceria.

Como que por ironia, a chegada de Neave em Gibraltar já causava problemas antes mesmo de o avião pousar. Os ingleses e seus aliados da Resistência usavam codinomes para todos os seus contatos. Neave era "Sábado"; Donald Darling, o homem do M19 em Gibraltar, tinha o codinome de "Domingo"; e Creswell, em Madri, era "Segunda-Feira". O problema era que Jean-François era conhecido em toda a rede de fuga pelo nome de "Franco". Então, quando disse, ao sair de Londres, que ia para um importante encontro com "Franco", "Sábado" e "Domingo", alguns colegas pensaram que ele estava furando o protocolo e programando uma reunião clandestina com o *caudillo* espanhol, o que deixava o Ministério das Relações Exteriores e o embaixador britânico fora da jogada. Ao saber da confusão, Neave divertiu-se um bocado. No Whitehall, houve graves expressões de embaraço, bem como pigarros e muxoxos no Ministério das Relações Exteriores.

Em sua aproximação de Jean-François, Neave pretendia fazer apelo ao senso de dever do belga. Mas também queria dar apoio moral e evitar qualquer prejuízo a uma operação em pleno funcionamento, com corajosos militantes que diariamente colocavam suas vidas em risco. Por ordem dele, Jean-François recebeu a patente de oficial britânico durante a estada em Gibraltar. Não haveria dúvidas sobre o respeito que o governo de Sua Majestade tinha pelo trabalho da Linha Cometa.

Neave estava ansioso pelo encontro com Jean-François. Em termos de necessidade de pessoal e de moral do efetivo, o valor de resgatar pilotos e enviá-los de volta à Londres não poderia ser subestimado. A organização Cometa já tinha resgatado mais de 200 aviadores aliados. Pela primeira vez, homens cujos pertences tinham sido recolhidos durante a noite de seus beliches, na Inglaterra, estavam de volta. Havia uma mudança no moral e uma alteração no equilíbrio de forças. Era claro que se sentia uma necessidade sempre maior de tripulações experientes. "No final de 1943", disse Neave, "quando aconteciam os grandes ataques que precederam o desembarque do Dia-D, havia indícios sólidos de que, se não estivesse seriamente ferido, um aviador que evitasse a captura tinha mais que apenas uma chance de voltar para casa."

A alguns quilômetros do Rochedo de Gibraltar, visível à distância, brônzeo contra o mar, Creswell achou um lugar isolado e saiu da estrada. Jean-François entrou na mala do carro. Qualquer dificuldade com os seus papéis — documentos falsos arranjados por Creswell — causaria problemas desnecessários. Conhecendo o procedimento dos militares espanhóis, os nazistas também seriam informados sobre qualquer percalço dessa natureza. Não era para arriscar.

Um posto de guarda espanhol barrava o caminho em La Línea, povoado que faz fronteira com a península de areia, terra de ninguém que separa Gibraltar do continente.

O carro diminuiu e parou.

"*Documentos*", disse uma voz.

"*Sí, sí, si*", respondeu Creswell.

Jean-François podia ouvir os guardas espanhóis fazendo perguntas a Creswell. Ele transpirava pesadamente, embora não por sentimento de perigo: mesmo em outubro, a temperatura externa estava em vinte e tantos graus, e a mala do automóvel, batida pelo sol, era um verdadeiro forno.

"*Algo a declarar?*", disse a voz.

"*Nada.*"

"*Muy bien. Servido, señor*", veio a resposta.

Em segundos Creswell acelerava outra vez. Houve em seguida uma ligeira comemoração em inglês, e cinco minutos depois o carro parou um instante. Jean-François ouviu uma porta abrir, e então o carro andou mais um pouco. Fez-se silêncio e escuridão total até que a mala foi aberta, e ele viu o rosto sorridente de Creswell.

"*Estamos em Gibraltar.*"

O local era um bastião de rocha de 6,5 quilômetros quadrados, uma das colunas de Hércules a fazer as vezes de sentinela entre a África e a Europa, portão do mar Mediterrâneo. Controlado pelos ingleses desde o século XVIII, Gibraltar — El Peñon, chamavam-no os espanhóis — era uma afronta perpétua à soberania espanhola. Tanto que foi com a possibilidade de recapturar El Peñon que Hitler acenou para a Espanha juntar-se ao Eixo.

Se a Espanha entrasse um dia na guerra, eis o lugar onde seu punho cairia. A importância de Gibraltar, contemplando do alto o estreito de 16 quilômetros, era óbvia. Em 1943, os Aliados encontravam-se firmemente estacionados no extremo norte da África e usavam Gibraltar como ponte área e naval para tropas, informações e suprimentos.

Os militares britânicos deram a Jean-François um uniforme e uma carteira de identidade oficial — pelo menos uma vez um documento válido e com o seu verdadeiro nome — e disseram-lhe para relaxar e considerar sua visita de quatro dias como uma oportunidade de descanso e recreação. Ele estava desesperadamente necessitado disso. Apesar de bem alimentado, Jean-François vinha se deslocando sem parar entre Bordeaux e a fronteira, e sobre os Pireneus, com numerosas viagens ao norte, até Paris, e ao sul, para San Sebastián. Seu corpo e sua mente estavam cansados, embora não o espírito. Ele desenvolvera um doloroso furúnculo no pescoço, bem acima do colarinho, que estava infeccionado e com péssima aparência. Havia meses vivia sob tensão e riscos constantes, sem compreender a diferença do nível de pressão, até que, a salvo no seio da mãe Inglaterra — ainda que a milhares de quilômetros do país propriamente dito — teve uma noite de sono tranqüilo e em segurança.

No dia seguinte saiu para dar uma volta no protetorado. Policiais britânicos, idênticos nos seus uniformes com botões metálicos e capacetes, saíam para as rondas na cidade de Gibraltar. Depois de uma avenida margeada por palmeiras, Jean-François chegou ao Alameda Gardens, o jardim botânico local, cuja vista dava para o porto e as docas da marinha, abaixo da encosta que descia até o mar. O ancoradouro estava repleto de cinzentos navios de guerra aliados, das frotas do Mediterrâneo e do Atlântico. Havia depósitos com docas de carregamento e caminhões que transportavam os suprimentos para serem levados em pequenos barcos que os transferiam até os navios ancorados no porto; equipamento de dragagem; balsas; marinheiros e operários — tanto britânicos como americanos — e marinheiros locais. Jean-François sentou-se e ficou a observar a atividade constante, o caos que se transformava em organização, pensando sobre o tamanho da força em operação naquela base de apoio solitária no continente europeu ocidental. Ele era uma parte daquele esforço de guerra. Cercado por tudo o que havia de britânico, era estranho quando se desviava da água e andava colina abaixo para uma rua que era a própria imagem da velha Espanha, assentada entre a rocha e o porto, e que levava até a velha catedral.

Muitos dos civis que viviam regularmente em Gibraltar — e todas as mulheres e crianças — foram evacuados do rochedo quando as hostilidades começaram. Alguns civis trabalhavam em lojas e nas cozinhas; havia grupos de soldados britânicos com fardas cáquis, e marinheiros com as listras azuis e brancas dos seus trajes de linho batendo ao vento. Jean-François perambulou até a pista de pouso recentemente ampliada, no local do antigo hipódromo de Gibraltar. Bimotores de reconhecimento iam e vinham, bem como um biplano ocasional e aviões DC-3, que traziam e levavam passageiros da África, de Lisboa e das ilhas britânicas. Não havia linhas regulares entre as cidades espanholas e o rochedo.

Quando contemplava as colinas ondulantes, os afloramentos de rocha e a vegetação rasteira, Jean-François sentiu um estrondo repentino. O que parecia ser uma elevação rochosa deu lugar a um suporte movediço, e ele ouviu o ruído de engrenagens e motores. Subitamente um canhão se ergueu da terra, com dois atiradores britânicos de capacete no controle. Aquele não era um campo comum. O que parecia ser uma paisagem natural na verdade se revelou um cenário montado para baterias antiaéreas. Os soldados inspecionaram o terreno, perscrutaram o horizonte e então, com rangido e fragor, começaram a afundar outra vez nas entranhas da terra. Em segundos o falso cenário de colinas se restaurou, perfeitamente camuflado. Aquele era o resultado de um labirinto de passagens secretas abaixo da superfície: cerca de 150 cavernas se entrelaçavam sob o Rochedo de Gibraltar; os túneis incluíam uma enfermaria fortificada e defesas inexpugnáveis em caso de ataque.

Na superfície, via-se ocasionalmente um dos macacos-de-Gibraltar a saltar na rocha íngreme para o precipício em torno da fortaleza. Winston Churchill tinha estado lá várias vezes — mais recentemente, em maio de 1943 —, e ficara consternado ao saber que a população de macacos diminuía; ele ordenou que se tomassem medidas urgentes para proteger os primatas. A guarnição do exército britânico tinha agora a responsabilidade de alimentar e cuidar dos macacos-de-Gibraltar, um símbolo do Império. Como todos sabiam, a Grã-Bretanha controlaria Gibraltar enquanto os macacos sobrevivessem: era uma questão de soberania nacional da mais alta importância.

Quando chegou a hora do encontro com Neave, Jean-François foi recebido no palácio do governo. Em *kilt* completo, um soldado do regimento Gordon Highlander montava guarda à porta. O governador, o general-de-divisão sir Noel Mason-Macfarlane, saudou-o com pompa e circunstância. Jean-François tratou de se controlar e não rir à visão de Mason-Macfarlane.

Ele era um homem velho, com uma massa desgrenhada de cabelos brancos, que evocava o estereótipo do oficial britânico do cinema. Como estava quente, usava uma camisa militar bufante, bermuda e meias com borlas que iam à altura dos seus joelhos nodosos.

"Solicitaram-me agradecer-lhe por todo o seu bravo trabalho", disse Mason-Macfarlane. Jean-François ainda prestava atenção nas curiosas pernas do general.

"... e para transmitir a todos os membros da Linha a gratidão dos Aliados. Diga-lhes, por favor, que o dia da libertação está próximo."[2]

Jean-François ficou grato, mas estava impaciente. A guerra não havia acabado. Ele tinha pilotos à espera para trazer ao sul. Tratou de esclarecer que não trabalhava apenas para a Inglaterra.

"Nós estamos cumprindo o nosso dever com a Bélgica, a França e os Aliados", disse ele a Mason-Macfarlane.

E assim foi a cerimônia. Eles se dirigiram para a sala de reuniões. Neave, Creswell e Darling — de codinomes Sábado, Domingo e Segunda-Feira — sentaram-se para conversar com Jean-François, codinome Franco. Curiosamente nenhum norte-americano estava presente. Jean-François nunca tinha estado na presença de algum oficial americano, embora a maioria dos aviadores resgatados fossem da Força Aérea do Exército dos Estados Unidos.

Os americanos tinham vindo tarde para as operações de fuga, e o MIS-X, correlato norte-americano do M19, estava com falta de pessoal. O departamento encontrava-se sob controle rigoroso e restringia-se às suas atividades abertas na Espanha, pois Carlton Hayes, o embaixador dos Estados Unidos, não gostava das operações da inteligência estadunidense.

Neave sentia o dilema de sua missão. Queria dar todo apoio possível a Jean-François. Mas ele e outros oficiais em Londres pensavam que era preciso mais organização e estrutura. Os nazistas tinha dizimado — quase incapacitado — a organização de fuga, destruindo-a sobretudo por meio de informantes da Gestapo e da polícia secreta da Luftwaffe.

Ele achava que o treino de campo e a melhor comunicação e rotatividade dos agentes protegeriam os membros da Linha Cometa, mantendo-a em funcionamento. Neave enxergava diante de si o rosto sombrio e impassível de um jovem doente e exausto. A sala de reuniões tinha uma ampla janela que dava para o mar Mediterrâneo, e a vista tornou-se um contraponto inevitável ao longo de todo o encontro. Neave sentiu que tudo era possível.

"*Como foi tratado?*", perguntou ele.

"*Maravilhosamente. Só não esperava ver o governador de calças curtas.*"

"*Ele realmente queria dizer o que disse.*"

Jean-François olhou para a imensidão do mar.

"*Estar aqui, nessa grande fortaleza, mesmo que apenas por um dia, me deu uma grande esperança. Pela primeira vez sinto que as forças do mal não irão prevalecer.*"

Neave disse a Jean-François que seu objetivo era encontrar um meio de evitar novas perdas nas mãos dos traidores alemães. Achava que Londres podia fazer mais para apoiar a Linha Cometa, e queria experimentar todos os recursos possíveis.

"*Com a sua permissão, gostaria de enviar alguém para ajudá-lo em Paris. É um oficial, um belga como você, e terá de viajar por terra.*"

O novo ativista treinado pelos ingleses era Jacques LeGrelle, de codinome Jérome. Jean-François não gostou da idéia. Temia que os britânicos enviassem um comandante militar para assumir o controle.

"*Continua a ser uma linha belga. Vocês estão tentando assumir o controle?*"

"*Não. Você é que deve dar as ordens. Nós damos dinheiro e comunicações. Sempre respeitamos isso, desde a época de Dédée.*"

Jean-François disse que aceitaria, mas que não ia ficar à vontade com injunções de Londres. Ele lembrou Neave de que Dédée tinha definido a

Linha Cometa como organização independente. Não era braço de exército algum, mas um movimento de jovens nascidos na Bélgica, e assim deveria continuar. Em honra a Dédée, e de acordo com as idéias dela, Jean-François jamais aceitaria a supervisão inglesa.

"Entendido", disse Neave. *"Não haverá interferência."*

Ele tinha esperanças de que a indicação de Jérome fosse decisiva para a Cometa. Ao mesmo tempo que simpatizava com Jean-François e o respeitava, era responsável pela segurança da Linha. Embora a Cometa fosse uma operação independente, Londres precisava daquela tábua de salvação. Ele poderia retornar ao quartel-general em Londres e relatar o êxito — que Jean-François tinha aceitado Jérome como supervisor de Paris. Mais tarde se preocuparia com os detalhes operacionais.

Neave ficou tão impressionado com Jean-François quanto esperava. Mas também ficou preocupado: nenhum dos integrantes da Cometa tinha treinamento profissional. Não foram apenas Dédée e o pai dela — dúzias tinham sido capturados e mortos; talvez o treinamento em técnicas de evasão evitasse novos desastres. Até então os bravos amadores tinham encaminhado várias centenas de combantentes aliados pelo território inimigo. Contudo, os alemães aumentavam a pressão.

"Nossa única intenção é fornecer segurança operacional."

Ele olhou para Jean-François. A frustração era imensa, pois o M19 achava que Jean-François logo seria capturado pelos nazistas. Além disso, havia a questão da saúde física. Um dia ou dois de descanso em Gibraltar não eram suficientes. Jean-François "estava terrivelmente exausto. O furúnculo que tinha estourado no pescoço incomodava muito".

"Você está doente. Venha à Inglaterra e descanse por umas poucas semanas. Podemos fazê-lo entrar na França depois", disse Neave.

"Não. Este é o meu trabalho. A guerra é assim. Há um grande número de pilotos a tirar de lá, e sou eu o responsável. Prometi a Dédée e ao pai dela que ia prosseguir."

Neave suspirou e virou-se para a vista panorâmica do mar. "Olhou pela janela um momento, para as águas deslumbrantes da baía de Gibraltar. Nós ficaríamos em segurança no território britânico, mas [Jean-

François] tinha de retornar logo para as montanhas, rumo aos desconhecidos perigos de sua missão".

Tudo o que Neave podia era pedir a Jean-François que fosse cuidadoso; não tinha o poder de lhe dar ordens para se proteger. Eles eram amigos e aliados, o desacordo era operacional. O belga assumia todo o risco.

Quanto a ele, Jean-François minimizava a questão da saúde, como sempre fizera, lembrando a seus amigos britânicos de que era jovem e forte. A fé e o compromisso apaixonado com a luta iriam ajudá-lo a superar as dificuldades.

Jean-François também concordou em reabrir a travessia de Elizondo, desde que não fosse ele o responsável. A Linha Cometa cruzava o rio com 12 homens por mês, mas as equipes aliadas davam apoio ao longo de todo o trajeto. A segunda rota, se funcionasse, dobraria a capacidade e seria particularmente significativa, pois o aumento dos ataques aéreos representava novos pilotos saltando de pára-quedas em território ocupado. Jean-François ia encarregar um velho amigo belga, Antoine d'Ursel, cujo codinome era Jacques Cartier, de reabrir a operação Elizondo.[3]

Na manhã seguinte, Jean-François entrou muito disposto na mala do carro de Creswell. Neave e Darling os acompanharam a curta distância, em outro carro. Houve um certo nervosismo no portão, onde uma sentinela acenou, liberando a passagem de volta à Espanha. Quando chegaram a uma distância razoável de Gibraltar, Jean-François já não ia mais na mala, e os outros homens pararam para um drinque de despedida.

"Foi difícil nos mantermos animados enquanto bebíamos nossa garrafa de vinho", lembrou Neave. "Ao pôr-do-sol, eu o cumprimentei e fiquei observando 'Segunda-feira' acelerar na estrada poeirenta em direção a Madri. Tive certeza de que jamais veria [Jean-François] outra vez."

Quando saiu do encontro de Gibraltar, Jean-François ainda ria da pompa, da cerimônia e das pernas de Mason-Macfarlane. Também achou engraçada a maneira como Airey Neave, numa mesura de consciência de classe, sempre se referia a ele como "o barão". O inglês enfiara na cabeça que ele era um nobre belga, provavelmente por causa dos relatórios errôneos do serviço de informação. Na verdade, o pai de Jean-François tinha dado grande importância à idéia de a família ter um título de nobreza e, à maneira belga, comprara o direito de ser chamado de conde de seu país. Jean-François era um filho bom e afetuoso, e foi tolerante com o peculiar interesse de seu pai. Mas ria ao contar a história aos amigos. "Meu pai perguntou a mim e a meu irmão se também queríamos ser nobres; vejam, o título não era hereditário, tratava-se de comprá-lo. Eu lhe disse que não, muito obrigado, que não queria ter título algum."

Se o inglês o via como um nobre, contudo, Jean-François não podia corrigir o erro. Mas nem o falso título lhe garantiu uma audiência com o embaixador britânico quando retornou de Gibraltar com Creswell. O diplomata passava seu tempo oficial em relações amistosas com Francisco Franco e seus ministros. Quando não fazia isso, ocupava-se com seu passatempo de ornitólogo nos jardins atrás da embaixada britânica.

Jean-François estava satisfeito por ter feito pé firme e guardar o controle local das operações de fuga, apesar de admitir para si mesmo que tinha sido difícil resistir a Gibraltar e à oferta de ir para a Inglaterra. Mas a liberdade de sua casa, de sua terra natal, a sua vida e o futuro da Europa estavam em jogo. Não conseguia conceber a idéia de parar ou descansar, de se dedicar a qualquer outra coisa que não o que fazia. Ele respondia ao volume crescente de pilotos com trabalho cada vez mais árduo e recrutando cada vez mais gente para atuar junto com ele.

Seu amigo Jacques Cartier aceitou assumir a retomada da rota de fuga Elizondo. Cartier, que estivera na Indochina, era um velho amigo da família. Até então dirigia as operações no norte. Ele viajaria com Jean-François para discutir os planos com Creswell em San Sebastián.

Nesse ínterim, após um começo agitado, tudo parecia bem com Jérome, o novo agente treinado pelos ingleses. Jean-François teve um atrito inicial com ele, mas logo se redimiu, considerando inevitável a tensão num relacionamento burocrático com o M19.

Jérome, ainda sob o efeito de uma contusão nas costas durante o treinamento de pára-quedas, voou para Gibraltar em novembro, seguindo para San Sebastián no carro diplomático britânico. Ele foi para o norte, cruzou a fronteira da Espanha para a França — "valsar" era como eles chamavam essa maneira de deslocar um agente — e tomou um trem para Paris. Na verdade, ia substituir o pai de Dédée, o senhor de Jongh, que tinha sido preso em junho pela traição do agente duplo alemão Jean Masson. Jean-François explicou cada aspecto da operação, afastando-se durante dias de suas próprias obrigações mais ao sul, para garantir que Jérome ficasse à vontade com as manobras do lado belga e outros aspectos da operação.

Eles encontraram um novo esconderijo, um apartamento na área de classe média de Paris. Um dia, enquanto Jean-François se preparava para retomar suas incumbências no sul, ele viu sobre a mesa uma mensagem que Jérome se preparava para mandar a Londres: "Jean-François é um ótimo agente, absolutamente confiável..." Jean-François agarrou a carta com raiva e jogou-a no rosto de Jérome quando ele voltou.

"Não vou permitir que faça relatórios sobre mim, não vou permitir que se comunique com Londres sem o meu conhecimento. Ou você me reconhece como líder dessa organização ou você está fora. Decida agora."

"Sinto muito, Jean-François, eu não..."

"Não precisa pedir desculpas; nós estamos falando de confiança e de entendimento total. Seremos amigos e trabalharemos juntos, e não haverá mais mensagens. Entendeu?"

"Entendi, Jean-François."

E este foi o fim da questão. Jérome representou uma grande aquisição para a Linha Cometa. E ele e Jean-François rapidamente se tornaram amigos.

PARTE TRÊS

* * *

Dezembro de 1943

8. Pela França de Trem

Paris, França. 22 de dezembro de 1943.

Depois de deixar o abrigo de Bruxelas e Lily, Bob Grimes seguiu Marie, mas com uma certa apreensão. Ele absolutamente não teria ido se Lily não lhe garantisse que Marie era uma amiga de confiança. Logo eles tomaram um trem local, e Bob sentou-se calmamente entre os passageiros belgas, enquanto Marie permaneceu no corredor. Ocasionalmente seu olhar encontrava o de Bob. O destino deles estava apenas a uma hora — 50 quilômetros ao sul — Tournai, não muito longe de Lille, do outro lado da fronteira francesa. Mas o tempo e a distância não eram exatamente o problema. Uma sucessão de ajudantes homens e mulheres, nenhum deles muito mais velhos que Bob, conduziu-os por uma rota cheia de desvios, cuidadosamente estabelecida para evitar postos de controle e vigilância de qualquer tipo. Ao saírem da estação de Tournai, Marie andou a uma distância discreta à sua frente. Era o dia 19 de dezembro de 1943, um sábado, e o ar estava frio, mas não cortante. Sinos de igreja repicavam uma saudação incessante e inesperada, pois Tournai é a cidade dos cem campanários e dos 400 sinos. Bob, que mal tinha consciência do dia da semana até então, compreendeu que estava de volta ao mundo e retomava a contagem do tempo. O dia começava lentamente; havia gente passeando na Place Crombez, mas pouco comércio naquele dia de descanso.

Marie e Bob andaram até um café insignificante numa rua em que mal havia tráfego — um grande contraste com a vida urbana de Bruxelas. Juntaram-se a um casal já sentado a uma mesa. Algo no homem disse a Bob que se tratava de um americano. Eles se olharam, mas não ousaram falar. Depois de um cafezinho, Bob e o suposto americano já estavam numa rua sinuosa, algumas vezes de volta à vista dos trilhos, evitando todos os controles de fronteira, até chegarem a uma quinta no campo.

Havia lá um outro guia. Os ajudantes ficavam sempre em movimento, entravam e saíam de cena, e comunicavam-se apenas quando necessário. Estavam vigilantes para o caso de alguém se aproximar com alguma pergunta aleatória que pudesse denunciá-los como estrangeiros.

"*Vocês ficam aqui até de noite*", disseram a Bob. "*Então nós partiremos.*"

Os agricultores tinham escondido seus estoques de comida dos alemães e puderam preparar um suntuoso jantar campestre. Bob tinha esquecido como era a abundância. Dormiu profundamente, antecipando a liberdade que estava ao alcance da mão. Partiram pouco depois da meia-noite e seguiram por um caminho escuro em meio a granjas, chácaras, fazendas e grupos isolados de árvores. Depois de um tempo, chegaram a outro esconderijo nos bosques.

"Bem-vindos à França", disse um homem que se chamava Jacques. Não havia qualquer indicação de que tivessem cruzado a fronteira. Aqueles ajudantes sabiam o que estavam fazendo.

Bob lhes entregou a carteira de identidade belga e recebeu documentos franceses já autenticados e com sua fotografia. Também havia uma passagem de trem na terceira classe para Paris. Ainda estava escuro quando chegaram a uma cidade cujo nome Bob podia facilmente guardar.

Lille, dizia o letreiro na plataforma. "Me faz lembrar Lily." Só um dia tinha se passado, mas a vida em Bruxelas já parecia distante.

* * *

Era segunda-feira, e a rodovia para a cidade estava cheia. Os homens tinham saído para trabalhar, as crianças brigavam e brincavam, os compradores carregavam sacos das lojas ou seguiam olhando os limitados suprimentos de Natal disponíveis no mercado negro. O risco era pequeno para dois jovens misturados à multidão. A cena deve ter-se repetido mil vezes em toda a Europa naquele dia. Os alemães não tinham capacidade de rastrear todos os caminhos que levavam a todos os pontos de cruzamento de fronteira; havia gente demais para que todos fossem retidos e averiguados. A fronteira entre a Bélgica e a França era mal delimitada e, para os nazistas, um tanto discutível, já que eles controlavam os dois lados.

O trem de Paris foi uma festa repentina. Bob se apertava num vagão repleto de jovens, rapazes e moças da idade dele, numa cacofonia de risadas e gritos, enquanto rodavam rumo a Paris, para o começo de mais uma semana de trabalho. Cotovelo a cotovelo, os corpos se inclinavam e chocavam contra o dele; a atmosfera estava densa, com o cheiro de sabonete e de perfume feminino. As garotas fuzilavam os homens com o olhar caso eles se apertassem demais contra elas ou encostassem no lugar errado. Havia alegria e algazarra no vagão de trem que viajava sob blecaute por três horas antes do amanhecer. Será que todos tinham se esquecido de que uma guerra estava em curso?

Paris era instantaneamente reconhecível, é claro, à aurora de um dia nublado, mesmo para um americano que nunca tinha estado ali. O trem se aproximou da Gare du Nord, onde chegam os passageiros que vêm da Bélgica. Bob não tinha idéia do perigo que a estação representava.

Uma vez lá dentro, o movimento continuou, e Bob Grimes parecia um joguete. Um homem o levou para a rua, e eles andaram vários quarteirões para um edifício de apartamentos de aparência comum. Uma mulher abriu a porta: "*O senhor vai ficar aqui para descansar até a jornada seguinte.*" Bob ficou desapontado de estar na lendária Paris sem poder olhar os lugares. Ao mesmo tempo, estava relativamente calmo, porque os ajudantes da Linha Cometa e sua incapacidade de se comunicar com eles plenamente diluíam os perigos que espreitavam. Fora avisado de que naquela noite cruzaria o trecho mais perigoso da viagem, de Paris até a fronteira espanhola, pesadamente patrulhada. Outros americanos se juntariam a ele. Bob comeu um pouco, e disseram-lhe para descansar e esperar.

Ninguém usava seus próprios nomes, mas o homem que os levou a Paris era Jacques LeGrelle — Jérome —, o agente enviado de Londres, para organizar a seção norte, sob o comando de Jean-François. Jérome ficou numa tensão constante, que só cedeu depois de o dia terminar e ele se afastar da estação ferroviária. Havia alemães uniformizados e certamente agentes de segurança à paisana da Luftwaffe, oficiais da Gestapo e da SS; a Gare du Nord fora local de várias tragédias e outros horrores ao longo de todo o ano anterior. Ali Jean Masson arquitetara a captura do pai de Dédée. Ali, no mês de agosto, Ron Pearce, um aviador australiano da Real Força Aérea Britânica em fuga, viu um soldado nazista agredir e derrubar um homem que, mal informado, tentou entrar num vagão reservado para os soldados. Se Ron tivesse tentado impedir o alemão, também teria apanhado e sido capturado, senão morto. O homem ficou deitado de bruços, imóvel na plataforma; os passageiros passavam em volta dele ao irem para os outros vagões, onde os civis tinham permissão de entrar. Não havia nenhum proveito em ficar perambulando numa estação de trens em Paris.

Ao longo do dia, Jérome, usando um jornal debaixo do braço como código, reuniu os aviadores: primeiro, Arthur Horning e Robert Z. Grimes; depois, James Burch e Lloyd Stanford.

Horning era o homem com quem Bob havia se encontrado no café em Tournai naquele dia, mas Bob não chegava a se lembrar dos detalhes. A memória de Horning daquele trecho da viagem era decididamente mais aprazível. Coube-lhe atravessar da Bélgica para a França de braço dado com uma bela moça depois da outra, e cada qual passeava com ele como se fosse sua namorada. Podia-se desculpar Horning por seu entusiasmo quanto ao tratamento recebido. Em Lille, ele foi literalmente entregue nos braços de Amanda Stassart, de codinome Diane.[1]

Art Horning nascera em Pittsburgh e, aos 28 anos, era um pouco mais velho que a maioria dos pilotos da Força Aérea do Exército dos Estados Unidos. Nunca estivera num trem como aquele. Não era uma viagem de primeira classe, mas, ainda assim, tinha a sua elegância, com algo de cinema. Portas e paredes de boa madeira envernizada davam a impressão de uma luxuosa sala de visitas de mogno, maçanetas e detalhes de metal nas portas e janelas, e compartimentos individuais. Diane e Art sentaram-se separados de todos os demais, num compartimento de oito passageiros. Art ficou na janela, Diane a seu lado. Ele estava desorientado e não falava francês algum, motivo pelo qual não se podia perguntar o que o perturbava. Ele havia entregado sua identidade belga à acompanhante da Resistência, mas ninguém lhe dera documentos franceses. Por que não lhe forneceram qualquer identificação? Tinha acontecido alguma coisa errada? Talvez por isso ele estivesse viajando separado de Bob Grimes. Diane não dava nenhuma indicação de que falasse inglês, e ele também não ia lhe perguntar no trem. Ela tinha uma beleza simples — cabelos ruivos presos para trás, olhos castanhos brilhantes e um pródigo batom vermelho; sorria e acariciava-lhe a mão.

O fiscal apareceu, eles apresentaram seus bilhetes; em seguida, Art ficou nervoso ao ver soldados alemães uniformizados a andar de um lado para o outro nos corredores. Ouviu-os abrir a porta deslizante do compartimento ao lado. Como haveriam de escapar?

Durante todo o tempo, Diane sabia do problema com os documentos de identidade de Horning. Houvera uma confusão, e saíram rumo a Paris sem eles. Porém, ela estava preparada para os alemães. Saltou para o colo de Art, envolveu-o com os braços e começou a cobri-lo de beijos molhados. Aqueles lábios avermelharam suas orelhas ao roçar nelas, úmidos, colaram à sua boca, fingindo sussurrar e acariciá-lo de verdade. Art teve de fazer força para admitir que aquilo era fingimento. Diane olhou para ele outra vez, com aquele ar malicioso nos olhos. Os alemães espiaram pelo vidro, mas passaram adiante sem abrir a porta do compartimento.

Por que mudar algo que funciona? O trem de Paris fez sua viagem de 220 quilômetros para o sul em três horas, e Horning e Diane — dois amantes num compartimento — ficaram estreitados num abraço que ninguém perturbou. Na Gare du Nord, Diane levou seu namorado ocasional até um pilar de cimento, num dos lados da estação. "Espere por uma pessoa que segura um jornal." Ela partiu, mas jamais foi esquecida.

Lloyd Stanford, segundo-tenente de 23 anos de idade, de Atlanta, Geórgia, e o tenente Jim Burch, do Texas, estavam em Paris há uma semana. Eles eram da mesma tripulação — Burch, o co-piloto, e Stanford, o artilheiro. Ambos tinham sido feridos ao saltarem do B-17 depois que foram abatidos sobre a Holanda no dia 10 de outubro. Os ferimentos de Stanford foram cortes superficiais, mas Burch ficou preso ao leito com uma lesão que lhe tomou toda a perna. Guardava o problema para si, mas Stanford estava preocupado com ele. Assim como no caso de Bob Grimes, os ativistas da Linha Cometa adiaram a transferência dos dois pela linha de fuga, esperando que a perna melhorasse, já que Burch não tinha qualquer sinal externo de ferimento, apenas a contusão profunda. Mas a perna não melhorava, e no começo de dezembro eles partiram assim mesmo para a Espanha. Tinham muitos postos de controle a evitar antes de chegar em Paris, primeiro da Holanda para a Bélgica, e depois da Bélgica para a França.

Três dias antes do Natal de 1943, a operação começou. Jérome enviou sinal aos guias para encontrá-lo numa hora preestabelecida. Os quatro rapazes de cabelos louros — bem mais altos que todos à volta — entraram na Gare d'Austerlitz, que operava o tráfego ao sul de Paris. Usavam ternos surrados idênticos, de lã preta, e cruzaram o vestíbulo cavernoso um a um, cada qual acompanhado por um jovem ou uma jovem vestidos de maneira conservadora que só queriam misturar-se com os demais parisienses que lá estavam cuidando dos seus negócios. O passo era determinado, mas não rápido; eles evitavam fazer contato visual com outros passageiros e pedestres, e no fim das contas tratavam de transmitir uma impressão calma e agradável.

Bob Grimes, sentindo-se forte e de algum modo confiante após as seis semanas em Bruxelas, ficou chocado quando lançou uma olhada na plataforma. Viu um jovem ruivo muito mais alto que os outros. Já o vira em algum lugar — ele era, tinha de ser americano. Havia outros — um sujeito magro que também podia ser americano, e um outro camarada que olhava em volta com nervosismo e com certeza era americano. Não seria má idéia fingir que se distraía e não ficar pensando em ser capturado.

Em obediência a furtivos sinais feitos pelos guias, Bob encaminhou-se para um lugar num trem que partiria para Bordeaux. O compartimento era apertado e estava cheio. Havia vários outros homens e não muita bagagem nos bagageiros. Mais uma vez Bob supôs estar em companhia de americanos e percebeu que a melhor coisa a fazer era agir tão naturalmente quanto possível, como por exemplo fingir que dormia. Será que alguém pôde ouvir o galope do seu coração, que disparou quando o fiscal apareceu? Mas não houve problema. Nenhuma pergunta, nenhuma palavra foi dita.

Esperavam ouvir outro repique de sinos ou uma buzina qualquer quando o trem deixou a estação. Em vez disso, fez-se um movimento silencioso, quase imperceptível, deslizante, que puxou o trem lentamente para adiante; com os olhos semicerrados, Bob espiou pela janela de soslaio e viu o pátio de manobras, e, além, as luzes de Paris que se afastavam rapidamente. Jean-François e Jérome, meticulosos em seu planejamento, escolheram aquele trem noturno porque ele fazia muitas paradas, e eles pensaram que os nazistas não iam achá-lo eficiente como instrumento de fuga. Os alemães ali não eram tão vigilantes quanto nos trens expressos da linha principal — o serviço de primeira classe que passava por Lyon e ia direto para o País Basco. Em contraste, muitas vezes não havia policiais nos trens locais. Assim, por que aquela noite haveria de ser diferente? Os ajudantes tinham colocado Bob Grimes e Stanford num compartimento, Horning e Burch num setor próximo. Eles não estavam separados dos demais passageiros, pois os compartimentos eram abertos na terceira classe. Não havia vidros de separação entre os cubículos ou corredores, apenas grupos de bancos que acomodavam seis pessoas confortavelmente, ou oito, apertadas. Os assentos eram dispostos encosto contra encosto, com um estreito corredor do lado direito do vagão.

A linha passava por povoados e campos, a maior parte do tempo em áreas rurais. Os quilômetros tornavam-se um contínuo indistinto, e Bob apenas olhava a paisagem deslizar, de olhos semicerrados, enquanto ainda fingia que estava dormindo com a cabeça apoiada à janela. Os alemães usavam as linhas férreas para transporte, e cada vez mais os trens eram objeto dos bombardeios aliados, motivo pelo qual rotineiramente os vagões circulavam sob blecaute. Vez por outra, trens de transporte de tropas ou longos comboios de carga passavam de um lado ou de outro, sugando o ar ao cruzar e desaparecer. O famigerado centro de detenção de Drancy, onde os alemães mantinham judeus e outros prisioneiros antes de os enviarem aos campos de concentração, ficava naquele caminho. Também havia dois campos de prisioneiros de guerra aliados perto da linha férrea: um em Beaune-la-Rolande, outro em Pithiviers, no caminho de Órleans. Devia ser perto da meia-noite quando o trem passou por um campo de prisioneiros vagamente iluminado. Bob viu construções baixas de madeira, uma torre e uma área perto dos trilhos com cerca de arame farpado. O trem freava e movia-se devagar, até dar um solavanco e parar ao lado de uma pequena plataforma. Ele ouviu as portas se abrirem e ruídos de agitação. As vozes, em francês, eram difíceis de entender. Bob achou que tinha ouvido alguma coisa sobre fuga de americanos. Torceu para estar errado — talvez tivesse havido alguma fuga no campo que tinha acabado de ver.

O trem saltou adiante outra vez, e a conversa dos dois oficiais soou mais alta. Bob Grimes continuou com a cabeça encostada na janela; seu coração batia forte. Quanto mais seguia a conversa, mais temia que os alemães estivessem falando de fugitivos e acabassem por prendê-lo. Abriu um pouquinho olhos para examinar a situação. Após seis semanas de prática na Bélgica — inclusive a vez em que escapara por pouco dos soldados alemães —, ele percebia facilmente a aparência da Gestapo. O homem à paisana era certamente da Gestapo. O outro usava uniforme de oficial alemão. Por que haveriam de estar parados ao lado do compartimento em que Bob e Stanford se encontravam? Os americanos não se entreolharam, e tampouco ousaram encarar qualquer outra pessoa. Estavam ambos petrificados, rezando para que ninguém tentasse falar com eles.

Os dois oficiais falavam em francês, o que significava que o homem em trajes civis não era alemão. Bob conseguiu perceber que estavam falando de segurança — sobre prender pessoas. O batimento rápido do coração de Bob competia com o estrépito dos trilhos. Os nazistas decidiram fazer um controle de identidade por amostragem. Por que não começar por ali mesmo onde estavam?

"*Cartes d'identité, s'il vous plaît*", disse um deles.

Os outros passageiros obedeceram; Bob sentiu os cotovelos e antebraços à volta procurando nos bolsos dos casacos. Ele manteve os olhos fechados e continuou encostado à janela, e ocasionalmente estalava os lábios e roncava. Os alemães examinaram todos os documentos e se concentraram no passageiro restante, que mal se mexia, profundamente adormecido.

"*Monsieur, carte!*", repetiu o alemão, e desta vez se dirigia apenas a Bob, que continuava imóvel.

"*Ô!*", veio o rosnado, e Bob sentiu o hálito do homem que se aproximou para lhe dar um soco no ombro.

"*Identité!*"

Finalmente acordado, mas com movimentos lentos, Bob abriu um olho, como num estupor sonolento, e tateou o bolso em busca da identidade que recebera um pouco antes naquele mesmo dia. Estendeu-a sem olhar para cima e fechou outra vez o único olho aberto. Seu coração martelava no peito, e ele mal podia respirar enquanto esperava a reação, de olhos fechados. O guarda deu um grunhido, jogou-lhe a carteira de volta e foi embora.

Os nazistas se afastaram pelo corredor rumo a outro vagão. Como fingira dormir durante todo o trajeto, Bob se lembrava tão confusamente da viagem que ficou surpreso quando Stanford lhe disse mais tarde que tinham feito todo o percurso sentados frente a frente. Stanford estava alerta e sabia quem era o seu companheiro. Mais cedo, naquele mesmo dia, a guia que ele chamava de Pequena Dama de Preto o levara a um café em Paris e lhe disse que haveria outros com ele, mencionando um homem chamado Robert. Certamente era aquele.

Chegaram a Bordeaux ao raiar do dia e fizeram baldeação para um trem ainda mais discreto, para Dax. Esse trem transportava trabalhadores para sua lida matinal. Ninguém fugiria por uma via local dessa natureza. Havia um certo nível de conforto, e foi muito mais fácil para os quatro homens o fato de estarem reunidos, embora ninguém ousasse falar. Os quatro e seu guia — que se apresentou como Max — estavam sentados no compartimento aberto. O guia era Max Roger, amigo de confiança de Jean-François. Os rapazes ficavam ansiosos todas as vezes que o trem parava num desvio. Cerca de duas horas depois, Max os fez saltar numa estação que não parecia mais que um velho pátio de manobras. Aquilo era Dax, que fora o último posto de fronteira no sul entre a chamada França Livre, sob o governo de Vichy, e a zona ocupada pelos alemães. A distinção se manteve até 1942, quando os alemães tomaram o país inteiro. Mas ainda era um posto avançado da Ocupação; termas e banhos romanos tornaram a região popular como local de recreação para oficiais alemães. Viajar nas redondezas podia ser complicado.

Max conduziu-os até um bicicletário no fim da estação, onde bicicletas femininas velhas e frágeis esperavam por eles. Stanford tinha notado um rapaz que os seguia desde que saíram do trem. Não deixou que reparassem em sua inquietação crescente, mas ficou preocupado e procurou os companheiros à sua volta. O homem os seguiu até a estação sair da vista. Max deu meia-volta e apresentou-o — era Jean-François — à sua próxima safra de foragidos.

Jean-François falou com eles num inglês de sotaque carregado.

"*A viagem é muito perigosa agora. Temos de viajar separados e manter uma distância*", disse ele. "*Eu vou na frente, depois todos os pilotos, e Max vem atrás.*"

Dependendo de como fosse encarada a situação, ou por cúmulo de inexperiência ou então por confiança extrema, o fato é que Jean-François mantinha uma lista completa de todos os tripulantes aliados que ajudou. Os nomes e os rostos — no escuro ou passando depressa refletidos na vidraça de vagões encardidos — tendiam a se misturar. Em 17 de dezembro, foi um canadense chamado Witherbridge, Davies, da Real Força Aérea, e um americano de nome Morris. Quatro americanos passaram no dia 20: Whitlow, House, Ashcraft e Combs. (Whitlow era piloto e Ashcraft operador de rádio na tripulação de Stanford e Burch, mas uma dupla nada sabia sobre o paradeiro da outra, e nem, neste particular, que todos os demais colegas ainda estavam vivos.)

Na sucessão de aviadores aliados que Jean-François ajudou a cruzar a fronteira naquele final de outono de 1943, havia um camarada especialmente interessante, um sargento do exército de 30 anos de idade, de Nova York, chamado George Watt. Jean-François não sabia nada a respeito dele, mas Watt tinha talvez uma das histórias mais pitorescas entre os aviadores aliados. Ele era um dos vários milhares de jovens idealistas que tinham vindo para a Espanha em 1937, para formar o Batalhão Abraham Lincoln. Sem a aprovação do governo dos Estados Unidos — na verdade, com o menoscabo oficial —, Watt e seus amigos americanos lutaram ao lado da República Espanhola contra Franco e seus patrocinadores nazistas no prelúdio da Segunda Guerra Mundial. Watt fora membro do Partido Comunista Americano — havia saído do partido, como muitos outros, ao se desiludir com Stálin. Ele deixou-se inspirar pela convocação de Dolores Ibárruri, a combatente da independência espanhola, que eles chamavam de La Passionaria. "*No passarám*!" — "Eles não passarão!" —, exclamou ela, e este tornou-se o grito de guerra de várias gerações seguintes.

* * *

Nenhum dos companheiros aviadores de Watt sabia disso, e tampouco eram muitos os que sabiam que ele era judeu, e portanto duplamente ameaçado se fosse pego pelos alemães ou pela Guarda Civil, se de algum modo eles descobrissem que ele havia lutado contra Franco.

Watt saiu da Espanha em 1938, fugindo para salvar a vida de uma emboscada no rio Ebro em 4 de abril, quando, impulsionado pelos nazistas, o exército de Franco marchava para a vitória total. Em suas memórias, ele se recordou: "Nós andávamos completamente despidos e descalços sobre uma extensão que parecia não ter fim de pedras pontudas e pedaços de metal que cortavam nossos pés. Um minuto ou dois depois disso, de um pequeno carro preto gritaram para que parássemos. Dois homens saíram de dentro dele. Nós ficamos muito felizes em vê-los. Um deles era

Herbert Matthews, correspondente do *New York Times*. O outro era Ernest Hemingway... Os Lincoln acabaram, o batalhão foi todo perdido, nos disseram eles.

Eles nos encheram de perguntas.

'O que aconteceu...'

'Quantos conseguiram escapar...'

'Onde estão Merriman e Doran...'

Nós contamos brevemente o que sabíamos...

Merriman e Doran caíram numa emboscada. Não sabemos se escaparam. Há centenas de homens ainda do outro lado do Ebro. Muitos mortos; alguns afogados...

Matthews se ocupou de tomar notas; *Hemmingway* de amaldiçoar os fascistas."[2]

Quando a guerra acabou, Watt retornou aos Estados Unidos. Apresentou-se para tentar se alistar no exército quando começou a Segunda Guerra Mundial, mas os integrantes do Batalhão Abraham Lincoln estavam banidos, até uma mudança de política em 1943. Watt conquistou finalmente o direito de voar por seu país e tornou-se artilheiro e engenheiro de vôo assistente num B-17. Em 4 de novembro de 1943, foi abatido sobre a Bélgica, duas semanas depois de Bob Grimes. E assim acabou naquela estrada, vindo de Dax com Jean-François e Max Roger em 8 de dezembro de 1943, duas semanas antes da chegada de Bob Grimes e seus três companheiros. Watt, que era mais velho e mais lento que os outros ciclistas, demorou-se um pouco no trecho das montanhas até Bayonne, mas chegou à Espanha sem problemas. Ele nem se lembrava de ter cruzado o rio naquela noite; a água batia na cintura, e eles atravessaram num minuto, sem pensar duas vezes. A Guarda Civil não era organizada o bastante para identificá-lo, e então ele foi apenas outro foragido resgatado pela embaixada britânica e enviado de volta a Londres via Gibraltar.

Jean-François nada sabia da história de George Watt, e tampouco precisava falar de sucessos do passado. Só se lembrava de que, na semana anterior, houvera outro americano, mais velho que os demais, que não conseguia pedalar rápido o bastante para manter o ritmo. As bicicletas, tão cruciais para evitar a captura perto da fronteira, eram sempre um problema.

Agora estava com aqueles quatro: Stanford, Horning, Burch e Grimes. Jean-François estudou o modo que cada qual tinha de andar de bicicleta quando Max os levou para fora da estação. Queria certificar-se de que seriam capazes de percorrer os 40 quilômetros, a viagem de dois dias até a costa.

A bicicleta não era um meio de transporte ideal para aquele trecho da fuga, mas tornara-se muito importante. Jean-François adaptou-se ao fato de que os alemães estavam nos calcanhares deles. A única alternativa era aquele método novo, via estradas secundárias. Era uma viagem estafante até a costa, e os jovens aviadores também estavam exaustos e amedrontados; mas não havia escolha. Jean-François administrava 20 bicicletas em três grupos de seis, com duas de reserva, de modo a estarem sempre disponíveis quando um novo grupo de aviadores chegasse a Dax ou Bayonne.[3]

Havia um esquema complicado para manter seis bicicletas na estação ferroviária. Não tinha sido fácil montá-lo. As bicicletas eram as mnelhores possíveis, de porte médio, úteis, e os americanos diziam ironicamente que eram bicicletas de mulher, pois não possuíam barra.

Com tanto movimento, os viajantes não tinham escolha, exceto confiar que os franceses não iam denunciá-los. Era inquestionável que havia anjos da guarda a protegê-los. Numa das primeiras viagens, Jean-François estava em outro compartimento quando uma bela mulher entrou casualmente numa cabine da segunda classe e perguntou a um dos aviadores em francês se podia sentar-se. O piloto, um líder de esquadrilha britânico chamado Wally Lashbrook, respondeu com o pouco de francês que sabia: "*Je ne sais pas, mademoiselle.*"

"*Oh, um piloto inglês*", respondeu ela, sorrindo, e deixou-o só. A mulher devia saber que até mesmo deixar de relatar um encontro como aquele era crime passível de pena de morte.

A verdadeira natureza das coisas também era evidente aos olhos do supervisor da plataforma de Dax. Jean-François nunca descobriu o nome do homem, mas eles se entreolhavam com pleno conhecimento do que estava acontecendo — talvez não, se fosse apenas uma ou outra ocasião, mas ver Jean-François várias vezes conduzir quatro rapazes usando boinas e roupas adequadas era um pouco demasiado para não se perceber. Eles eram obviamente fugitivos, mas o homem da plataforma nunca ficou no caminho, até um dia, em meados do verão, em que Jean-François se horrorizou ao descobrir que não tinha os papéis necessários para retirar uma das seis bicicletas no bicicletário.

"*Mas a bicicleta é minha, senhor*", disse ele ao empregado da plataforma.

"*Não é possível*", foi a resposta. "*O senhor não pode provar. Fale com o chefe da estação.*"

Seguiu-se uma hora de discussão sobre regras, responsabilidades, regulamentos, tempos difíceis, os limites da autoridade, a caridade humana, perdoar e deixar passar os erros alheios, oferecer segundas chances e ajudar o próximo nos tempos tão árduos que estavam todos atravessando. Tudo culminou com o abrandamento do chefe da estação. "*Pegue a bicicleta e vá.*"

"*Obrigado, senhor*", disse ele, tomando o caminho e rindo para si mesmo. "*Acho que fui paciente o bastante para acabar com a paciência dele.*"

* * *

Numa viagem subseqüente, Jean-François fez um curto desvio até o escritório do chefe da estação. A porta estava entreaberta. Ele olhou para dentro e não viu ninguém. Pegou uma parte do que tinha em sua sacola, cheia de iguarias espanholas — frutas, lingüiças e queijo — impossíveis de encontrar na França ocupada pelos nazistas, colocou na escrivaninha do chefe da estação e partiu correndo para alcançar os outros. Os funcionários da estação de Dax ficaram cada vez mais solícitos. Eles mal olhavam os documentos quando as bicicletas voltavam como bagagem de Bayonne ou Saint-Jean-de-Luz. Em segredo e anonimamente, estavam protegendo os aviadores americanos e seus ajudantes. Jean-François tinha certeza de que o chefe da estação sabia quem tinha deixado o atencioso pacote.

Jean-François não estava à procura de aventuras, mas algumas vezes elas o encontravam, mesmo numa corrida de bicicleta através da província de

Saint-Jean-de-Luz. Um dos pilotos americanos na verdade não sabia andar de bicicleta. Aquilo parecia impossível! Que tipo de vida esses caras levam nos Estados Unidos? Será que ainda andam a cavalo?

Pois lá estava ele, mandando Max e os outros três bem adiante na estrada pararem e esperar, enquanto dava ao piloto — não conseguia lembrar o nome — um curso intensivo de duas horas sobre como andar de bicicleta. Felizmente, havia estradas de barro em número suficiente para o homem machucar mais o ego que os joelhos ou cotovelos toda vez que caía. Triunfantes, ainda que exaustos, ele e Jean-François alcançaram os outros numa colina verdejante. As meninas de Saint-Jean-de-Luz, Denise Houget ou a filha da Tia Go, Janine, trouxeram queijo e pão para eles comerem nos enclaves arborizados ao longo do caminho.

Depois, os ciclistas partiram para a costa. Jean-François abria o caminho como batedor, e cada um dos pilotos espaçava a sua passagem algumas dezenas de metros para parecer que eram parte do trânsito normal — não havia automóveis particulares, e as bicicletas eram habituais nas estradas. Max Roger fechava o cortejo, perto o bastante para ver os sinais que Jean-François fazia, informando se havia alguma coisa errada.

O ciclista novato transformou a experiência numa aventura, e os outros foram forçados a incentivá-lo a manter o ritmo. Ele vinha bamboleando bastante bem pelo caminho, até que um veículo do exército alemão surgiu à distância; certo de que ia ser preso, o hesitante ciclista perdeu a direção, saiu da estrada e caiu. Os alemães, no entanto, nada viram de extraordinário — apenas um francês idiota, apavorado e em queda. Deram gargalhadas, assobiaram e puseram as cabeças nas janelas ao passar pelo americano desvalido, mas fora de perigo, sentado à beira da estrada.

Os guias sempre ficavam à distância dos aviadores, conduzindo e fechando o cortejo a cerca de cem metros, para os alemães nunca perceberem o que estavam fazendo. O ritmo era lento e deliberadamente metódico. Eles paravam em Bayonne para passar a noite e, no dia seguinte, antes do raiar do dia, retomavam o caminho pelas vias secundárias até Saint-Jean-de-Luz.

Jean-François nunca improvisou durante o percurso, a menos que alguma emergência se apresentasse. Uma rota fixa permitiria aos outros ajudantes saberem onde encontrar apoio, se necessário. Com o tempo, porém, ele alterava o itinerário. Em vez de pegar a estrada principal, amiúde tomavam caminhos vicinais, saíam e voltavam à estrada para evitar postos de controle ou a possível detecção pelas patrulhas alemãs, cada vez mais comuns.

Bob Grimes estava preocupado com a sua perna recém-curada, sobre como ela reagiria ao trajeto de bicicleta. Felizmente ele se sentia bem e estava forte, e a viagem da interiorana Dax até a costa em Saint-Jean-de-Luz não foi tão difícil. Os quatro aviadores, com Max à frente e Jean-François na retaguarda, estavam separados por algumas dezenas de metros e progrediam em fila indiana. Quando paravam para descansar, saíam da estrada e iam para o campo, onde não seriam vistos.

Um dos outros americanos, Jim Burch, estava causando problemas. Ele não tinha energia para acompanhar o cortejo. O parceiro dele, Lloyd Stanford, deixava-se ficar para trás, para acompanha-lo, e Jean-François tinha de fazer sinal freqüentemente para os outros pararem, enquanto Burch recuperava o fôlego. Jean-François percebeu que aqueles americanos não estavam habituados a atividades físicas tão exigentes. Haviam ficado muito ocupados andando apenas de avião.

Bob também percebeu o modo como Burch e Stanford atrasavam o grupo e sempre resmungavam coisas. Achou que eram dois molengas, e ele não tinha tempo para aquilo. Os homens deviam se concentrar em voltar para casa.

Havia pouco tráfego de automóveis particulares nas estradas costeiras da França ocupada. Caminhões e ônibus transportavam as turmas de trabalho forçado; os veículos comerciais estavam sempre sujeitos a serem parados aleatoriamente e ocasionalmente um veículo militar alemão os abordava. Todo e qualquer civil na zona invadida estava sujeito a prisão, a menos que pudesse apresentar duas formas de identificação — documento-padrão da França ocupada e documentos especiais da área costeira —, o que lhe davam permissão para viver, trabalhar ou transitar pela região. Os regulamentos alemães deixavam claro que os trens locais seriam mais fáceis de lidar e menos sujeitos a controle.[4]

O objetivo de Jean-François ao deslocar os aviadores era se misturar com os trabalhadores e comerciantes da região; naquela época, a tarefa de controlar identificações abria buracos na segurança alemã. O cronograma previa a chegada deles na hora em que as ruas estavam mais cheias, geralmente pela manhã. Depois de deixar as bicicletas num esconderijo, onde seriam resgatadas e levadas de volta a Dax, os homens saíam perambulando casualmente pela estrada costeira principal e a ponte, juntando-se, sem serem percebidos, às fileiras de trabalhadores diurnos e fregueses da feira que cruzavam naquele ponto. Havia sempre um soldado estacionado na travessia, mas, nos momentos de pique, os alemães não faziam mais do que dar uma olhada por cima das cabeças da multidão e ver se conseguiam perceber alguém suspeito.

Às vezes, Jean-François parava para conversar com o soldado, que podia nem falar francês o bastante para ir além do essencial. Porém, para um soldado raso da Wehrmacht, imaginem a excitação. Ele estava postado, completamente só, numa ponte próxima da fronteira espanhola. O sargento do seu pelotão lhe diz para procurar toda e qualquer coisa suspeita. O que haveria de ser suspeito? Como ele poderia saber? Aí um sujeito jovem se aproxima e faz umas perguntas, ele pode praticar o seu francês, ser amigável com os nativos e mostrar a sua importância como militar que é capaz de responder às perguntas de um membro do populacho local. Jean-François falava sobre o tempo, sobre pescar e a feira, e sobre quantas horas o soldado tinha de permanecer na ponte. Ele não ficava cansado? Jean-François dizia que também gostaria de ser soldado um dia. Nesse ínterim, os aviadores passavam facilmente, perambulando no meio do povo, sem olhar para cima ao cruzar a ponte no sopé da montanha, direto para a casa de Kattalin. Bob Grimes e os outros estavam apenas a algumas horas de chegar ao que eles imaginavam ser a liberdade na fronteira espanhola.

9. A Vida de um Traidor

Paris, França. Dezembro de 1943

Os nazistas tinham capturado dezenas de integrantes da Linha Cometa em Bruxelas e Paris, mas agora tinham informações de que Jean-François restaurara as operações e ampliara o número de aviadores transferidos para o sul da França. Eles procuraram o seu agente infiltrado mais bem-sucedido, Jean Masson, o traidor belga que ficara de molho depois da prisão do senhor de Jongh e seus amigos em junho. Agora ele se preparava para tirar a poeira de sua identidade como militante da Resistência e, mais uma vez, atacar nas ruas de Paris.[1]

Ao olhar Paris da varanda do seu apartamento perto de Montmartre, Jean Masson podia desfrutar de um certo nível de satisfação. Sua lealdade ao Terceiro Reich e o sucesso em penetrar nas organizações de fuga como a Linha Cometa haviam-lhe dado algum prestígio. Ele era dono do seu tempo, podia acordar quando quisesse e encarar com orgulho seus dois garotinhos, cujos nomes eram um sinal claro do respeito e idolatria que devotava ao *Füher*. As crianças chamavam-se Jacques Junior, de dois anos, e Adolph, de dez meses.

Masson era um nazista ardente, e seu amor pelo *Füher* acumulava dividendos. Ele desfrutava de um alto padrão de vida e tinha o dinheiro que queria. Como todos podiam ver, era louco por seus filhos e pela mãe deles, sua amante, Marie-Thérèse Laurent. O marido de Marie-Thérèse estava fora, na África, e provavelmente não voltaria tão cedo — se é que ia voltar um dia —, enquanto os nazistas controlassem a França.

Masson morava no nono *arrondissement*, no número 29 da rua de Douai. Tinha dois apartamentos ali: um para a família e outro para os companheiros da Gestapo e suas operações.

Se uma entrega de refugiados era programada, Masson às vezes orientava os negócios em seu próprio apartamento. Os pilotos eram entregues por um de seus cúmplices, freqüentemente Colette — Marie-Antoinette Orsini era seu verdadeiro nome —, com quem às vezes ele viajava para a fronteira franco-belga. Se Marie-Thérèse suspeitasse de sua ligação com Colette, qual o problema? Masson tinha lá de prestar contas a alguma mulher? Sua única fidelidade era ao *Füher*.

Dizia-se que os aviadores chegavam em Paris calmos e confiantes, certos de que estavam prestes a ser enviados à Inglaterra. Vários deles se lembravam do sorriso astuto daquele sujeitinho comum cujo nome freqüentemente esqueciam, Jean ou talvez Jacques. Ele não era um homem marcante. Prontamente os escoltava até o apartamento contíguo, onde o capitão Schnurr e seu assistente, o tenente Brandstetter, estavam à espera. Ocasionalmente os oficiais da Gestapo os mantinham lá e já administravam uma surra inicial. A zeladora do prédio ouvia os gritos. Certa vez, contou ela, ouviu alguém gritar: "Não atire na cabeça porque assim eles não falam. Atire em outro lugar." Os vizinhos podiam ou não ouvir, mas certamente sabiam o que estava acontecendo. Também nada podiam fazer. Até uma mudança do prédio levantaria suspeitas. Masson e seus amigos, porém, nem sempre conduziam os negócios ali. Ocasionalmente os homens da Gestapo chamavam um carro e levavam os aviadores para seu quartel-general.[2]

Quando tinha a manhã livre, Masson podia percorrer a pé os quase dois quilômetros que o separavam do quartel-general da Gestapo. Aqueles foram dias inebriantes para a polícia secreta alemã. No outono de 1943, a atmosfera estava repleta da onipresença do poder nazista. A caminhada de meia hora pela vizinhança era um passeio no coração da Paris capturada.

Masson passava pelas casas noturnas de Pigalle, que tinham voltado a uma espécie de normalidade, perto do berço do impressionismo e onde, naquele momento, Picasso mantinha a boca fechada e ainda pintava. Percorria a rua de Clichy, em que as fachadas de pedra do século XIX estavam sempre enfeitadas de flores, e finalmente descia até os Champs-Elysées.

O quartel-general da Gestapo ficava nas antigas instalações da Sûreté — o serviço secreto francês, no número 11 da rua das Saussaies —, não muito distante do palácio Elysée. Aquele era o coração da cidade, e a bandeira nazista tremulava na brisa. Um passeio à beira do Sena na hora do almoço, no dia fresco e revigorante de outono, não estava fora de questão.

À noite, Masson freqüentava os lugares mais badalados de Paris, na companhia de belas mulheres e pessoas influentes na hierarquia local da Ocupação. Antes de ir para casa, amiúde parava no Jimmy's Bar, onde era visto bebendo demais e regalando a todos com suas bravatas sobre o combate aos inimigos do Reich. Um de seus companheiros mais próximos era um colega oficial da Gestapo e seu superior nominal, o notório Prosper Desitter — o homem sem dedo —, com sua amante igualmente infame, Flore Dings.[3]

Antes de perambular pelos escritórios e centros de interrogatório da Gestapo, Masson podia parar, se quisesse, no café da moda, um pouco abaixo, na mesma rua. O cafezinho abrandava a ressaca da noite anterior. Masson bebia pesado. O quartel-general da Gestapo e suas vizinhanças não atraíam os que lá não tinham negócios. Talvez não fosse possível ouvir os gritos dos prisioneiros, submetidos a várias formas de tortura, através das grossas paredes de pedra do edifício. Contudo, os parisienses sabiam muito bem o que enfrentavam aqueles que ali entravam. Capturado com alguns conhecidos e acusado de crimes contra o Reich, M. Rabate, um mecânico, por exemplo, ouviu de um interrogante ameaçador: "Aqui o senhor vai ter de falar." Seu amigo "entrou aqui arrogante. E saiu se arrastando."[4] Se é que o prisioneiro realmente saía. "Os cozinheiros, cujas instalações ficavam no segundo andar, muitas vezes viam-se perturbados pelos gritos das vítimas que eram interrogadas no quinto andar."

"Havia celas em várias partes do prédio", escreveu Rabate num relatório sobre o quartel-general e os métodos usados pela Gestapo.

A maior de todas ficava no porão, e vários pequenos quartinhos em todos os andares foram transformadas em celas com grades. Cinco ou seis prisioneiros eram às vezes amontoados durante horas a fio num pequeno armário sem ar. As algemas eram deixadas nos pulsos o tempo todo, e alguns ficavam acorrentados a argolas presas à parede.

Como regra geral, o primeiro interrogatório não ocorria até dez dias após a prisão, a menos que fosse urgentemente necessário. Os métodos empregados para fazer as vítimas falarem eram sempre os mesmos. Obrigavam-nas a se ajoelharem num banco triangular enquanto um torturador subia em seus ombros; eram suspensas pelos braços amarrados atrás das costas até desmaiarem... Seus dentes eram limados, as unhas arrancadas; elas eram queimadas com tocos de cigarro e, em algumas ocasiões, com ferro de soldar. Também se praticava a tortura elétrica; um fio era amarrado aos tornozelos, enquanto se aplicava um segundo às partes mais sensíveis da anatomia. As solas dos pés eram cortadas a navalha, e obrigava-se o homem ferido a andar sobre sal. Pedaços de algodão embebidos em gasolina eram colocados entre os dedos dos pés e das mãos e acesos. A tortura da banheira consistia em mergulhar o prisioneiro num banho de água gelada, as mãos algemadas atrás das costas, e manter sua cabeça debaixo d'água até a pessoa quase se afogar. Ela era puxada para cima pelos cabelos e, quando se recusava a falar, imediatamente mergulhada outra vez.

As mulheres não estavam isentas dessas torturas, e geralmente era contra elas que os torturadores empregavam seus mais odiosos requintes de crueldade.[5]

Masson assistia ocasionalmente às sessões de terror e ao interrogatório. Ele ficava muito contente de dar uma passada por ali quando um combatente da Resistência — que podia ainda não ter compreendido que caíra por traição de Masson — era submetido à tortura da banheira.

Este foi o caso do senhor Adeline,[6] que inadvertidamente organizara o ingresso de Masson na Linha Cometa em abril de 1943, apresentando-o a Camille Spiquel. Camille trouxe Masson ao apartamento do senhor de Jongh na rua Vaneau. Masson interveio alegremente durante o interrogatório de Adeline pela Gestapo, em que o prisioneiro negava qualquer participação no apoio à fuga dos aviadores.

"*Eu não sei de nada*", dizia Adeline, reiterando suas negativas.

"*Mas, meu amigo, estive com você no apartamento. Nós estávamos juntos... você está mentindo*", respondeu Masson com um sorriso de desdém.

Por vezes, mesmo a melhor das táticas nazistas via-se frustrada. O patriota Pierre Brossolette pulou pela janela do quinto andar, suicidando-se por medo de não ser capaz de agüentar a tortura e comprometer os amigos ou revelar as operações.[7]

E houve a irmã de Lily, Nadine Dumont. Ela foi uma das primeiras militantes belgas a ser capturada pela rede do serviço de inteligência nazista. Era um ano ou dois mais velha que Lily e aderiu desafiadoramente à luta contra os nazistas. "Eles não têm o direito de ocupar a nossa casa", disse ela. "Serão punidos, e nós vamos combatê-los até a derrota", falou para seus companheiros da Resistência. Nadine foi capturada em Bruxelas em 11 de agosto de 1942, juntamente com a mãe e o pai, e jogada na prisão de St. Gilles. Apanhou muito ao se recusar a falar, mas não se dobrou diante dos captores, embora só tivesse 18 anos, 1,53 metro de altura e 48 quilos. "Foi a minha natureza: eu fiquei calma. Não sei por quê. Antes de ser presa, eu dizia que ia tentar não abrir nada. Não sabia se conseguiria. Eu estava concentrada em não abrir nada. Tive sorte, talvez, não sei."[8]

Todo mundo ouvira falar de interrogatórios e torturas infinitas. Mas Nadine estava calma e dizia a si mesma — erradamente, só depois compreendeu — que os nazistas não matariam uma mulher. Durante seu interrogatório, estava determinada a não dar aos torturadores a satisfação de vê-la desabar. Ficou parada e olhou para eles, pensando em explicações que não comprometessem sua mãe, seu pai e nenhum outro membro da Resistência.

Para cada sessão de interrogatório, Nadine era levada de St. Gilles, um prédio com pináculos góticos que inspirava aversão, para o igualmente temido quartel-general nazista em Bruxelas, na avenida Louise. A cada vez ela reunia coragem para esconder seus medos e falar com firmeza e calma com os torturadores. À medida que as sessões passavam, ela analisava os carrascos, procurando maneiras de parecer cooperativa enquanto prosseguia contando mentiras.

Era óbvio que havia dois tipos de interrogadores; e um dia ela se lembra de ter encontrado um tipo diferente de agente da Gestapo, um que tinha ares de bem-educado em comparação com os brutamontes que enfrentara. "Eu tive mais medo dele, pois me parecia fácil enganar os tolos, fazê-los acreditar na história." Aquele começou a fazer perguntas sobre os amigos e companheiros de Nadine. Enquanto falavam, ela olhou o pátio pela janela e viu que a pereira estava cheia de frutos.

"Não sei como fiz aquilo. Eu devia estar com medo, mas não estava", lembrou-se ela.

O nazista a interrogava, e Nadine sonhava acordada com a liberdade. Ela sabia que ficaria presa até a derrota dos nazistas.

"*Olhe, que linda pereira*", disse ela. "*O senhor já provou uma pêra?*"

Ela se virou e olhou para ele. O homem estava atônito. Nadine apenas começou a sorrir. Estava calma e contida.

"*O senhor deve gostar de ter árvores frutíferas em seu jardim.*"

Ele levantou os braços em desespero e chamou os guardas. "*Mandem ela embora. Nunca vai falar. Não tem nada a nos dizer.*"

E saiu bruscamente. Afinal, sentenciaram Nadine à prisão e a enviaram para uma sucessão de cárceres e campos de concentração na Alemanha. Até mesmo alguns nazistas reconheceram a coragem e o vigor de Nadine, embora não conseguissem compreender sua convicção absoluta de que o mal seria destruído.

Mas Nadine era uma exceção, e isso não perturbou Masson. A maioria das pessoas fraquejava sob tortura e fornecia a informação que agradava aos superiores dele. Masson podia se orgulhar de ter vindo ao mundo. Estava em dezembro de 1943 e tinha acabado de fazer 21 anos.

Com a visão panorâmica da cidade da varanda, Masson podia olhar a vida cotidiana lá embaixo como se fosse inteiramente controlada dali. Ele estava lotado na Gestapo desde 1942. Tecnicamente, sua divisão na SS era conhecida como Seção IV-A. O coronel Helmut Knochen estava no comando.[9] Havia problemas, é claro. Ao mesmo tempo que os superiores de Masson em Paris lhe davam autonomia e apoio, o centro de sua atenção era a deportação de judeus, diretamente monitorada por Berlim. Isso dava pouco tempo para Masson. Sua seção não tinha toda a logística nem o material humano de que precisava para destruir a Linha Cometa. Cada comando SS nos territórios ocupados tinha sua cota de judeus a deportar para os locais de triagem e em seguida os campos de concentração. Na França, aquela não era uma tarefa fácil. Por mais estranho que pudesse parecer aos líderes da SS, alguns oficiais e funcionários franceses não cooperavam com a deportação de seus compatriotas judeus. Em julho de 1942, o subordinado de Knochen para assuntos judeus, o capitão Roethke, teve de ir diretamente a Adolf Eichmann para explicar por que não podia lotar os trens de evacuação com o número exigido de judeus. Eichmann ordenou que todos os esforços se concentrassem em alcançar as cotas estabelecidas de detenção e transporte de judeus. Os trens para os campos de concentração deviam viajar lotados.

Knochen encarnava o tipo ideal de especialista que Heinrich Himmler, o chefe da SS e da Gestapo, queria ter em campo. Era bem-educado, falava francês fluentemente e tinha comportamento sociável. Possuía um estilo quase professoral que parecia desmentir a imagem desagradável geralmente associada ao implacável chefe da Gestapo. Sem ligar para a imagem, Knochen deu poderes a seus subordinados para eliminarem os integrantes da Resistência com toda a força eventualmente necessária.

Com todos os problemas resolvidos pelos altos escalões, estava claro que Masson tinha mandato para agir por si mesmo. Ele estava contente com suas modestas vitórias em benefício do Reich. Mas havia preocupações.

Em toda a estrutura da Gestapo, SS, Abwehr e dos vários setores do exército, as rivalidades e invejas mesquinhas atrasavam os procedimentos. A seção da Gestapo não desfrutava da cooperação necessária para desbaratar seus inimigos de maneira eficiente. Tais rivalidades existiam entre as ramificações regionais da Gestapo e da sua associada freqüentemente indistinguível, a SD (Sicherheitsdienst), que muitas vezes sequer trocavam informações. O mesmo podia ser dito sobre a polícia de fronteira, também parte da SS, ou da polícia secreta da Luftwaffe, sob o comando de Hermann Göring, ou a Abwehr — serviço de inteligência militar, sob comando do almirante Wilhelm Canaris —, ou a Geheine Feldpolizei — a polícia secreta do exército. Todos queriam glória, e ninguém via qualquer benefício em ajudar o outro a receber o crédito por uma captura ou morte. Era ainda mais improvável que oficiais de ligação da Gestapo na Espanha oferecessem qualquer auxílio para localizar ativistas da Linha Cometa.

Porém Masson fazia o melhor que podia. Diziam que tanto o *Reichmarschall* Göring — o mais poderoso depois do Füher — quanto Himmler compreendiam o dano produzido pelas organizações de fuga e estavam profundamente interessados em impedir que os combatentes da aeronáutica aliada voltassem a lutar outra vez na guerra. Daí o refrão que a Gestapo tão freqüentemente repetia aos prisioneiros: "Para você, a guerra acabou." Em nome de sua terra de adoção e para sua própria glória, Masson queria que assim fosse.

Ao mesmo tempo que a confiança de Masson se consolidava, a inteligência militar aliada reunia detalhes sobre ele, montando um quebra-cabeça baseado em relatórios da Resistência e referências cruzadas de aviadores que tinham conseguido escapar de suas garras. "A tarefa dele era reunir fugitivos nas províncias e transportá-los para Paris", segundo um relatório conjunto do serviço de inteligência britânico e norte-americano. "Trata-se evidentemente de um agente da inteligência alemã, com um extenso e sangrento currículo de infiltração em organizações de resistência e evasão. Ele iniciou suas atividades no serviço de evasão na região de Eure-et-Loire, estendendo-as gradualmente a toda parte."[10]

Às vezes Masson trabalhava em casos secundários. Na Bélgica e em algumas ocasiões no norte da França, ele tivera a sorte de fazer amizades com inimigos do Estado, a quem destruiu — gente que ousou ajudar aviadores a escapar da captura. Usou-os para interromper as comunicações, e essa era a coisa mais importante. O objetivo era quebrar o ritmo das fugas e ao mesmo tempo fazer saber aos habitantes da Europa ocupada que seriam torturados e mortos caso abrigassem inimigos foragidos.

Tudo ia bem, mas o erro de Masson foi ter sido impaciente demais. Ele queria tanto agradar seus superiores que andou muito depressa contra a

Linha Cometa. Sempre operava com medo de que seus superiores, sob as ordens de Himmler, quisessem ter resultados rápidos. Em última análise, foi isso que salvou a Linha Cometa. Se Masson tivesse mantido sua farsa por mais algumas semanas em junho, todos na organização de fuga poderiam ter sido eliminados junto com o senhor de Jongh. Se tivesse continuado a conquistar a confiança e penetrado mais profundamente na organização, Masson a teria destruído completamente. Às vezes ele usava o nome de Jean Masson; foi como o pai de Dédée o conheceu. Mas também lançava mão do pseudônimo Pierre Boulain.

Os ajudantes podiam ser rapidamente mortos; julgamentos de rotina eram às vezes necessários. Nada disso preocupava Masson. Sua missão era acabar com a capacidade operacional das redes de fuga. Em algumas ocasiões os aviadores que Masson capturava forneciam um bom volume de informações. Havia quem cooperasse diante da simples ameaça de tortura, conhecendo a precariedade da posição. Se portasse suas plaquetas de identificação, o aviador aliado podia ter esperança de ser tratado como prisioneiro de guerra. Por outro lado, revistado pela Gestapo, seria imediatamente reconhecido, apesar de todo o esforço das linhas de fuga para fornecer identidades falsas. Se não portasse identidade militar, podia ser considerado um inimigo comum do Estado, sujeito a execução sumária.

Masson estava desenvolvendo um mapa virtual da Linha Cometa, baseado em sua própria experiência, documentos apreendidos e testemunhos de pilotos e outros capturados que, sob tortura, entregavam fragmentos de informação. Na verdade, os nazistas finalmente haviam produzido um mapa detalhado das estradas e estações intermediárias usadas pela Resistência no caminho para a Espanha.

Com a aproximação de 1944, Masson reafirmou sua meta de destruir as várias linhas de fuga para os aviadores. Ele fora muito bem-sucedido com a chamada Linha Brandy. Trabalhando com sua colaboradora Marie-Antoinette Orsini e outros cúmplices, ele recebia tripulações aliadas regularmente na Linha Brandy e as enviava diretamente à guarda da Gestapo.

Mas a Linha Cometa se mostrava mais difícil. Por diversas vezes Masson achou que todos os líderes já estivessem presos, mas ainda não era verdade. Ele não foi capaz de localizar Lily, que entrara para a clandestinidade e até então o despistara; e também o sujeito que chamavam de Franco, talvez o líder máximo da organização. Não se conhecia sua verdadeira identidade — os alemães não haviam compreendido que Jean-François e Franco eram a mesma pessoa.

Nos primeiros dias de janeiro de 1944, Masson recebeu informações secretas de que as tripulações estavam sendo entregues num determinado lugar, no décimo sexto *arrondissement*. Jovens tinham sido vistos na vizinhança, a entrar e sair da rua de Longchamp. Masson e sua equipe puseram-se de tocaia num edifício de apartamentos e estavam quase a ponto de agarrá-los. Ele ia devagar. Se trabalhasse metodicamente, seria capaz de atrair as pessoas remanescentes do primeiro escalão da Linha Cometa para a armadilha. Aquilo certamente iria abalar as operações da Cometa em Paris. Cortada uma ramificação-chave da Linha, Masson estaria próximo de alcançar o objetivo de criar uma espécie de operação paralela. Ele retornaria à Bélgica por um tempo para criar a ilusão de que tudo funcionava normalmente. Apanharia os aviadores em Bruxelas com a promessa de passá-los rapidamente pela fronteira com documentos falsos. E os tolos na Bélgica não teriam como saber o que estava acontecendo. Uma vez na França, os aviadores seriam presos e interrogados. Alguns seriam fuzilados, outros, enviados para campos de concentração. Na verdade, mandavam-se cada vez menos aviadores capturados para os campos de prisioneiros de guerra, ao contrário do que se especificava na Convenção de Genebra. Isso acarretava muitos problemas.

Saint-Jean-de-Luz, França. 23 de dezembro de 1943.

Enquanto Masson e seus companheiros nazistas previam com arrogância o fim da Linha Cometa em Paris, a seção basca mostrava sua capacidade de florescimento. Tia Go, Kattalin e Florentino faziam mais que apenas transferir dezenas de pilotos em segurança — também coletavam e repassavam informações-chave para os ingleses e americanos.

Os nazistas estavam tão cheios de si pelos sucessos da espionagem que absolutamente não perceberam o fato de que os bascos na porção meridional extrema do império nazista lhes davam razões adicionais para combater a Linha Cometa.

Toda vez que atravessava os Pireneus, Florentino levava mais que contrabando na mochila; em meio a conhaque e perfumes franceses, havia rolos de relatórios destinados aos Aliados, produzidos por uma rede de informantes bascos. Mudanças no número de soldados desta ou daquela tropa, localização de canhões e armamentos pesados, fotografias e mapas de defesas costeiras, tudo era devidamente anotado e enviado por meio daquele serviço de correio terrestre.

Dezenas de integrantes dos serviços de informação bascos — trabalhadores, mulheres e estudantes — perambulavam pelo litoral ocupado, alimentando um fluxo de informação constante para os Aliados. O material era repassado a pontos de coleta e então despachado pelos Pireneus, com Florentino e outros guias.

A furtiva rede de informações basca foi criada sob os auspícios de José Antonio de Aguirre, o *lehendekari* — presidente em exílio — basco. O carismático Aguirre era um dos 150 mil bascos que haviam sido forçados a fugir da Espanha quando Francisco Franco conquistou a vitória na Guerra Civil. Escondeu-se até na Alemanha, antes de estabelecer residência em Nova York e declarar: "O território pode ter sido conquistado, mas a alma do povo basco, não, Nem jamais será."[11]

Aguirre coordenava os esforços de espionagem através do Federal Bureau of Investigation, de J. Edgar Hoover, que nos primeiros anos da guerra administrava as informações em nome do OSS (Office of Strategic Studies).

Quando não se ocupava da logística da Cometa e dos aviadores refugiados, Kattalin era um elo da rede de mensagens. Ela fazia viagens semanais para pegar os últimos relatórios, embora às vezes os agentes lhe entregassem diretamente o material. Aquela era uma iniciativa perigosa. Havia postos de controle que Kattalin tinha de cruzar para chegar à parte oriental do país a partir da região costeira da França ocupada. Ela fazia as viagens clandestinamente, tomando estradas vicinais e trens secundários para Pau, cidade francesa que ficava a 120 quilômetros a sudeste da costa.

Enquanto Jean-François trazia Bob Grimes e companhia de Paris, Kattalin recebia a última fornada de material da inteligência clandestina.[12] Além de fotografias, ela levava mapas detalhados dos acampamentos e últimos equipamentos blindados. Possuía desenhos das novas insígnias dos uniformes da SS, caso os Aliados precisassem produzir réplicas para seus agentes. Eles tinham relatórios detalhados sobre o movimento de tropas, o progresso das construções nas praias, documentos roubados descrevendo preocupações logísticas, centenas de páginas de material devidamente empacotado ou, às vezes — se os ativos técnicos do M19 tivessem oportunidade —, até microfilmes escondidos dentro de tubos de pasta de dente e outros suprimentos.

O último material era de alta qualidade, mas a identidade da pessoa que fornecia as fotografias e mapas das instalações nazistas jamais seria conhecida. Tinha de ser alguém que parecesse inocente a ponto de não levantar qualquer suspeita. Talvez uma garotinha. Às vezes os bascos engajavam uma velha senhora ou um velho que não aparentassem qualquer ameaça.[13]

Fosse quem fosse, o fato é que essa pessoa andava pela praia em Saint-Jean-de-Luz, pegava um atalho fora da estrada e era inocente o bastante para que os soldados e trabalhadores forçados a vissem, mas não desconfiassem. Eles paravam e olhavam direto para a câmera escondida na roupa da pessoa.

Um guarda de capacete encostava-se à vontade. Membros de um pelotão antiaéreo posicionados em seu canhão semi-enterrado. Seis homens com capacete de aço olhavam direto para a garotinha inocente, um deles carregando um alvo de exercício. Ali perto, vários soldados estavam de pé na areia dura, junto a uma torre portátil de rádio. Havia até um oficial, a túnica em parte desabotoada, quase posando com uma mão no quadril. Como poderiam imaginar que as fotografias logo estariam nas mãos dos serviços de informação bascos e a caminho das inteligências militares britânica e norte-americana?

O fotógrafo ou fotógrafa secreta foi além do local do canhão e então parou também para olhar o mar. Um ângulo mais amplo dava uma vista da linha costeira. Ao sul, a península espanhola em Fuenterrabía estava claramente visível. Uma fotografia mostrava vigias alemães esquadrinhando o horizonte a partir de uma linha de casamatas, bem como uma rede de fios telefônicos que partiam dali, integrando uma teia primária de alarme para os quartéis de comando em caso de ataques aéreos ou navais por parte das forças aliadas. Arame farpado e outros obstáculos cercavam essas instalações. Metralhadores perscrutavam de estreitas aberturas horizontais diante do oceano. A construção de concreto armado, virtualmente a mesma ao longo da costa, exibia paredes reforçadas de aço de 1,80 metro de espessura, projetadas para resistir aos bombardeios.

As fotografias também mostravam os reforços e uma nova etapa de preparação de tropas. Durante um tempo os alemães cavaram; naquele momento, havia um movimento extensivo de construção ao longo de toda a costa. Trabalhadores forçados tinham construído um dique mar adentro em Saint-Jean-de-Luz, a pouco menos de dois quilômetros da casa de Kattalin. Operários ergueram dunas artificiais para encobrir a localização de baterias e casamatas. Tudo aquilo fazia parte do sistema de defesa que os nazistas criavam, preparando-se contra uma invasão aliada, que poderia ocorrer a qualquer momento após o inverno de 1943. Chamavam-no de muro *Todt* (da morte), e ele se estendia por 800 quilômetros, da Normandia até a fronteira espanhola. Trabalhadores forçados franceses e alguns engenheiros militares alemães edificaram aquelas e milhares de outras fortificações de fronteira, preparando o que Hitler esperava ser uma barreira defensiva impenetrável.

Um relatório recente mostrava que 14 mil soldados alemães estavam em Saint-Jean-de-Luz, principalmente da Luftwaffe ou da marinha. O serviço de inteligência norte-americana na Espanha estimava, por meio de seus agentes bascos, que houvesse um total de 40 mil alemães em todo o

País Basco, incluindo forças alpinas, SS e divisões de tanques. Os relatórios também descreviam uma rede de aço anti-submarino, estendida à entrada do porto. Ao longo de toda a praia, pelotões de artilheiros e operadores de rádio andavam de um lado para o outro, envergando seus bonés de aba curta e sobretudos de lã até os tornozelos, festonados com lapelas verde-escuras e cintos pretos brilhantes.

Uma parte do material de inteligência que Kattalin recebeu de sua equipe de ajudantes e informantes era formada por negativos fotográficos feitos com câmeras ocultas; às vezes também se enviavam pequenas revelações presas a mapas detalhados. "Os alemães em Saint-Jean-de-Luz realizaram outro confisco de veículos a gasolina, principalmente caminhões", dizia um relatório. "Doze veículos foram tomados. Somente pouparam os serviços públicos e os comerciantes de alimentos. Apesar dessa disposição legal, a cidade foi obrigada a ceder metade dos seus caminhões, e três peixeiros foram privados dos seus veículos."

Os relatórios eram empacotados assim que Kattalin os recolhia, e Florentino levava-os o mais rapidamente possível pelas montanhas aos agentes britânicos e americanos em San Sebastián. O material era entregue, alternativamente, a pessoas como Steven Comiskey, do OSS americano, em San Sebastián, e Arthur "Pat" Dyer, do M16 britânico, em Bilbao, e, quando relevante, enviado a Washington e Londres.[14]

O contrabando era rapidamente repassado em San Sebastián. Depois do porto, na rua Marina, havia um esconderijo britânico, ponto possível de desova da última leva de documentos de inteligência. Em seguida Florentino retornava imediatamente à casa de Kattalin, onde recebia novas missões, pegava ou entregava pacotes ou esperava a chegada de outros aviadores. A rotina pouco variava. No final da tarde, ele se encontrava com os aviadores, amarrava suas alpargatas e conduzia-os para cima e para baixo ao longo dos caminhos e pelo rio.

Nos dias nublados de 1943, Florentino cruzava freqüentemente a fronteira. Mesmo quando não levava aviadores aliados — *ingelesak*, como ele e seus companheiros os chamavam — para a segurança, havia materiais urgentes de inteligência para o serviço clandestino de entregas.

A Resistência basca operava literalmente debaixo do nariz dos nazistas. E como poderia ser diferente? A conexão basca era uma rede de amigos, parentes e agregados que falavam a mesma língua impenetrável e compartilhavam a confiança das mesmas raízes e tradições. Kattalin recrutou alguns dos simpatizantes bascos — era uma operação de resistência instalada no interior da outra.

As conversas de Florentino eram limitadas, mesmo com sua própria gente e na sua própria língua. Ele conversava sobre coletar alimento para os pilotos, sobre quantos pacotes tinham de ser levados para a Espanha, o tempo na trilha. Palavras de amor não entravam na conversa. O comentário entre os jovens da Linha Cometa era que Florentino estava apaixonado por Kattalin. "Eu sempre achei que ele gostaria de se casar com ela", disse Jean-François.

Ninguém jamais ouviu Florentino queixar-se de trabalhar tão próximo das mulheres. Se não estava na casa de Kattalin, podia ser encontrado no bar do hotel Euskalduna, do outro lado da praça principal, diante da estação ferroviária de Saint-Jean-de-Luz. Kattalin trabalhava no hotel, junto com sua prima, Catherine Muruega. O bar do hotel era um local de encontro de contrabandistas e ativistas da Resistência. Os nazistas também o freqüentavam, para uma refeição ou um drinque, mas nunca perceberam que as tramas eram urdidas ali, sob uma rica dieta de cervejas, vinhos e conhaques.[15]

Florentino e seus amigos se divertiam com a capacidade de enganar a polícia. Para ele, o rio entre a França e a Espanha nada mais era que um curso d'água entre províncias bascas que absolutamente não tinham fronteiras. Era só uma questão de *hanhemenka*, de aqui e ali. Os ocupantes eram apenas um transtorno a ser contornado, nada mais. Diferentes técnicas de evasão tornavam-se necessárias para evitar os inúmeros representantes da autoridade, como a Guarda Civil de Franco e os nazistas. Os pacotes de mercadoria contrabandeada, queijo, vinho, carnes finas, passamanaria e algodão, eram embrulhados em dois encerados e em folhas duplas de papel. Florentino estava acostumado a transportar aquele tipo de pacote — que podia pesar vários quilos — a longas distâncias, do mesmo modo que podia colocar um piloto nas costas e carregá-lo para atravessar o rio.

Ele andava com uma *makila*, o bastão tradicional dos montanhistas bascos, usado como ponto de apoio para cruzar os caminhos das montanhas e como contrapeso para as mercadorias em suas costas. Para aumentar o número de viagens e aliviar o peso das cargas, os contrabandistas tinham duas ardilosas alternativas. Havia um canal que corria agilmente e oferecia todas as vantagens da entrega natural, sem manuseio. O canal descia um trecho reto de montanha, de Oyarzun até Irún. Florentino podia combinar com um dos seus amigos enviar remessas flutuantes corrente abaixo durante a noite. Aquilo era improvisado e engenhoso. Se acontecesse de a Guarda Civil ver e tomar a remessa, não havia problema. Os guardas confiscariam as mercadorias para seu próprio uso e talvez olhassem para o outro lado da próxima vez. E como os contrabandistas corriam menos perigo de serem presos, misturados com as passamanarias, queijos, uísques e linhos que carregavam, sempre havia pacotinhos muito bem embrulhados de informações.

Em 23 de dezembro, Kattalin trabalhava arranjando o material em pacotinhos apertados. Assim podiam ser misturados a alimentos, linhos e cigarros regularmente transportados nas mochilas de Florentino e dos outros quase todas as vezes que eles levavam aviadores aliados para fora da França.

Kattalin dissera a Florentino que Jean-François ia trazer mais quatro aviadores naquela tarde. Florentino tinha um trabalho a fazer. De qualquer modo, sentia-se mais à vontade nas montanhas, seu verdadeiro lar. Ainda assim, não andava tão rápido quanto o costume. Sentia dor nas juntas.Tentou não pensar nisso, mas começava a ter febre. Não era a bebida. Nos últimos dias de 1943, Florentino estava ficando gripado.[16]

10. Morte e Sobrevivência

Saint-Jean-de-Luz, França. 23 de dezembro de 1943

Bob Grimes se concentrava em manter a boca fechada. Olhou para os outros rapazes, Art Horning e os dois recém-chegados, e decidiu que não ia dizer nada. Estava desconfiado e não sabia quem eram aquelas pessoas. E se fossem espiões?

Durante o trecho de bicicleta, os homens estavam afastados demais para falar, talvez uns cem metros entre cada um deles, para os alemães não desconfiarem.

Bob se viu sonhando acordado outra vez.

"E se eu tivesse apenas dado a volta com o avião quando perdi o motor?"

"Não, não era o que eu devia fazer. Era preciso completar a missão."

"O que aconteceu com Art Pickett?"

"Será que eu dei tempo bastante para ele sair? Kellers disse que todo mundo teve tempo de sair."

Bob estava numa bicicleta de mulher e mal sentia a musculatura da perna esquerda. Mas sua mente estava a sete mil metros, olhava para os Fw 190 e via a estranha aparição do piloto alemão, que deu um tempo nos disparos, enquanto olhava para ele.

"Por que não salta logo?"

Quando chegaram à pequena casa em Saint-Jean-de-Luz, largaram as bicicletas, entraram e encontraram um espaço que parecia um bar. Alguém lhes trouxe sopa, um pouco de cerveja rala e pão. Os ajudantes disseram que eles podiam descansar. Bob não sabia dizer se dormia ou estava acordado enquanto seus pensamentos voavam, desde que ele descera de pára-quedas, o estrépito de uma bala caindo numa bacia de hospital, e o murmúrio de vozes nos bondes de Bruxelas.

E então os quatro andavam outra vez, e ele não tinha idéia de onde estava. Dois dias antes do Natal, Bob ainda vestia as mesmas roupas rotas que usara o tempo todo em Bruxelas. Mantinha o passo com Max, Jean-François e os outros aviadores. Eles saíram de uma curva nas montanhas e cruzaram a estrada fora de Saint-Jean-de-Luz, numa descida.

O tempo estava chuvoso e nublado, mas pela primeira vez em seis semanas Bob viu o oceano Atlântico. Isso lembrou-o de quando pilotava seu avião sobre o Canal da Mancha antes de saltar de pára-quedas sobre a Bélgica. Viu as colinas ao longo da costa irregular e o pequeno porto de Saint-Jean-de-Luz, ao pé da estrada, colina abaixo. Parecia uma fotografia de cartão-postal.

Jean-François fazia os pilotos andarem em grupos separados para não chamar atenção. Eles não paravam de andar, misturando-se então com as pessoas que iam para a feira. Os homens atravessaram a ponte com calma, vindos da estrada principal, acima do povoado, com a linha costeira e o golfo de Biscaia sempre à vista. Bob viu alguns militares alemães e um soldado raso com um fuzil que fazia guarda na pequena ponte ao sopé da colina. Lembrou-se de que um bom francês não metia as mãos nos bolsos, nem remexia as moedas, e que sempre conservava a boina bem no alto da cabeça. Assim, continuou a andar, tentando parecer tão francês quanto possível. Passado um tempo, os aviadores foram levados a uma ruazinha lateral, onde Bob viu uma senhora corpulenta, com os cabelos cor de aço puxados para trás num coque, debruçada numa janela. Era Kattalin, a viúva, à espera deles.

Kattalin pôde ver a água descer a encosta, acompanhando o traçado da estreita rua de pedras. Sua casa era uma estrutura branca de estuque e madeira de três andares, no estilo de chalé basco. Os aviadores tomaram a rua lateral e se enfiaram pelo caminho estreito antes de entrar rapidamente pela porta da casa de Kattalin, à esquerda. A dona da casa não sorriu quando o alto piloto louro entrou em sua casa. Durante toda a tarde, soldados extraviados chegavam à sua porta, tão regulares como a chuva de inverno.

Naquela altura dos acontecimentos, seu humor estava cada vez mais sombrio. O número de homens em sua casa já chegava a dez.

"É gente demais", disse Jean-François, concordando com ela. "Gente demais para atravessar o rio." Mas não havia escolha.

Kattalin era dura, mas não se esquecia do perigo constante de ser capturada, e por isso sempre procurava armadilhas e erros potenciais, assim como Jean-François. A atenção para os detalhes era essencial. Os quatro aviadores tinham entrado e estavam no térreo, se secando. Jean-François também estava lá, e trouxera com ele mais dois belgas e um francês. Um dos belgas era Daniel Mouton, um sujeito grande, com um tórax que parecia uma barrica, risada alegre e bigodes. Ex-soldado belga, tinha sido preso pelos alemães e fugido. Era do tipo gregário e usava sua afabilidade desconcertante como camuflagem para uma análise arguta de todos e de tudo que acontecia à sua volta.

O outro era Jacques Cartier, o amigo de Jean-François que havia concordado, após as reuniões em Gibraltar, em outubro, em restabelecer a Linha Elizondo para o leste. Cartier era um sujeito de aparência sólida, porém bem mais velho que todos os demais ali; parecia ter uns 50 anos. Tinha olheiras profundas sob os olhos e uma expressão sofrida que espelhava a perda de amigos e parentes ao longo dos três anos de ocupação nazista. Usava paletó e gravata e possuía maneiras de oficial militar. No outro extremo dessa mesma viagem, Jean-François o levaria para conhecer Creswell e discutir a estratégia para Elizondo. Planos cuidadosos deviam ser feitos para evitar qualquer prisão na fronteira. Jean-François ainda tinha suas dúvidas, embora Cartier fosse um veterano inteligente e experimentado nesse tipo de operação. Ele já dera muito duro, quando era mais jovem, para atravessar as selvas do sudeste da Ásia, onde pegara uma malária que de tempos em tempos o incomodava.

O francês era Roland Bru, codinome Richard, um integrante da Resistência rumo a Madri. Pouco se sabia sobre ele e menos ainda sobre sua missão. Mas outros militantes da Resistência e das forças especiais aliadas ocasionalmente entravam e saíam da zona ocupada pela Linha Cometa.

Havia um cronograma cuidadoso para todas as partidas. Todos eles estavam na casa de Kattalin e esperavam escurecer, o que acontecia por volta das quatro ou cinco da tarde nos meses de inverno. Isso os faria chegar ao rio cerca da meia-noite. Depois de cruzar o rio, estariam no esconderijo espanhol, em Sarobe, ao raiar do dia.

Kattalin tinha outro problema. Nesse dia ela passava mais tempo que o normal no andar de cima, atendendo Florentino. Seu amigo mantinha-se como sempre impassível, embora estivesse com uma gripe bem séria. Havia motivo para preocupação, pois a *influenza* era uma doença grave, não havia cura. As pessoas do País Basco lembravam-se com temor da epidemia de 1918, que passou a ser conhecida como gripe espanhola e matou milhões de pessoas em todo o mundo. Ninguém sabia quantos milhares tinham morrido no País Basco, mas todos tinham um amigo ou um parente ceifado pela epidemia — homens e mulheres na flor da idade, e não só velhos e crianças, morriam de um dia para o outro. Agora, outra vez, as pessoas do lado francês da fronteira receberam a notícia agourenta de que amigos seus em Irún estavam doentes naquele Natal. Kattalin só podia rezar para que sua filha adolescente, Fifine, fosse poupada, para que Florentino melhorasse logo e ninguém mais, inclusive ela própria, ficasse imobilizado pela gripe.

Florentino estava embrulhado em cobertores e tentava suar o máximo para expulsar a febre. Havia aspirina, havia conhaque. Talvez algum médico de confiança aparecesse para aspergir algum anti-séptico na garganta dele — eis como se lutava contra a doença. Era crucial permanecer na cama, beber muito líquido e usar compressas frias se a febre subisse demais.

Naquela noite, os rapazes teriam de ir sem ele. Não havia dúvida sobre isso. Mesmo que Florentino sugerisse a idéia de abandonar seu leito de doente, nem Jean-François nem Kattalin dariam ouvidos. Precisavam dele vivo e saudável, embora mal pudessem esperar pela melhora. Kattalin convocou dois outros guias de montanha bascos, Martin e Manuel,[1] que tinham trabalhado com Florentino antes e conheciam o caminho. Não podia haver atrasos. A todo custo, mesmo na chuva, mesmo com Florentino doente, a rede de fuga clandestina tinha de se manter em funcionamento. Em dois dias chegariam quatro outros pilotos , e a Linha Cometa já estava abarrotada de refugiados em todo o percurso, desde o campo, nas cercanias de Bruxelas. Havia homens à espera de serem transportados, e os atrasos ou acúmulos só aumentavam a possibilidade de serem descobertos pela Gestapo.

No andar de baixo, os americanos sentavam-se em grupos e pareciam coelhos assustados. Kattalin e Jean-François já estavam habituados. Já tinham visto aquilo no passado. Sabiam que os americanos estavam enfraquecidos pela jornada e não compreendiam exatamente onde se encontravam nem o que acontecia. Aqueles rapazotes dependiam totalmente de Kattalin e seus amigos. A barreira da língua era sempre um problema. A mulher só podia olhar para eles, talvez dizer algo como "*allo*" ou "*yes*" — as únicas palavras que sabia se parecer com inglês. Ela preparava o jantar e sorria. Será que se lembrariam dela? Em nome da segurança, tomara que não.

A maior parte das vezes, os americanos ficavam sentados modorrando ou olhando o espaço lá fora. Depois do que tinham passado, havia uma falta generalizada de confiança nas pessoas em volta. E assim as coisas andavam. Todos haviam recebido instruções sobre o perigo de dar informações. Também tinham sido testados para ver se não eram agentes plantados pelos nazistas. Ter cautela era prudente, e ficava difícil abandoná-la, embora eles estivessem loucos para conversar com outros americanos depois da longa provação. Em luta contra a monotonia, o tédio e a ansiedade, um ou outro acabava falando para quebrar o gelo. Ouvia-se, entre períodos de suspiros e roncos, o som óbvio do inglês sussurrado.

Horning era o mais expansivo e obviamente o mais velho de todos. Ele puxou conversa.

"Tenho 28 anos. E você, que idade tem?", perguntou a Bob.[2]

Ele pareceu velho para Bob Grimes, que não tinha nem 20 anos quando começou a treinar com os B-17, ainda em casa, nos Estados Unidos.

Horning era um sujeito amável, de altura mediana, nariz comprido, lábios finos, cabelos ondulados que lhe desenhavam na testa um bico-de-viúva. Isso lhe dava uma aparência européia.

"Sou do 401º Esquadrão, 91º Grupo de Bombardeio, com base em Bassingbourn, Inglaterra", disse Horning.

Ele era o navegador de um vôo em B-17 sobre Müster, em 10 de outubro. Soltaram suas bombas sem problemas, mas os motores começaram a pegar fogo no caminho de volta. Bem parecido com a experiência vivida por Bob. Os motores trabalharam perfeitamente no chão, mas os compressores apresentaram defeito assim que começaram a voar. O piloto de Horning, tenente E. Richard Verrell, tinha tido problemas com o avião na missão anterior. Os motores superaqueciam, mas nenhuma providência foi tomada.

A questão, disse Horning "é que o avião sofreu uma verificação de solo, mas não uma verificação em vôo". A Fortaleza Voadora mal tinha condições de voar. O piloto deu ordem de saltar.

Em queda livre antes de puxar a corda do pára-quedas, Horning tinha colocado as pernas do arnês ao contrário e estava com medo de escorregar quando o aparelho abrisse. "Olhando para cima... também pude ver o avião soltando fumaça e fogo..."

Pelo menos Horning não fora gravemente ferido. Torceu os joelhos e os tornozelos ao pousar, perdeu as botas, mas isso foi tudo. Estava feliz de que nenhum alemão tivesse atirado nele enquanto flutuava para o chão. Felizmente, também, nenhum militar estava perto do local onde ele aterrissou, próximo de Goor, nos Países Baixos, a cerca de 55 quilômetros da fronteira alemã.

Horning perambulou de fazendola em fazendola na Holanda, e chegou finalmente às mãos da Linha Cometa. Havia muitos simpatizantes. Ele se lembrava particularmente de Charlotte Ambach, que o conduziu pela Bélgica assim como Lily tinha ajudado Bob Grimes. Charlotte era uma bela jovem. Ela e sua mãe, Elise, queriam que os pilotos soubessem o quanto odiavam os nazistas e como faziam tudo que podiam para salvá-los. Horning ficou muito grato, mas surpreso com o fato de que uma jovem pudesse arriscar a vida para ajudá-lo, quando podia simplesmente não correr riscos.

"Durante toda a viagem", lembrou ele, "Charlotte permaneceu comigo o tempo todo, sentada ao meu lado como se fôssemos íntimos. Aquela linda menina podia chamar muita atenção, colocando-se em risco."[3]

Mas a linda garota de que Horning queria falar era Diane, a moça que sentou no seu colo no trem de Lille a Paris. A história ficava ainda melhor, e os cabelos ruivos flamejantes tornavam-se ainda mais vermelhos cada vez que Art Horning a repetia. Como poderia encontrá-la outra vez? Diane não era o seu verdadeiro nome.

Stanford e Burch sentaram-se separados. Não falaram muito no começo. Stanford ficou rabiscando umas anotações. Burch dormia, preguiçoso. Eles perdiam o passo nas viagens de bicicleta e vadiavam um pouco quando andavam pela estrada. Não queriam revelar por quê — Burch sofria com uma lesão óssea e mal podia andar. Os ativistas da Cometa sabiam da extensão dos ferimentos de Grimes, mas Burch aparentemente decidira manter-se firme diante da adversidade. E Stanford se retardava para tomar conta de seu co-piloto, se preocupava com ele. A viagem de bicicleta de Dax foi dura para Burch. Horning e Grimes não tiveram muita paciência com os dois. Não sabiam que Burch estava ferido; não viram a contusão enegrecida que lhe cobria a perna toda.[4]

Finalmente Stanford começou a falar. Disse que ele e Burch eram da mesma tripulação. Burch era co-piloto de B-17, e Stanford, o artilheiro do mesmo avião.

Falou que eles também se lembravam de Charlotte Ambach. Horning estava certo, era uma moça muito bonita. Ela também os conduzira a Bruxelas. Uma coisa curiosa é que os aviadores não conseguiam se lembrar de terem visto um ao outro até Paris. Seus caminhos deviam ter-se cruzado mais de uma vez rumo ao sul.

Stanford e Burch eram cerca de dois anos mais velhos que Grimes. Stanford tinha um emprego em Augusta, na Geórgia, como instalador da Bell Telephone. Burch era de Terrel, no Texas. Enquanto os outros rapazes tinham namoradas em casa, Burch era casado. Calculava que a esposa, Olga Johnson Burch, já teria recebido uma carta dizendo que ele estava desaparecido. O pai e a mãe de Burch também moravam em Terrel e tinham um outro filho, também piloto, que voava em P-38 no setor do Pacífico.

A última missão de Stanford e Burch também os levara sobre a Holanda. Stanford contou a história em detalhes, revivendo-a. Bob sabia do que se tratava.

"De repente, a gente saiu de formação", disse Stanford. *"Aconteceu três vezes. Não sei o por quê."*

A cada vez que o piloto dele, Whitlow, saía de formação, ele tinha de dar um duro danado pra alcançar o resto dos aviões. A tripulação estava preocupada. As conseqüências de sair de formação eram óbvias.

"Eu vi vários ME 110 abrir fogo contra nós", disse Stanford. *"Acho que eles acabaram com o metralhador interno, o metralhador de cauda e o da torreta esférica da barriga."*[5]

Só havia uma maneira de dizer isso: os três homens tinham sido mortos.

"Nós quase conseguimos voltar à formação, mas havia outros caças. Tinha um 110 embaixo da gente. Apontei para ele e atirei. Vi um clarão no motor, ele entrou em parafuso e virou outra vez. Eu vi quando caiu."

"Então vi outro caça chegando pelo nariz. Ele despejava balas que trançavam sobre nós. Aí vi que o motor três estava parado. Continuamos a tentar voltar para a formação com três motores. Mas quando viram a gente voando perto, mas sem atirar, e oito ou nove 110 nos cercando, os outros trataram de se afastar o mais rápido possível. A gente não pode culpá-los."

Então havia mais oito ou nove caças dando voltas em torno do B-17. Eles foram atingidos outra vez. O piloto deu ordem de abandonar a aeronave. Stanford só demorou uns segundos para botar seu pára-quedas, mas, antes de saltar, atravessou a caverna até a cabine de vôo. Foi uma visão assustadora.

O avião voava sozinho, os dois assentos na cabine estavam vazios. O piloto e Burch já tinham pulado. O avião dava saltos e solavancos. Stanford se controlou e afivelou o pára-quedas.

"As forças G não eram moleza, mas eu cheguei até a escotilha e saltei girando para longe do avião."

Stanford concordou com Grimes sobre o quanto ficava tudo calmo depois de saltarem. Após o fragor da luta, havia silêncio, e ele apenas flutuava no ar.

"Mas eu estava com aquele novo tipo de pára-quedas inglês. Não consegui desviá-lo de um grupo de árvores. Fiquei a uns dois metros de altura do chão. Tive de cortar o arnês e pular o resto do caminho até o chão."

Burch e Stanford desceram a dois ou três quilômetros um do outro, perto de Holten, na Holanda. O pára-quedas de Burch estava entre os que Stanford tinha visto pouco antes de saltar do compartimento de bombas. Burch não falava sobre as suas próprias experiências. Porém, quando ele e Stanford caminharam juntos, ele contou sua versão, enquanto Stanford preenchia as lacunas.

Burch nunca explicou o que havia de errado com o avião, mas estava claro que tinham saído da formação. Ele pulou quando o piloto deu sinal para saltar. Sua perna provavelmente raspou a borda da fuselagem. Ele também tinha outros ferimentos. Contou a Stanford que, depois de pousar, ficou deitado, desnorteado, junto a uma sebe, e então andou durante várias horas, com muita dor na perna machucada. Um garoto holandês de nome Jim o encontrou e levou para um abrigo clandestino, onde os guerrilheiros também escondiam alguns judeus. Ele estava machucado e incapaz de se mover. Burch ficou de cama, na expectativa de recuperar as forças.Três ou quatro dias depois de os aviadores terem descido, um dos ajudantes holandeses passou para levar Stanford a um passeio. Tratava-se de uma reunião numa outra casa, com Burch, que ainda cuidava das suas feridas.

Após uns dias escondidos num celeiro, um médico veio vê-los. Disse que não podia fazer muita coisa pela perna de Burch. Também trouxe notícias sobre um outro membro da tripulação, Richards, o metralhador de cauda. Ele também tinha descido perto de Holten. Os militares alemães o encontraram rapidamente e levaram-no para o hospital. Logo seria enviado para um campo de prisioneiros de guerra. Nada se sabia sobre os outros homens.

Stanford estava decidido a cuidar do co-piloto. Burch tinha sofrido algumas queimaduras e arranhões, mas o problema de fato era o machucado na perna. O médico disse que aparentemente não havia qualquer ferida, apenas uma contusão que demandava repouso. Prescreveu mais duas semanas de cama, porém, mesmo depois disso, Burch ainda não estava bem. Ambos foram acompanhados por uma sucessão de rostos amigos em esconderijos diversos.

Stanford disse que os holandeses constantemente faziam perguntas sobre a guerra.

"Nós éramos os primeiros americanos ali. Eu fiz questão de frisar que estávamos bombardeando os territórios ocupados, mas com grande relutância. Falei sobre a guerra do nosso ponto de vista. Acho que isso lhes fez muito bem."

Quando chegou a hora de sairmos da Holanda, montou-se um esquema de romance para removê-los. O movimento tinha um contato no governo civil holandês, o qual transportava suprimentos num triciclo. Os aviadores foram contrabandeados para a Bélgica no meio de caixotes. Uma vez na Bélgica, eles se juntaram a um número crescente de homens, em sua maioria americanos, à espera de vaga na Linha Cometa.

Bob se virou para os outros homens.

"Espere um minuto", disse ele. *"Eu sou piloto, Burch é co-piloto e Stanford é atirador. Nós só precisamos de um avião."*

Numa certa altura, Daniel Mouton se aproximou e contou suas histórias de guerra. Era animado e divertido, um sujeito amigável. Mas até que ponto podia-se acreditar nele? Quantas vezes um homem podia escapar dos alemães?

"Eu fugi três vezes", disse Daniel.

"Fui capturado três vezes, e três vezes fugi." Ele riu e deu tapinhas nas costas de todos.

"Rapazes", disse, *"não vou deixar eles me pegarem outra vez."*

Daniel tinha uma risada contagiosa. Tão alto quanto Bob, parecia maior e mais forte, de ombros mais largos. Era o tipo de pessoa que fala para deixar os outros mais calmos e à vontade. Falava um inglês claudicante, e Horning se queixava de que era difícil entendê-lo.

Por que Daniel repetia a palavra *pineapple* — que ele pronunciava *pine-able* — e falava de Jesse James e Al Capone? Talvez eles fossem os únicos americanos que nunca tinham ouvido falar daquilo.

"Ele repetia aquelas palavras sem parar", disse Horning.

Os rapazes não tinham permissão para sair. Como chovia, não tinha muita importância. Eles estavam habituados a ficar esperando. Fora da sala, havia muita atividade, e eles gelavam toda vez que ouviam bater à porta. Jean-François ia e vinha; Kattalin e a filha, Fifine, serviram uma refeição, e então desapareceram no andar de cima. Martin e Manuel, os guias, chegaram assim que escureceu. Jean-François se aproximou dos americanos. Disse a eles o que sempre dizia aos pilotos:

"*Vamos. Andem em fila indiana — não falem, não façam barulho, obedeçam às nossas ordens imediatamente.*"

"*Fiquem próximos uns dos outros, não fiquem para trás*", orientou Jean-François.

"*Nós vamos parar para descansar, mas a marcha será muito longa. Vocês precisam ficar em silêncio, muito quietos, e seguir as nossas ordens. Pode haver alemães em qualquer lugar. Vamos andar a noite inteira.*"

Os ajudantes deram bastões e pares de alpargatas para os homens; os americanos tiraram os sapatos pesados e receberam ordens para amarrá-los e pendurá-los ao pescoço. Deram um riso abafado ao calçarem as frágeis alpargatas de sola de corda amarradas com fitas. Jean-François inspecionou os calçados, entregou os bastões para ajudar no equilíbrio e sobretudo transmitiu-lhes alento com um tapa nas costas e um olhar resoluto de confiança. Os pilotos seguiram a deixa de Jean-François. Se estava preocupado ou não com a freqüência crescente de patrulhas nazistas ou alguma outra coisa, nada deixou transparecer aos olhos dos aviadores. A noite não passaria de um passeio no bosque.

A chuva tinha parado um momento, mas a atmosfera estava pesada. À medida que o dia se dissolvia numa noite escura, sem lua, Jean-François continuava a queixar-se com os seus botões. "Dez pessoas são demais. Devia ter menos gente." Mas não conseguia imaginar o que fazer. Os franceses da Resistência tinham de sair dali, e Daniel Mouton e Jacques Cartier faziam a travessia para encontrar com Creswell em San Sebastián. A Linha Cometa nunca estivera tão bem azeitada quanto naquele momento: 12 pilotos por semana — movimento e atividade constantes.

Jean-François tratou de ver o lado positivo. O tempo estava péssimo — isso queria dizer que também estava perfeito, exatamente como eles gostavam. A chuva era boa, porque poucos soldados iriam se aventurar do lado de fora numa noite como aquela. Porém, é claro que chuva pesada era outra coisa, pois tornava o trajeto muito traiçoeiro. Também preocupava transferir toda aquela gente sem Florentino. Martin e Manuel já tinham atravessado com pilotos antes, e Jean-François confiava neles. Mas Florentino era o esteio, o homem que sacrificaria tudo para conseguir seu intento.

Kattalin beijou cada um deles na face, ao cair da noite, quando partiram, e ficou olhando a lúgubre procissão de homens colina acima.

"Zorion! Agur!"

"Au revoir! Bonne chance!"

Os aviadores seguiram Jean-François e os dois guias bascos rua acima; Jean-François se certificou de que não havia carros na estrada. Eles atravessaram rapidamente e começaram a subir a montanha na obscuridade dos campos.

Bob Grimes tratou de avaliar o ambiente naquela última etapa para a liberdade, tirando partido da claridade, tal como se apresentava. Ainda restava uma luz pálida do dia que acabava e a incandescência irrisória das lanternas ao rés-do-chão no povoado quase totalmente às escuras por causa do blecaute. A estrada principal acabava abruptamente numa série de estradinhas sinuosas entre as fazendas. Essa primeira parte da caminhada era de menos de três quilômetros e meio até Urrugne, o povoado francês onde Dédée havia sido presa. Não foi muito difícil, porque seguia-se por uma pista rural através das colinas onduladas. Havia curvas e encostas, mas nada que exigisse usar o bastão.

Ao longo da estradinha de terra batida, Bob viu estábulos e animais, quintas caiadas, as folhas das janelas de madeira rústica semi-abertas, a revelar uma nesga de luz de lampião. Havia carroças e montes de feno em forma de cone nos campos, onde as pessoas carregavam suas cestas com minguados pacotes de pão, manteiga e queijo no caminho para casa, para a noite.

As árvores pareciam amplificar o barulho da chuva, mas pelo menos davam algum abrigo contra a garoa. O céu estava sem vida, e as nuvens obscureciam a lua crescente. Os homens faziam uma marcha mecânica, interminável, por uma catedral invisível de folhas, cerração e sereno.

Depois de circundar uma colina, chegaram a Urrugne, estabelecida pelos bascos mil anos atrás. Jean-François os conduziu pela periferia porque os carros de patrulha nazistas ou a polícia militar francesa às vezes iam até aquelas paragens distantes. Contra a luz pálida dos lampiões a gás, uma sombra discernível se projetava sobre a estrada. Era a velha torre da igreja de Saint Vincent, na praça da cidade. A igreja fora construída no século XII, e o relógio da torre tinha sido acrescentado bem mais tarde. À luz do dia, podia-se ler uma sóbria inscrição embaixo do relógio quando ele batia as horas: *Vulnerant omnes, ultima necat*: "Toda hora fere, a última mata".

Depois de Urrugne, o caminho se transformava numa série de veredas sinuosas nas colinas. Eles saltaram a cerca semidestruída de um curral e avançaram lentamente entre dois campos. Isso os levaria mais para o interior, ao pé das montanhas. Então escalariam os Pireneus e desceriam na direção do rio. Ainda faltavam quatro horas.

Os homens mantinham-se agora mais próximos, talvez captando o brilho das mochilas que Manuel e Martin, os dois guias, carregavam. Vez por outra eles paravam para descansar, encostando-se numa árvore. Um dos guias abriu a mochila e lhes passou leite, um pedaço de pão duro e conhaque.

Bob Grimes não via nada à sua frente; estava mais escuro que as trevas. Ele pensou que devia enxergar alguma coisa, já que seguia alguém. A visão, porém, podia definir-se de maneira diferente; era uma suposição de imagem, e não uma visão de verdade. Tratava-se de uma combinação de sentidos, internalizada de tal modo que ele podia avaliar a distância e manter as referências. Os sentidos traduziam todas as demais medidas na percepção de que conseguia ver algo que estava mais além.

A escuridão intensa da noite não oferecia qualquer distração, salvo o ruído de sucção dos seus passos no solo molhado ou o estalido da quebra de um galho na trilha. Bob era guiado pelos sons e variações de tom do vazio, a ondulação de uma roupa combinada com o farfalhar de um braço a balançar à sua frente. Para falar a verdade, às vezes os homens trombavam uns nos outros. De pouco adiantava manter os olhos abertos. Era melhor confiar naquele sentido de audição, as alpargatas chapinhando — as dele e as dos outros —, o que também servia como forma de ver. Bob podia ver e medir aquele som, e segui-lo.

Havia ruídos internos. Conseguia sentir sua pulsação, o coração bater, o som da sua respiração ao inspirar e expirar. A profundidade do silêncio à volta era tanta que Bob podia discernir seus ritmos internos se alterarem segundo o ritmo de seu esforço para andar. Ocasionalmente havia um estalido ou a batida de um galho. Mais de uma vez um homem bateu num galho baixo, empurrando-o para frente, e o galho chicoteou para trás, atingindo a cabeça de Bob. Outras vezes ele trombava nos demais, que seguravam algum galho espinhoso para não bater no rosto dos companheiros. Havia um gosto ruim na boca, um gosto amargo — até a água tinha aquela ponta amarga. Eles estavam numa trilha antiga que margeava um pasto. No inverno brando da montanha, havia encontros ocasionais com ovelhas pastando a poucos metros das cercas de pedra, precedidas pelo retinir abafado de sinos ao movimento vagaroso dos animais.

Bob sentia o ar frio cortante no interior das narinas. Não estava frio o bastante para inibir o cheiro dos animais, do esterco, da massa de folhas que cobria o caminho. De tempos em tempos, ele podia perceber as gradações e diferenças de odores na escuridão da noite. O céu estava encoberto pela cerração. Abaixo, invisível, a vastidão do terreno a ser percorrido, agarrado às montanhas que sobrepujavam a baía e as colinas circundantes, que mergulhavam abruptamente a alguns centímetros apenas do ponto onde se encontravam. Estava frio, mas a umidade oprimia mais que a temperatura. Bob ainda usava o mesmo terno que tinha encontrado com Lily no apartamento da senhorita Camusel, em Bruxelas. A sensação era de vestir um saco sujo, opressivo e empapado, lavado apenas pelo seu suor e os elementos da natureza.

Estava consciente? Em que termos? Sabia que estava seguindo adiante, e era nisso que pensava — o próximo passo, um pé na frente do outro. E havia sonhos para tirá-lo daquele lugar enquanto andava. Devaneios sobre Mary Helen, a garota do Arkansas na época da escola de pilotagem; ou quando ele tentava pousar o avião de treinamento apenas sentindo o manche, tentando fazê-lo tocar no chão; ou a experiência de pilotar o B-17 e o pensamento importuno de que devia ter encontrado um meio de mantê-lo no ar. Lembrou a si mesmo que não era verdade. Um avião não voa com a cauda arrancada. Fragmentos de memórias, namoradas, esconder-se no campo, entrar mancando num curral na Bélgica, manteiga demais no jantar com Lily em Bruxelas, e depois de volta em casa, o basquete ou a corrida quando achava que não podia mais se mexer.

Ele pensava em sobreviver. Dar um passo de cada vez, disse ele a si mesmo. Encarava a coisa como uma corrida de obstáculos. Era o mesmo que treinar para pilotar. Primeiro você pilota um monomotor, depois um bimotor. Você se esforça para avançar. Monta uma tripulação, recebe uma missão, e depois outra. Se alguma coisa dá errado no avião, você tenta improvisar. Você continua. Não planeje o futuro, disse para si mesmo. Dê um passo de cada vez, esteja preparado para tudo. Seja razoável e volte para casa em segurança. E já estava quase lá.

Daniel Mouton ia na frente de Bob. Eles estavam completamente despertos. Como se a adrenalina não fosse suficiente, alguns ainda haviam tomado comprimidos de anfetamina durante a travessia. Isso ajudava a contar os passos, mantinha o corpo em funcionamento e garantia que a cabeça iria se conservar, senão alerta, pelo menos suscetível aos estímulos. A marcha para a liberdade era uma escalada montanha acima, uma luta a cada passo do caminho. À medida que avançavam, Jean-François sussurrava encorajamentos com seu sotaque francês — esperem um pouco, andem, agora vamos dar uma paradinha.

Ele pensou nos dois extraviados lá atrás. Stanford e Burch sempre imploravam pelos restos e sempre os atrasavam. Estavam terrivelmente silenciosos, não agiam como membros de uma equipe. Jean-François ia atrás com eles. Ocasionalmente, o ritmo letárgico obrigava todos a parar. Bob não gostou da maneira como eles estavam atrasando os outros.

"*É, parece que Stanford e Burch são sempre lentos*", pensava Bob. Devem estar juntos desde que foram derrubados. "*Horning e eu vamos sempre na frente.*"

O que mais pensava Bob? Lily devia estar orgulhosa do seu trabalho bem-feito. Obrigado, Lily. Ele podia andar e ia conseguir. Podia sentir os pés e os dedos colearem sobre as macias solas de corda das alpargatas. Conseguia ver seus dedos mentalmente, e depois a perna, como se as fibras e os estriamentos avermelhados dos músculos, tendões e juntas esticassem com o esforço a cada passo. Ele quase podia ver a imagem que o doutor Rouffart examinou através do fluoroscópio, enquanto Lily mantinha a guarda. A ferida agora estava curada, mas não completamente normal. No lugar onde as camadas de músculos deviam aderir, firmemente ajustadas ao longo da coxa, havia um espaço estranho, cheio de um tecido cicatrizado que irradiava do osso para fora; pois tal era o sentimento, algo entre dor e queimação na perna esquerda, a cada passo que ele dava. Se fosse somar o efeito daqueles passos, estaria próximo da exaustão. Mas havia uma determinação, uma necessidade de sobreviver e seguir adiante, e então ele seguia. Cada passo era confirmado pelo ruído abafado de seus pés nas alpargatas, numa alternância de lama, pedras, folhas ou uma extensão de vegetação rasteira; sem contar os minutos ou horas, eles atravessavam a floresta escura em direção à promessa invisível de um paraíso onde estariam em segurança.

O caminho era íngreme, tortuoso, enganador. Às vezes uma senda subia em curva, levando-os a uma descida abrupta e logo em seguida a uma subida ainda mais íngreme. Era impossível ter a menor idéia de quando alcançariam o topo das montanhas. Outras vezes o caminho se dissolvia no escoamento de um córrego ao longo da encosta da colina. Bob compreendeu por que Jean-François lhes dera os bastões, e usou o longo cajado de madeira pelo resto da noite para equilibrar-se.

De vez em quando ouviam um guia à frente imitar o pio de um pássaro, então Jean-François voltava e os fazia se abaixarem na vegetação. Ouviam-se sons, dava para distinguir o farfalhar de outros passos na direção oposta. Não foi possível Bob Grimes saber quais outros contrabandistas atravessavam da Espanha para a França e trocavam sinais na noite, à guisa de saudação.

Eles estavam no trecho final da grande jornada. Cada um daqueles aviadores tinha sido arrancado do céu, saltado, para salvar a vida, de um avião perdido, e sofrera algum grau de ferimento nesse processo. Cada um daqueles homens teve que se desfazer de roupas e identidades, esconder-se dos nazistas, seus cães de guarda, e depender da boa vontade de pessoas que não tinham razão alguma — além do seu próprio sentido de dever e humanidade — para arriscar suas próprias vidas e se envolverem.

Horning esforçava-se para prosseguir e reclamava. Sentia-se cansado e preocupado com o frio, embora, para dezembro, estivesse razoável — não era de rachar — e não houvesse neve. Mas a umidade permeava tudo, e todos já se sentiam mal com suas roupas velhas e sujas. Cada grama extra de equipamento ou umidade os oprimia e prostrava; as roupas encharcadas, a sensação dos cadarços cortando a pele do pescoço, os sapatos balançando à altura do queixo. Cada peso — por mínimo que fosse — e cada movimento não desejado eram uma tortura no caminho da Espanha.

Jean-François passou à frente do grupo e os fez diminuir o passo, dando tapinhas de incentivo às costas de cada um.

"*Muito bem, logo, logo a gente chega*", sussurrava ele. "*Vamos descansar outra vez.*"

Eles sentaram-se no mato, e os guias tiraram outras porções de comida das mochilas. O chão era coalhado de folhas e de agulhas de pinheiro. Sentia-se cheiro de alfazema esmagada. Havia arbustos e cascas espinhosas dos frutos do castanheiro-da-Europa, ainda bastante afiadas para lhes arranhar os tornozelos.

Stanford engoliu um comprimido de anfetamina junto com o leite. Ele estava preocupado com o ritmo. Ouvia mais que falava, e tomava nota de tudo o que estava acontecendo. Queria ficar acordado e sentia-se mais preocupado com Burch, que andava muito devagar.

Burch deitara-se à beira da estrada, quase sem se mexer. Ele sussurrou para Stanford.

"*Lloyd*", disse ele, "*prometa-me uma coisa.*"

O co-piloto falou com voz grave, como um soldado antes de iniciar o combate com o inimigo. Mas havia alguma batalha? Talvez a luta pessoal digna e sem queixas de Burch para manter a marcha fosse a própria batalha.

"*Se alguma coisa acontecer comigo, procure meus pais e minha mulher. Vá até Terrel, no Texas. Fale com minha mãe e meu pai, e com Olga, minha mulher. Conte tudo o que aconteceu.*"

Stanford prometeu. Era um pedido agourento. A guerra estava longe. Os outros homens não falavam daquilo. Quem não faria uma promessa desse tipo? Quem podia garantir que todos iam conseguir?

Horning também engoliu um comprimido de anfetamina, mas continuava quase a dormir em pé. Os guias deram-lhe uns cubos de açúcar, e aquilo pareceu criar um pouco de energia, pelo menos para ele não se queixar tanto.

Bob não achou que precisasse de anfetamina. Estava concentrado em voltar para casa. Sentia-se plenamente desperto.

Por volta da meia-noite, Jean-François incitou os homens. Havia uma garoa intermitente, mas pouco importava, pois eles já estavam encharcados e enlameados. Os homens abrigavam-se numa pequena área plana na floresta e ainda não viam nada. Bob não conseguia lembrar-se de nenhum ponto de referência, nada além do ruído dos seus pés e das folhas, e a sensação de subir montanha acima, de subitamente ter de usar o bastão para evitar a queda. Ele estava certo quando supôs que já tinham andando a metade da noite.

"*Está tudo bem, muito bem. A Espanha é logo ali. Temos que cruzar o rio*", disse Jean-François.

"*Rio*", disse Bob. "*Ninguém nos disse que havia um rio.*"

Nem Bob nem os outros aviadores sabiam que a fronteira para a Espanha neutra e a liberdade significava cruzar um rio. Isso não lhes passara pela cabeça. Mas tampouco parecia ser grande coisa. Era Jean-François quem lhes dava as dicas, e ele estava calmo.

Jean-François tinha mandado os dois guias bascos para o rio enquanto os outros descansavam. Eles voltaram com o relatório e os encontraram na estrada. Como se esperava, a chuva tinha enchido o Bidassoa, que corria alto em suas margens, mas ainda transitável. Não havia sinal algum dos nazistas por ali, apenas uma luz débil do outro lado do rio, no posto da polícia de fronteira do lado espanhol. Era um barracão de guarda a algumas centenas de passos do ponto de travessia do rio, lugar cujo nome deriva da pequenina estação de trem: San Miguel.

O último trecho até o rio era uma inclinação tão íngreme que quase os obrigava a trotar. O escuro tornava a descida mais perigosa e escorregadia. Descer a montanha era enganosamente fácil, porque acionava músculos diferentes. Bob pôde sentir a queimação na coxa remendada.

O caminho de terra se alargou um pouco. A água que escorria tinha transformado o chão em lama na picada rochosa cheia de sulcos. De vez em quando a água transformava o caminho num pequeno córrego. Os homens precisavam dos seus bastões para examinar o solo à frente do próximo passo. Passado um tempo, o ruído distante da correnteza impetuosa tornou-se claro, cada vez mais alto.

Bob pensava na sua boa sorte. A perna não doía tanto assim. Ele era quase um homem livre.

Stanford apoiava Burch. O co-piloto não estava bem.

Eles fizeram uma pausa numa pequena cimeira, cerca de 20 metros acima do rio. Seus olhos, acostumados à noite, captaram o reflexo fosforescente da água correndo sobre os matacões.

Quando chegaram à descida final para o rio, Jean-François e os guias os conduziram por uma escada natural. Contrabandistas e fugitivos anteriores tinham produzido pelo uso uma série de degraus escorados em raízes, pedras lisas e troncos putrescentes ao longo do caminho. Era uma confusão tortuosa de barro socado e madeira retorcida. Os guias se postaram nos pontos mais difíceis, estendendo a mão para os aviadores e para Jacques Cartier, que também dava sinais de fraqueza. Todos escorregavam na lama. Havia buracos profundos entre as árvores, o que os obrigava a se sentar ou ajoelhar nas raízes expostas, esticar as pernas para baixo e mudar de posição com cuidado para não cair. Quando chegaram à base, descobriram que a margem era coberta de pequenas pedras escorregadias que lhes torciam os tornozelos e trituravam os dedos dentro das leves alpargatas. Burch caiu mais de uma vez, e Stanford o ajudou.

Jean-François falou com eles:

"Silêncio, é preciso ficar muito quieto. Nada de conversas. Nós vamos cruzar o rio. Está por aqui", disse ele, pondo uma mão entre o abdome e o tórax para mostrar a profundidade da água. Mal podiam ver um ao outro.

"Tirem as calças. Olhem o que devem fazer."

Os homens tiraram as calças, e os guias mostraram como atá-las em volta do pescoço. Assim eles formariam uma corrente de pano, cada homem ligado ao seguinte.

Todos ficaram sentados, de costas para o barulho do rio, enquanto Jean-François pedia aos guias para verificarem o rio mais uma vez. Estes entraram na água até a metade do rio, talvez uns dez ou quinze metros do centro, e informaram que não haviam encontrado problemas. Era uma corrente forte, concluíram, mas transitável.

O rio tinha cerca de 25 metros de largura; mais de 200 homens o tinham atravessado naquele mesmo lugar, três vezes por semana, com Florentino guiando os aviadores para a liberdade. Quando a noite estava boa, o rio sequer era memorável. De volta a Londres, ao fazer seus relatórios, grande número de aviadores britânicos e norte-americanos nem se lembrava de ter atravessado o rio. No inverno, porém, era frio o bastante para eles se lembrarem.

Assim como acontecera naquela noite, quase um ano antes, quando Dédée foi presa porque a cheia a obrigara a adiar a travessia, a chuva dos dias anteriores avolumara os tributários que alimentavam o Bidassoa na montanha. Havia buracos invisíveis no leito do rio naquele trecho normalmente tranqüilo. Do ponto de travessia em diante, a água serpeava, contornando os matacões, e encrespava-se montanha abaixo numa agitação quase branca. Mais longe, a jusante, o rio era calmo, mas ficava próximo da rodovia de Pamplona, perto demais de possíveis detecções por parte de qualquer alemão que passasse pela estrada, ou pelos espanhóis nos seus postos de fronteira.

Os guias bascos, Manuel e Martin, levaram-nos à beira do rio. Eles atravessaram em grupos. Manuel abria caminho, Horning o seguia, depois Martin, seguido por Richard — o francês —, Bob Grimes, Stanford, Daniel Mouton e Burch. Todos desceram a margem com cuidado e iniciaram a esforçada travessia. Jean-François ficou para trás um momento com Jacques Cartier, que iria por último.

"*Fique aqui*", disse Jean-François. "*Nós voltaremos depois que os outros tiverem cruzado.*"

Cartier não disse nada.

"*Nossa, nós conseguimos*", pensou Bob. "*Logo estaremos em casa, livres.*" Ele deu um passo adiante. A garoa soprada pelo vento intensificava o frio, ainda mais quando ele entrou na água. Mal era possível ver Richard bem à sua frente, apesar de eles estarem amarrados pelas pernas das calças. Bob deu mais alguns poucos passos. A água chegou a seus tornozelos, e deu para ele perceber que tinha de andar com cuidado para não escorregar nas pedras irregulares do fundo do rio. Completamente embebidas, as alpargatas faziam os pés arrastarem na correnteza. Tateando cuidadosamente, podia distinguir os diferentes contornos das pedras sob a água; as pedras chatas e polidas no leito do rio, os calhaus irregulares que espetavam as solas dos pés, desequilibrando seus joelhos, e as pedras maiores, que o obrigavam a dar um passinho para o lado, com medo de prender o pé.

Apoiando-se no bastão, Bob avançou; seus joelhos e depois as coxas foram cobertos pela água fria. A corrente impetuosa contra as pernas tornava ainda mais difícil a escolha das pedras em que pisar. Ele diminuiu o ritmo para manter o equilíbrio, o bastão numa das mãos, as pernas das calças de Richard na outra. A corrente ficava mais forte. O esforço para manter a passada era cada vez mais árduo; as abas do seu paletó começaram a boiar, enfunadas à superfície da água, que agora lhe cobria a cintura. Era quase possível nadar, mas a corrente tornara-se tão forte que eles seriam carregados para longe da margem oposta. Bob só conseguia ver a silhueta de Richard à sua frente. Ele ouviu as águas bramirem mais do que parecia razoável naquele riachinho. O rio ficou ainda mais fundo, e a corrente cada vez mais forte. Quando a água chegou acima de sua cintura, o bastão tornou-se inútil — mais transtorno que um auxílio para dar o equilíbrio necessário —, então ele o soltou, e o bastão flutuou, afastando-se. Bob deu mais um passo; o leito era irregular. A água chegou à altura do seu peito enquanto ele seguia acompanhando Richard. Agarrou-se firmemente àquelas calças, a corda salva-vidas em volta do pescoço do outro homem. Um pé na frente do outro, passo a passo, Bob repetia a frase que o impelia para frente. Continue a andar, cada passo é um a menos no caminho de casa.

Tudo o que ele sabia ou de que se lembrava era agarrar-se a Richard. Quando este se movia, Bob se movia também. De repente, percebeu que ninguém segurava suas calças. Ora, Stanford não devia estar atrás? Isso não era nada bom. Ninguém tinha falado sobre o rio. Pensou ter ouvido alguém gritar, mas não dava para ver coisa alguma.

A água estava quase em seus ombros, mas ele seguia acompanhando Richard, que também mantinha um ritmo lento e constante. Bob perdeu subitamente o equilíbrio ou deu uma topada numa pedra. Tudo começou a desandar — isso não era justo. É difícil, é fundo, é... Deu um passo em falso, perdeu o pé e sentiu todos os sentidos lhe escaparem — e tudo desapareceu num instante quando sua cabeça afundou na torrente violenta que já o arrastava rio abaixo.

Foi como quando saltou do avião — estrepitosa dissonância, necessidade de seguir adiante, mal se lembrando de onde estava —, e então sentiu um instante de silêncio e lassidão. O tempo fora comprimido numa queda livre. Bob Grimes deslizou sob as águas.

Mas ele só hesitou por um instante, e então liberou uma descarga de adrenalina, agitou-se violentamente, meio chutando, meio nadando, e estendeu a mão, à procura de qualquer um ou qualquer coisa para se agarrar. Segurou firmemente a aba do casacão de Richard. Podia ter arrastado o outro homem, mas sentiu como se segurasse uma bóia de salvação tesa e firme. Agarrar-se ao tronco sólido de um corpo lhe deu estabilidade suficiente para se levantar: o outro homem não se moveu. Mais um passo e, tão prontamente quanto entrara, Bob estava fora da pior parte da corrente. A água escorreu pelo seu corpo: ele pôde avançar com água pela altura dos joelhos, circundar umas poucas pedras, estável sobre os próprios pés, para fora do perigo. Achara águas mais rasas; a corrente cedeu, e ele avançou para a margem espanhola. Estava escuro e era difícil saber onde os outros estavam. Bob ficou de bruços na margem, tentando se secar e retomar o fôlego.

Nesse ínterim, Stanford, o homem seguinte na fila, tinha na verdade se soltado pouco antes de Bob Grimes pisar em falso e afundar. Mas Stanford teve melhor sorte quanto ao terreno onde pisava. A água estava tempestuosa e funda. Ele sentia-se forte e avançava devagar. Viu um dos homens agitar-se na água atrás dele, mas concentrou-se em atravessar o rio. Houve outra agitação na água e um grito, ruídos indistintos que foram levados pela torrente. Stanford teve a impressão de que seu co-piloto não estava mais ali, mas fez tudo o que podia para manter o próprio equilíbrio, lutando para alcançar águas mais rasas. Avançou até a margem e esperou. Havia outros homens com ele, mas nenhum deles era Burch.

Daniel vinha em seguida na fila, depois Burch, segurando as pernas da calças de Daniel, envoltas ao pescoço. Eles iam devagar, pois Daniel pôde ver que Burch estava verdadeiramente exausto. O meio do rio era decisivamente raso, mais ou menos à altura da cintura. Mas então tiveram que dar um passo ou dois corrente acima para evitar matacões. Daniel avançou bem devagar, tateando o caminho para evitar buracos onde pudessem perder o equilíbrio.

Ele deslocava-se calculadamente, para Burch poder acompanhá-lo. Quando a água lhes chegou acima da cintura e a pressão da corrente era a mais forte, sentiu de repente que Burch perdera o equilíbrio. O americano agarrou-se nas calças em volta do pescoço de Daniel e começou a arrastá-lo para baixo d'água, à mercê da forte correnteza. Daniel teve de se preocupar com o seu próprio equilíbrio; por um instante, Burch escapou da pegada do robusto belga. Por instinto, Daniel nadou na direção do barulho de Burch em sua luta e conseguiu agarrá-lo, ajudá-lo a pôr-se de pé e retirar-se para águas mais calmas. Eles fizeram uma pausa de um instante, e Daniel firmou a ambos, perto das águas mais rasas do lado francês.

Daniel sabia que não podiam ficar parados naquela hora, então se firmou com Burch no meio do rio, e eles tentaram uma segunda vez. De novo avançaram, com Burch sempre agarrado a Daniel, adentrando com dificuldade o curso cada vez mais fundo da água. Fizeram uma pausa para se equilibrar, deram mais um passo, pararam outra vez; e assim progrediram lentamente na travessia. Mas Burch estava exausto. A fraqueza da sua perna ferida, a caminhada de oito horas pelas montanhas, no escuro e no frio da noite, tudo isso o havia debilitado. Quando a água chegou acima da cintura e seus pés claudicantes atingiram a parte irregular do leito, ele escorregou outra vez, sufocou, gritou por socorro e puxou Daniel para baixo de novo. Desta vez os movimentos desesperados de Burch foram tão fortes que Daniel teve de se soltar para não ser afogado. Se afundasse, seria derrubado pela corredeira e esmagado contra as pedras. Por um segundo ambos bateram os braços e foram arrastados na direção do barulho das corredeiras, rio abaixo. Burch gritou e pediu ajuda. Daniel nadou com força para o raso no mesmo momento que um barulho de tiro de fuzil ecoou no vale, o som seco do disparo em contraste com o turbilhão do rio. Daniel parou imediatamente. Um segundo tiro reverberou. Vinha da margem espanhola. Um terceiro tiro e um quarto. Os tiros eram estranhos à noite, o barulho contrastava com o da torrente. Daniel esperou o eco dissipar-se. O estampido final ricocheteou da margem em direção às montanhas, e então de volta. Fez-se silêncio outra vez.

Daniel deu um jeito de manter-se equilibrado e abaixado, à procura de Burch. Porém não houve mais tiros, nem qualquer sinal da presença do homem, só o barulho da água. Daniel procurava, ia de um lado para outro no rio, na expectativa de encontrar Burch, mas as águas traiçoeiras mais profundas o mandaram de volta. Finalmente, nadou contra a corrente para a parte mais rasa e chegou à segurança da escuridão na margem espanhola.

Tinha quase certeza de que Burch não conseguira encontrar seu caminho para a margem, de que os guardas em algum lugar tinham ouvido a agitação e atirado, e que, exaurido, o pobre americano havia se entregado ao rio e sido carregado pela correnteza. O próprio Daniel chegara perto de se afogar, a despeito de toda sua força. Rastejando na margem, se juntou aos outros sobreviventes no lado espanhol. Cada qual chegara ali separadamente. Por pura sorte, somente Horning teve uma experiência tranqüila de travessia; em nenhum momento chegou a ser seriamente ameaçado pela correnteza. O mesmo acontecera com Stanford; nenhum deles teve grandes problemas. Bob Grimes procurou esquecer o que lhe acontecera. Havia buracos no leito do rio nos quais alguns caíram, outros não.

Jean-François ficou para trás um momento, com Jacques Cartier, à espera que os outros oito homens entrassem no rio, e então ele próprio começou a atravessar. Disse a Cartier para aguardar na margem, pois um dos guias ia retornar para pegá-lo. Jean-François atravessou rapidamente e sem escorregar nos desníveis do leito do rio. A correnteza era forte, um fluxo muito mais violento do que ele havia previsto, mas atravessou sem problemas. Jean-François era muito menor que Bob Grimes, mas a água jamais passou da sua cintura. Questão de acaso dos contornos abaixo da superfície.

Jean-François subiu à praia e encontrou alguns dos outros homens e os guias tentando se secar. Ele disse a Martin para levar os homens para longe do rio. Queria que eles se afastassem da água, atravessassem os trilhos da ferrovia logo acima da margem e se escondessem ao pé do talude, abaixo da estrada Irún-Pamplona. Eram cerca de 50 metros até a ferrovia e mais uns cem até o talude.

"*Ao chegar lá, esperem pelo resto de nós*", disse Jean-François.

Seria o ponto de encontro. Uma vez todos reunidos, eles se esgueirariam um a um, cruzando a estrada, e depois continuariam colinas espanholas acima para o trecho final de marcha até o esconderijo em Sarobe.

Jean-François mandou o outro guia, Manuel, cruzar o rio outra vez para pegar Jacques Cartier.

"*Vá agora. E eu ficarei aqui esperando por vocês*", disse Jean-François a Manuel.

Jean-François se agachou no barranco, enquanto Manuel mourejou rapidamente até o lado francês, encontrou Jacques Cartier e começou a trazê-lo como todos os demais, as pernas das calças amarradas ao pescoço.

Manuel e Cartier já tinham feito parte do caminho na corrente quando ouviram os mesmos tiros de rifle que tinham assustado os outros. Houve um grito. Os tiros descontrolaram Jacques Cartier, fazendo-o apressar o passo contra a corrente; era fácil tropeçar nas pedras e irregularidades no leito do rio. Ele perdeu o equilíbrio na corrente e começou a levar Manuel consigo.

Manuel libertou-se e recuperou o equilíbrio, mas não conseguiu encontrar Cartier. Apareceu sozinho na margem espanhola, apontando a jusante, enquanto engatinhava e saía do rio para juntar-se a Jean-François. Este, que tinha ficado abaixado no lado espanhol, não fazia a menor idéia de quem disparara as balas que sibilaram sobre suas cabeças num estampido de trovão. Fazia silêncio então, e ele sussurrou, em resposta a Manuel:

"*Vá com os outros para a estrada. Vou procurar Cartier.*"

Correu de volta ao rio, perto das correntes mais fortes, e andou em círculos até o centro do fluxo, à procura do amigo. Parou onde as águas eram rasas, assoviou imitando um pássaro, ficou quieto e assoviou várias outras vezes.

Não houve resposta.

Ele continuou a assoviar, correu ao longo do lado francês e depois nadou até a Espanha, rastejando para cima e para baixo, tentando cobrir a margem. Estava tão escuro que podia trombar com um homem antes de vê-lo. Finalmente ouviu uma resposta. Era Jacques Cartier, que respondia ao sinal do lado francês. Jean-François empenhou-se em ir até a outra margem e ficou junto da água, assoviando, até encontrar Cartier, que fora derrubado pela corrente mas tinha conseguido lutar e refazer o caminho até o ponto de partida na França.

"*Graças a Deus*", disse Jean-François. É um milagre. "*Ele está bem.*"

Mas Jacques Cartier tremia de um modo como Jean-François jamais vira alguém tremer. E tinha perdido as calças ao ser arrastado correnteza abaixo.

"*Malária*", disse Cartier, incapaz de controlar a tremedeira. Obviamente, o desgaste tinha desencadeado o acesso febril da malária que ele havia contraído quando era soldado no Sudeste da Ásia.

Jean-François olhou para Cartier, cujo rosto estava branco e abatido, com olheiras e rugas em volta dos olhos muito além das marcas de sua idade.

"*Escute, vamos voltar para a cidade*", implorou Jean-François. "*A gente espera uns dias. E voltamos quando o rio estiver mais baixo. É melhor você não atravessar agora.*"

Descansaram por uns momentos. Jacques Cartier juntou suas energias e obrigou-se a parar de tremer. Rejeitou firmemente a proposta do seu jovem amigo de voltar à casa de Kattalin.

"*Não, vamos esta noite. Já para a Espanha*", disse Cartier.

"*Mas não há pressa alguma*", respondeu Jean-François, rogando-lhe que reconsiderasse. "*A gente fica aqui esta noite. A corrente está forte demais para você.*"

Cartier não se deixou convencer. Permaneceu obstinado, mesmo em sua condição debilitada. Recusou-se absolutamente a retroceder.

Jean-François pensou no que fazer. Seu amigo tinha duas vezes o seu tamanho, duas vezes a sua idade. "*E três vezes mais experiência*", pensou ele.

Jean-François parou de argumentar. Mais uma vez foram até o rio. A travessia era diabólica. Com tempo bom, uma pequena caminhada em águas rasas. No escuro, num dilúvio corrente abaixo, exigia persistência e sorte.

Eles progrediam lenta e calculadamente, Jean-François experimentava cada passo no leito do rio.

Na metade do caminho na correnteza, houve outro tiro de rifle, seguido de mais dois. Quem estava atirando? Conseguiriam os homens escapar à captura na escuridão da noite? As detonações do rifle na margem espanhola estrondearam acima do som da torrente. O estampido dissipou-se gradativamente, e o eco se espraiou em ambas as margens.

"*O que foi isso?*", perguntou Jacques Cartier, que ainda avançava cautelosamente nas águas cada vez mais profundas.

"*Estão atirando nos rapazes*", disse Jean-François, e continuou em frente.

Quanto mais funda a água, mais preocupado Jean-François ficava com seu amigo. Queria retornar, mas Cartier o incitava a ir adiante. Desejava fugir dos nazistas, naquela mesma noite. Eles avançaram mais rapidamente, mas quando chegaram no meio do rio, Jacques Cartier vacilou. Havia uma pedra, seguida por uma cavidade no fundo do rio. Cartier estava esgotado, e sua energia se dissipava apesar da determinação. Tinha calafrios e tremia quando perdeu o pé. Imediatamente começou a arrastar Jean-François, mas ao mesmo tempo bateu os braços, agitado, e deixou escapar o salva-vidas improvisado. Cartier foi embora deslizando e desapareceu na corrente. Jean-François se aprumou e mergulhou na água, desesperado, procurando à sua volta. Com o medo e o horror a contrair-lhe o estômago, desta vez nadou até a margem francesa. Deu sinal uma vez, não houve resposta. Assoviou dezenas de vezes e não ouviu nada. Procurou no barranco do rio, nenhum sinal. Um pressentimento sinistro baixou sobre ele, de que seu amigo não estava preso, nem nadava, nem se encontrava em segurança em uma das margens. Teve certeza naquele mesmo instante de que Jacques Cartier se afogara.

Bob não tinha parado para pensar no quanto tinha chegado perto de ser carregado. No rio, ele lutou para salvar sua estimada vida. Então descansou um instante na margem, sacudiu a água e tratou de vestir as calças outra vez sobre as pernas molhadas. Ele esperou até Jean-François dar ordem de andarem. Curvado, correu junto com os outros atrás de Martin, bem perto do chão, às vezes andando de quatro. Segundos depois de partirem, Bob Grimes ouviu alguns ruídos vindos do rio — um grito indistinto ou um pedido de socorro.

Havia um aclive e depois os trilhos da via férrea em terreno aberto. Eles continuaram mais alguns segundos até alcançar a margem lamacenta da estrada. Havia um muro de contenção de cerca de um metro e oitenta, e a estrada corria por cima dele. Os dedos de Bob podiam entrar na lama, e seu rosto se sujava no contato com os compridos tufos de grama. Ele ouviu o ruído de homens conversando. Ouviram-se quatro tiros que zuniram sobre sua cabeça, os estampidos ricocheteando da montanha ao vale e do vale à montanha. Bob colou-se ao talude. À medida que o som se dissipava, ele prendia a respiração, concentrado num ruído perto de seus ouvidos. Alguém estava de pé centímetros acima dele na estrada, tão perto que Bob podia ouvir o triturar do solo sob as botas conforme a pessoa mudava o apoio do próprio peso sobre o cascalho.

Quando os tiros ecoaram, os homens se espalharam. Richard, o agente francês, saiu correndo na noite e escapou sozinho para as montanhas espanholas. Manuel e Martin, os únicos integrantes do grupo que sabiam onde ficava o posto da guarda de fronteira espanhol, soltaram suas mochilas e se arrastaram na direção oposta, de volta ao barranco do rio. Restavam portanto quatro: Daniel Mouton e os três americanos remanescentes — Bob, Horning e Stanford.

Pregado contra o talude, Bob contou sete tiros ao todo. Quatro numa rajada rápida e depois mais três, dois ou três minutos mais tarde. Ele compreendeu que havia soldados na estrada bem acima do ponto onde eles estavam, conversando e marcando passo bem sobre suas cabeças. Então um dos homens gritou e afastou-se correndo. De repente, um holofote ofuscante iluminou os homens amontoados perto da estrada. Um dos soldados apareceu por trás deles, pelo flanco. Bob viu a sombra de uma arma através da luz, e pela primeira vez percebeu que estava ajoelhado na lama com outros três companheiros.

Protegendo os olhos, Bob Grimes via a luz e a forma de um soldado empunhando um rifle. Perto dele, em silhueta, viu os rostos de Daniel, Stanford e Horning pela primeira vez em toda a noite. Acima deles olhando para baixo, as botas a alguns centímetros de distância, a forma sombreada de um outro soldado que os mirava.

"*Rapazes*", disse Daniel Mouton, "*essa é a hora que a gente levanta as mãos e se rende. Não queremos que eles atirem em nós.*"

De volta à margem francesa, Jean-François procurava tão freneticamente por Jacques Cartier que não percebeu as luzes e os ruídos dos aviadores sendo capturados na margem espanhola. Ele assoviou, nadou e correu de um lado para outro, atravessando o barranco do rio enquanto pôde, à procura de um sinal de seu amigo. Mas não havia nada. Quando percebeu que o dia já ia raiar, refez o caminho de cinco horas pelas montanhas para buscar a ajuda de Florentino em Saint-Jean-de-Luz. Apareceu de repente na casa de Kattalin, na metade da manhã.

"Nous avons perdu Cartier, nous avons perdu Cartier."

Kattalin traduziu para Florentino, e o basco se levantou da cama, amaldiçoando-se por não ter ido com eles.

"Vou encontrá-lo", disse a Kattalin. Seu francês não era absolutamente adequado. Mas não era preciso traduzir. Jean-François sabia como Florentino iria reagir.

Florentino deixou a casa e rumou para as montanhas. Mesmo doente podia andar rápido quando estava sozinho. A adrenalina e determinação devem tê-lo conduzido pelas trilhas das montanhas. Ele procurou em vão até tarde, na escuridão triste da véspera de Natal. Abaixo de San Miguel, o rio faz a curva na direção das corredeiras, e a correnteza se bate contra os matacões antes de voltar novamente à calma, rio abaixo, em direção ao mar. Era perigoso para Florentino permanecer em terreno aberto em plena luz do dia. Ele voltou à casa de Kattalin, frustrado e praguejando um pouco mais.

Jean-François, em sua tristeza, já havia partido para Dax. Ele não conseguia tirar da memória o desastre do rio, mas enfrentou a realidade urgente de ter de manter a linha de resgate em movimento. Estava cansado, mas não haveria repouso. Havia entrado na luta com todo o seu fervor e sua religião, considerando-a uma batalha de Davi contra Golias. Não havia a menor idéia de parar. Esse era um traço de caráter que unia o pessoal da Linha Cometa. Ao mesmo tempo que o Natal foi um momento de pesar, passado inesperadamente na França, não havia dúvidas ou vacilações.

Max encontrou-se com ele em Dax, com mais quatro aviadores. Eles fizeram, sem incidentes, o trecho de bicicleta até Saint-Jean-de-Luz na tarde de 27 de dezembro.

Kattalin e Florentino esperavam, e ela disse que havia notícias de Biriatu, um velho povoado que sobrepuja o rio nas montanhas.

"Eles encontraram dois corpos."

"*Impossível*", disse Jean-François. "*Quem são?*"

Uma patrulha alemã tinha percorrido as margens do rio do lado francês abaixo de Biriatu e descoberto dois corpos, ambos de homens, um jovem e o outro mais velho, levados às pedras pela correnteza, a pouca distância um do outro.

Jean-François não conseguia entender o que tinha acontecido.

Os alemães trouxeram os corpos ao médico legista, que fez os seguintes registros:

> Havia um homem mais velho: "Idade, 50 anos aproximadamente; altura, 1,80 metro (5'10"); olhos azuis; cabelos castanho-escuros; nariz aquilino; orelhas grandes; constituição física avantajada. Sinais particulares: cicatriz profunda no baixo abdome. Usava camisa rasgada, suéter de cor creme e colete da mesma cor. Calçava alpargatas."

Este era Jacques Cartier, mas Jean-François queria saber sobre o outro corpo.

> E o homem mais novo: "Idade aproximada, 25 anos. Altura, 1,70 metro (5'6"); cabelos louros, olhos azuis. Sinais particulares: pequena marca de nascença na base do nariz. O cadáver vestia terno cinza-escuro, colete da mesma cor, camisa de colarinho e camiseta com a etiqueta John Medley LTD 1942; calçava alpargatas; e portava dois lenços, um com a inicial 'F' e outro com as iniciais 'JB'."[6]

Jean-François mantinha um livro de registro assinado pelos aviadores quando chegavam à casa de Kattalin. Examinou sua lista e viu os nomes: Stanford, L.A.; Grimes, R.; Horning, A.; Burch, J.

Era Burch, o piloto, que estava tão exausto naquela noite.

Aparentemente, o *Feldkommandantur* determinou que os 600 residentes de Biriatu precisavam de uma lição. Os corpos de Jim Burch e Jacques Cartier ficaram expostos sob guarda no pátio da pequena igrejinha da aldeia, no alto da montanha que sobrepujava a fronteira que eles tinham tentado cruzar naquela noite. A mensagem: "Eis o que sempre acontece com todos os que desafiam o Terceiro Reich." Mas aquele foi um erro de cálculo. Os aldeãos de Biriatu — cuja vida bucólica de cultivo e pastoreio de ovelhas fora invadida pelas tropas por sua posição estratégica em relação à fronteira — só sentiam desprezo e desdém por qualquer comunicado nazista. Sim, no Hotel Iribarren e na hospedaria conhecida por Bonnet-Lecuona, um grupo autônomo da Resistência escondia fugitivos e atravessava o rio sempre que podia, bem debaixo do nariz da guarnição alemã. Os aldeãos responderam à exibição pública cobrindo os corpos dos resistentes afogados com ramos e guirlandas de flores. Os alemães então partiram, levando os corpos consigo.

"*Não sabemos onde eles estão enterrados*", disse Jean-François.[7]

Ao cair da noite, em 28 de dezembro, Jean-François e Florentino levaram os quatro aviadores seguintes para as montanhas e chegaram ao rio por volta da meia-noite. A corrente estava baixa, a travessia foi calma, e todos chegaram em segurança a Sarobe ao alvorecer. Os aviadores estavam a salvo e nunca mais sequer se lembrariam do rio.

Jean-François encontrou-se com Creswell e eles trocaram informações.

"*Jacques Cartier morreu afogado no rio. Um dos pilotos também se afogou.*"

Creswell ficou abatido.

"*Mas seus quatro outros pilotos estão bem*", disse a Jean-François. "*Eles vão ser liberados pelas autoridades espanholas e logo estarão a caminho de Gibraltar.*"

Agora que tinham perdido Jacques Cartier, o plano de abrir uma segunda passagem de fuga em Elizondo foi adiado mais uma vez, senão descartado. Creswell podia ter implorado a Jean-François que tirasse umas férias na Inglaterra, mas sabia que ele jamais aceitaria.

Em vez disso, Jean-François deu uma parada na catedral del Buen Pastor, em San Sebastián, para fazer uma oração por Jacques Cartier e o pobre jovem piloto, Jim Burch. Depois, logo após o Ano-Novo, ele voltou para a França. Outros aviadores aliados estavam à espera, amontoados ao longo da rota de fuga. O número de pessoas que desciam de pára-quedas sobre a Europa ocupada crescia todos os dias. Jean-François tinha de ir a Bruxelas para fiscalizar esconderijos e entregar o dinheiro providenciado por Creswell. Ele ia inteirar-se das condições dos trens e da vigilância ao longo da Linha. Inspecionaria a operação em Paris para garantir que as transferências iriam transcorrer de maneira eficiente. Depois, voltaria ao sul da França para guiar outros pilotos na viagem de Dax até a fronteira. Todo bloqueio ou atraso nesses locais representava um perigo para toda e qualquer pessoa envolvida na Linha.

11. Incerteza na Espanha

Irún, Espanha. 24 de dezembro de 1943.

Os olhos de Bob se acostumaram gradualmente com a luz que os soldados projetavam de modo intermitente sobre eles. Um brilho baço também refletia faixas de luz a partir do posto da guarda, apenas suficientes para discernir sombras e imagens escuras. Bob seguiu o soldado cujas botas trituravam cascalho centímetros acima dele. Aquele homem era o sargento. Atrás vinham os outros soldados, carregando um fuzil de cano preto, do qual escorriam gotas d'água. Eles mandaram os prisioneiros pegarem as mochilas e todos começaram a andar para o barracão.

Em algum ponto dos acontecimentos, os guias, Martin e Manuel, devem ter largado as mochilas no barranco do rio e desaparecido na noite. Richard, o francês, não estava mais por ali. Os militares não tinham como saber que alguns homens tinham escapado.

Eles fizeram os quatro prisioneiros escalarem e começarem a caminhada pela estrada de barro batido, com a floresta dos dois lados. Não eram as boas-vindas pelas quais os americanos tinham esperado. Bob não tinha idéia de que eram prisioneiros. As mudanças de sorte, a excitação e a adrenalina da travessia noturna deram lugar à exaustão; a esperança de liberdade deu de cara com uma porta fechada. Ele tinha muitas perguntas. Em nome de sua própria sanidade, e por um sentido determinado de lógica, Bob apenas seguiu seu instinto primário: fazer tudo passo a passo.

"*Vejamos o que os soldados vão fazer. Nós analisaremos a situação ao nascer do dia, e então saberemos mais.*"

A presença da guerra européia caiu esmagadora e repentinamente sobre os ombros dos três jovens oficiais americanos — eles não eram indivíduos, eram mais uma vez soldados capturados em batalha. Sujos e encharcados, os prisioneiros arrastaram os pés, em fila, acompanhados pelos seus novos guardas, até o posto aduaneiro.

Conhecimento sobre os militares e uma natureza astuta eram de alguma ajuda: Bob compreendeu que alguém incumbido de ficar de sentinela num posto de fronteira no escuro não haveria de ser um brilhante expoente da estratégia militar — especialmente na véspera de Natal. Provavelmente aqueles sujeitos eram da parte inferior da hierarquia, e mais fáceis de confundir.

Seu pensamento imediato foi sobreviver, combinado com um instinto sagaz quanto à possibilidade de fuga. Mas isso ia ter de esperar até o dia nascer. Os soldados espanhóis os levaram a uma casinha que usavam como posto de guarda. Fizeram-nos entrar numa sala, onde um sargento começou a fazer perguntas. Daniel Mouton era o único que podia se comunicar e atuou como porta-voz dos demais.

"*Nós somos americanos em fuga da França*", disse Mouton.

"*O que vocês têm nas mochilas?*", perguntou o sargento.

Mouton abriu uma delas e ofereceu ao espanhol algumas meias e outros contrabandos. O sargento não se interessou. Ele disse a um dos soldados para ficar de guarda na sala, e então foi até a janela para indicar aos quatro homens que havia também um guarda postado do lado de fora. O sargento saiu do aposento.

Daniel Mouton sussurrou instruções urgentes aos aviadores.

"*Estamos com um problema. Há mapas, fotografias e relatórios dos serviços de inteligência nas mochilas. É preciso destruir tudo.*"

Até aquele momento não houvera razões para contar aos americanos sobre a operação de inteligência que funcionava paralelamente à rota de fuga, ou que a casa de Kattalin era uma agência de correio do serviço de inteligência basco, que transmitia os últimos relatórios sobre movimentos de tropas, instalações e outros detalhes da Ocupação.

"Temos de destruir os documentos que estão nessas mochilas. É material de inteligência com codinomes que podem comprometer as operações em toda a seção sul. Eles podem entregá-los aos nazistas. Nós estaríamos ferrados."

Aquele era um problema duplo. Em primeiro lugar, todos eles sabiam o que significava deixar que informações da inteligência caíssem em mãos inimigas. Nomes e códigos ficariam comprometidos, e os agentes poderiam ser capturados. Em segundo lugar, não dava para dizer o que os militares espanhóis iam fazer com gente que transportasse esse tipo de informação. Eles podiam se tratados como espiões, e não como militares em fuga, e enviados de volta aos nazistas.

Fizeram um plano rápido. Estavam detidos numa sala com uma mesa, uma cadeira, uma estufa bojuda num canto e um quarto lateral com um banheiro. Daniel e Art se aproximaram do guarda, e Daniel começou a conversar amigavelmente.

"Ouça, será que não dá para acender o fogo, para a gente se secar? Podemos fazer um trato", disse Mouton. *"Tenemos regalos. Temos presentes nas mochilas. Mira como estamos mojados. Estamos completamente encharcados. Deixe a gente acender o fogo."*

Uma rápida olhada no quarteto ensopado e algumas caras de sofrimento foram o bastante. O soldado não estava muito certo de que pudesse fazê-lo, mas Bob viu que Daniel já mexia nas mochilas para pegar meias, passamanarias e todo tipo de agrados. Ele jogou a mochila no chão e fez um gesto para Stanford e Grimes começarem a trabalhar. Stanford pegou os fósforos, e Bob rasgou o primeiro rolo de papel para acender o fogo. Os homens trabalhavam com indiferença teatral enquanto Daniel praticava seu espanhol com o guarda.

Bob e Stanford tiraram, um a um, os documentos acondicionados em embrulhos apertados e amarrados. Queimaram o material o mais rapidamente possível, enquanto sorriam sobre os ombros de Daniel para mostrar que aqueciam as mãos e secavam-se um pouco. Alguns dos papéis estavam molhados, e Stanford teve que soprar tanto as chamas que ficou azul, mas os documentos queimaram. No calor do fogo, fizeram turnos queimando documentos e soprando papel molhado.

"*Não parem de queimar*", sussurrou Daniel.

Stanford e Grimes trabalhavam furtivamente. Mas ao romper do dia o trabalho ainda não estava feito.

Quando foi a vez de Horning manter as chamas, ele teve problemas com alguns dos materiais mais encharcados, que então enfiou debaixo da camisa, e foi para o banheiro.

Fechou a porta, tirou o rolo de documentos e começou a rasgar em pedacinhos, puxando a descarga quando acabou.

Horning voltou à sala principal, claramente mais aquecida com o calor dos documentos queimados na estufa, e começou a tirar outros documentos das mochilas.

Eles ainda usavam os papéis para alimentar o fogo quando o sargento voltou cerca de uma hora depois. Os rapazes arrumaram rapidamente as mochilas. Bob Grimes e Stanford enfiaram os dois rolos remanescentes debaixo das camisas e sentaram-se junto à parede.

Não entendiam uma palavra sequer, mas puderam interpretar a pantomima bastante bem.

De patente superior, o sargento começou a gritar com o soldado que tinha deixado eles queimarem os documentos. Foi como um número de Abbott e Costello.

"*O que foi que eu lhe disse para fazer? O que foi que eu lhe disse?*" Ele deu um tapa no soldado raso com as costas da mão.

"*O senhor me disse para tomar conta deles. Eles estavam com frio e pediram para acender o fogo.*"

O sargento empurrou o soldado e bateu-lhe duramente na face.

"*Que excelente soldado você é. Olhe só o que fez. O que eles estão queimando?*"

Apontou para Daniel e os americanos junto à parede.

"*No se muevan! Não se mexam.*"

"*Não sei o que eles estão queimando.*"

Ele deu outro tapa no soldado.

"Você não sabe! Podem ser planos secretos. Que ótimo soldado você é. Não sei o que podia acabar fazendo se eu não estivesse aqui. Seu idiota. E trate de apagar aquele fogo!"

Deu um último safanão no soldado e saiu da sala batendo a porta.

Proibidos de alimentar a estufa, os homens se agruparam em volta do calor minguante e começaram a falar sobre o que tinha acontecido no rio.

Eles fizeram perguntas a Daniel. Por que tinham sido presos? O que sabia sobre os outros? E, particularmente, onde estava Burch?

Bob disse que tinha ouvido alguém gritar no rio. Em que lugar estava Burch? Onde estavam os outros?

Horning disse que não tinha idéia do que havia acontecido.

Stanford falou que achava que Burch se encontrava atrás dele e, olhando para Daniel, perguntou se eles três não tinham ficado para cruzar o rio juntos.

"*Estava escuro demais para ter certeza*", disse Daniel. "*Burch sentia-se muito fraco.*" Ele tinha escorregado e arrastado o companheiro para debaixo d'água. Daniel disse que conseguira agarrar Burch e começara a se equilibrar, mas Burch escorregou outra vez e foi levado rio abaixo. Pode ter batido a cabeça nas pedras.

Daniel disse que não conseguiu achar Burch depois disso. Temia que tivesse acontecido o pior.

Os americanos ficaram silenciosos e pensativos.

O dia raiava. Os soldados deram aos homens uma espécie de café aguado com pão e depois os fizeram levantar para uma marcha na estrada. A conduta dos espanhóis era de algum modo menos ameaçadora do que fora na noite anterior. Os fuzis estavam pendurados nos ombros, e havia homens na frente. Eles obrigaram Bob Grimes e Stanford a carregarem as mochilas, agora mais leves, porque haviam dado alguns produtos ao guarda simplório e queimado a papelada. Bob e Stanford ainda guardavam os rolos restantes enfiados na cintura.

Uma vez do lado de fora, o dia estava úmido, mas não tão frio para uma manhã de dezembro. Caía uma garoa ocasional enquanto eles andavam no acostamento da estrada. O rio era visível através das árvores desfolhadas abaixo deles, uma corrente estreita cortada por matacões e troncos de árvore apodrecidos. Aquela era a estrada principal para a cidade de Irún, e ela serpeava e afastava-se do rio pelas colinas arborizadas, margeada por um muro de pedras do lado em que eles estavam. Depois da cerca, as árvores desciam a encosta na direção do rio, que desapareceu além da vista. Bob estava preocupado com a missão que Daniel tinha lhes dado na noite anterior: livrarem-se dos documentos. Ele continuava a funcionar da única maneira que conhecia, um passo de cada vez: a cada momento, fazer o que era preciso fazer. Seja lógico, e você consegue chegar em casa.

Bob manteve a cabeça abaixada e começou a dar passos hesitantes, fingindo estar fraco. Rapidamente já ficava para trás. De tempos em tempos, havia um grito incompreensível dos soldados na dianteira, que se viravam para incitá-lo a manter o ritmo. Mas logo ele ficava para trás outra vez. Ele marcou o tempo para aproveitar o momento exato. Finalmente, estava quase 200 metros atrás quando percebeu que uma curva repentina em declive o escondia parcialmente dos demais. Agarrou o rolo preso ao cinto e, com um movimento discreto, jogou o maço por cima do muro de pedras; observou o pacote cair bem longe na cumeeira arborizada, oculto na vegetação rasteira, talvez oito metros abaixo. Depois de fazer isso sem ser descoberto, esperou para ver Stanford fazer o mesmo.

Quando os soldados gritaram outra vez para ele correr adiante, Bob se apressou para alcançar Stanford num minuto. Este subitamente diminuiu o passo até os dois andarem lado a lado. Stanford não queria ter nada a ver com o trabalho dos espiões. Como num jogo de passe-adiante bem embaixo do nariz dos guardas, descarregou o resto do material da inteligência nas mãos de Bob e correu para frente, de tal modo que a única coisa que Bob pôde fazer foi enfiar o rolo de documentos dentro da calça outra vez. Tratou de fechar bem a jaqueta e deu uma encarada em Stanford.

"Que idiota. Por que está dando isso para mim?"

Mais uma vez, Bob diminuiu a passada e se preparou para descartar o maço de documentos antes que alguém notasse. Os soldados viram Bob jogar fora aquele último lote, pegaram o pacote e o empurraram para a frente, fazendo-o marchar na primeira fila.

A heterogênea procissão continuou pelas ruas de Irún, uma pequena cidade fronteiriça cuja população havia sido dizimada desde a Guerra Civil. Restavam cerca de 15 mil habitantes, e a memória da guerra ainda estava fresca. Todos se lembravam dos primeiros dias de setembro de 1936, quando supostos anarquistas fugiram da cidade deixando-a em chamas aos pés das tropas invasoras de Franco. Puderam ver as chamas tanto de San Sebastián como da França. Sete anos depois, a destruição ainda era visível. Havia ruínas no Passeo de Colón e na rua San Marcial. A Prefeitura sobrevivera ao incêndio da Plaza de San Juan, e durante um tempo foi o único prédio a ficar de pé entre os escombros.

Em Irún, os prisioneiros foram levados para barracões da patrulha de fronteira, onde um comandante conferenciou com os soldados por um instante. Em seguida, ele se virou para Daniel Mouton.

"*Nós vamos mandá-los para um hotel. Deixe as suas coisas aqui*", disse o comandante.

Os espanhóis ficaram com as mochilas e obrigaram os homens a entregarem dinheiro e objetos de valor. Bob e Stanford tinham, cada um, 500 pesetas, que valiam cerca de 50 dólares, dadas a eles por Jean-François em Saint-Jean-de-Luz. Stanford entregou sua parte, e Bob indicou que aquilo era tudo. Ele escondera o dinheiro debaixo das roupas. Ao longo do caminho, os americanos viram algo que nunca mais esperavam ver: militares nazistas perambulando casualmente em todos os lugares para onde olhassem. Os alemães davam a impressão de que controlavam as ruas. Talvez Daniel fosse o mais perturbado. Os alemães já o tinham apanhado três vezes. Agora ele estava preso a apenas algumas centenas de metros do território ocupado. Que dificuldade teriam os alemães para pegá-lo e obrigá-lo a voltar ao território francês? Daniel se apresentava apenas como mais um militar aliado, um canadense que falava francês, inglês e espanhol. Se soubessem que era europeu — fosse francês ou belga —, o mais provável é que o devolvessem ao outro lado da fronteira — presumindo-se, é claro, que não fossem todos eles mandados de volta. Um dos guardas aproximou-se de Daniel, que traduziu para os outros.

"Eles estão dizendo que nós vamos para um hotel e que depois veremos o que vai acontecer."

Enquanto caminhavam, escoltados por guardas espanhóis, as pessoas paravam para olhar. Homens e mulheres passavam com presentes de Natal, crianças corriam à volta. Os homens usavam ternos escuros, camisas brancas, sem gravatas, e boinas achatadas sobre as cabeças; eles olhavam para os refugiados com curiosidade, de soslaio e impassíveis. Os prisioneiros andrajosos eram uma novidade que atraía certo interesse.

A maioria das pessoas se vestia de negro; as mulheres velhas claudicavam sobre pernas arqueadas, trazendo pão do mercado; meninos e meninas em bicicletas velhas e remendadas se misturavam no tráfego de pedestres. Tudo era em preto-e-branco, ou em tons de cinza.

De repente, uma mulher se adiantou na multidão e andou ao lado de Bob um instante. Olhou para ele intensamente, pôs uma barra de chocolate em sua mão e afastou-se apressada.

"Por que ela fez isso?", perguntou-se Bob. *"Que curioso. As pessoas são amistosas. Nem tudo está perdido."*

Bob colocou o chocolate no bolso do paletó e seguiu adiante. Os rapazes foram levados para um edifício de pedra e madeira tão indescritível quanto os demais, no final de uma rua, e os guardas os empurraram por uma porta. O edifício caía aos pedaços e estava completamente despido.

"Onde estão nos levando?", perguntou Horning.

Bob deu de ombros. Stanford estava calado, provavelmente ainda pensava em Burch. Daniel já olhava em volta, à procura de uma chance de fuga.

Bob compreendeu o que se passava quando os guardas os fizeram subir um lance de escadas. Eles abriram uma pesada porta de madeira tosca incrustada nas descascadas paredes do corredor. Havia dois homens tão sujos quanto eles sentados numa pilha de palha ao chão. Eles levantaram o olhar.

Havia um odor pútrido não definível no cômodo, algo velho e pestilento; a palha estava mofada, com um vago ranço de suor e urina. O cheiro vinha de um caldeirão de bruxa no meio da peça. Ele continha uma lavagem viscosa castanho-amarelada com gordurosos objetos flutuantes.

"Que hotel! Nós estamos na cadeia", disse Bob.

Nenhum deles tinha dormido desde a marcha pelas montanhas, e estavam exaustos demais para pensar o que fazer. E talvez também estivessem em choque depois do que tinham passado — o perigo repentino no rio, a captura e a marcha interminável. E ninguém sabia o que tinha acontecido com Burch e os outros. Os quatro homens desabaram nos improvisados colchões de palha espalhados na peça e adormeceram imediatamente, enquanto em volta o povo de Irún se preparava para a celebração da véspera de Natal.

Quando acordaram, na tarde do dia 24 de dezembro, os homens examinaram o ambiente e descobriram alguns prisioneiros e várias outras peças. Um dos detentos era um soldado polonês, possivelmente um desertor; um piloto alemão com o emblema brilhante da Luftwaffe na blusa desabotoada; e dois espanhóis, um deles um bêbado local que estava ali até passar a bebedeira.

O alemão sentava-se na palha, num canto, e olhava para eles.

"Quem é você?", perguntou um dos americanos ao piloto da Luftwaffe.

Ele não respondeu e olhou de um modo sinistro para todos. Por que um alemão haveria de estar preso na Espanha? O alemão não estava com humor para se integrar na bem intencionada troça — se é que compreendia o que diziam.

"Olhem, ele é da força aérea. Está com o emblema da Luftwaffe."

"Quer trocar por cigarros?", perguntou Horning.

Mas o alemão os encarou fixamente, nem um pouco desejoso de abrir mão de qualquer pedaço de seu uniforme. Não falou com os recém-chegados.

Eles beberam água e ficaram sentados dormitando, enquanto caía a noite. Estavam com fome, mas a única comida de que dispunham era a barra de chocolate que Bob Grimes tinha no bolso. A pequena mulher devia saber para onde estavam sendo levados. Daniel e os três americanos sentaram-se num canto e dividiram o chocolate. Bob olhou para o caldeirão no centro da peça.

O mingau era horrível e pululava de insetos. A idéia de comer aquilo dava náuseas. Eles dormiram e acordaram quando o dia já raiava.

No dia de Natal, Daniel falou com os guardas espanhóis. "*Nós somos americanos. Não estamos fugindo, só fomos derrubados e queremos voltar para casa.*"

Apesar de seu inglês deficiente, o espanhóis não iam perceber a diferença. Se compreendessem que ele era belga, isso poderia ser seu bilhete para o outro lado da ponte, de volta às mãos dos nazistas.

"*Somos todos americanos. Podemos ver alguém da Cruz Vermelha ou da embaixada?*"

Ele não conseguiu uma resposta definitiva, e então continuou a falar.

"*Nós gostaríamos muito de ir à igreja. Vocês não vão querer nos impedir de ir à igreja no dia de Natal, não é?*"

Isso fez vibrar alguma corda sensível. Guerra ou não, tementes a Deus, os policiais espanhóis não queriam sentir culpa por terem impedido que fiéis fossem à missa no Natal. Pouco importava que Daniel estivesse mesmo pensando em relaxar as restrições da condição de prisioneiros e o tempo todo procurasse um jeito de tirá-los dali.

Na tarde de Natal, dois soldados espanhóis levaram Daniel (o pretenso americano) e os três aviadores à igreja mais próxima, logo abaixo da colina.

Eles ainda vestiam as mesmas roupas que usavam há semanas, já rotas desde antes da trilha da França, e agora sujas e grudentas da travessia do rio e dos tombos na lama às margens d'água.

Levaram o encardido e desgrenhado grupo diretamente para a paróquia mais próxima, uma igreja minúscula onde os celebrantes ficaram chocados ao ver os americanos sentados no último banco. Daniel fazia sinal para Bob, Horning e Stanford se ajoelharem durante as orações, ou se levantarem. Esperava que o ardil da saída da prisão lhes desse maior liberdades até que descobrissem um modo de fugir. O Salvador haveria de perdoar o ato de terem usado Seu nome em vão.

Irún era uma cidade pequena e todos sabiam que os americanos estavam presos ali. Não era uma coisa comum, e o mexerico corria solto. As pessoas da cidade fronteiriça dividiam-se em suas lealdades. Alguns apoiavam os alemães e Francisco Franco, outros esperavam que os americanos vencessem. Naquele momento, podiam ler nos jornais que os alemães se retiravam às pressas da Itália. As pessoas do lado espanhol da fronteira também tinham ouvido falar que os alemães intensificavam a construção de fortificações ao longo de toda o litoral. Muitos bascos esperavam que a invasão aliada acontecesse logo, expulsasse os alemães da França e depois também depusesse Franco.[1]

Mesmo os defensores do Reich podiam desfrutar uma boa risada à custa da sisudez dos militares nazistas que perambulavam na cidade. Todos os anos, a gente de Irún festejava o dia de San Marcial. Os homens vestiam o seu mais fino traje nacional: lenço ou boina na cabeça; colete vermelho sobre a camisa de linho branca, bufante; uma faixa de seda carmesim à cintura e calças brancas largas, amarradas na panturrilha; jarreteiras brancas e alpargatas amarradas ao tornozelo. O melhor cavalo da cidade — havia muito poucos — era adornado com paramentos militares. Todos se reuniam para recriar o elemento basco nas guerras carlistas* do século anterior.

Naquele ano, algum gaiato disse aos alemães do outro lado da ponte internacional, na França, que a oficialidade de Irún ia promover uma grande festa militar. O chefe do destacamento da Wehrmacht em Hendaye achou que o decoro exigia a presença de um oficial de patente superior, um gesto para mostrar como eram bons os vizinhos que tinham assumido o controle da França. Um coronel ou *Oberhauptmannfüher* vestiu seu uniforme de gala, montou em seu próprio corcel e veio da França com toda a pompa e circunstância apresentar seus cumprimentos aos amigos espanhóis.

Como sempre, o confrade que fazia o papel de general carlista na representação teatral do dia de San Marcial estava bêbado. Quando o ofi-

* Carlista: nome dado aos que se recusaram a reconhecer a lei pela qual Fernando VII da Espanha modificava a ordem de sucessão do trono (1830), com isso favorecendo sua filha Isabel, em detrimento de seu irmão Carlos. (N.T.)

cial nazista cruzou a ponte de Hendaye, ninguém o impediu de entrar na celebração. O alemão ficou impressionado, talvez inspirado, com a exibição de paramentos militares, e cada um fez a sua parte. O nazista se aproximou do general basco de mentira, que, esforçando-se para não cair do cavalo, improvisou solenemente uma troca de saudações seguida por discursos recíprocos (a língua de cada homem, quase incompreensível para o outro). E como era perfeitamente apropriado incluir uma revista de tropas na programação, o basco precedeu o oficial nazista numa lenta cavalgada de ida e volta ao longo da fila da engalanada infantaria basca do século XIX. Uma enérgica saudação final, e o oficial alemão deu meia-volta e cavalgou para a França ocupada, puxando as trombetas heráldicas de uma orquestra a entoar cadências marciais apropriadas. Com certeza o oficial nazista fez sua parte e pôde relatar ao seu quartel-general o honorável estado das relações transfronteiriças. *"Todos riam às gargalhadas depois que o nazista se foi"*, relatou um dos cidadãos de Irún.

Em 26 de dezembro, o representante da Cruz Vermelha francesa visitou o heterogêneo grupo de americanos e Daniel — que continuava auspiciosamente a fingir que era americano. O francês anotou o nome deles e foi para San Sebastián, distante cerca de 20 minutos, dirigindo-se ao consulado britânico. Ele informou que os americanos achavam que um de seus companheiros pilotos tinha se afogado na travessia do rio Bidassoa. Michael Creswell e William Goodman, o cônsul, também tinham recebido informações dos guias bascos Manuel e Martin, que surgiram perambulando das montanhas para relatar o que sabiam do desastre da véspera de Natal. Os detalhes ainda estavam obscuros. Houve tiros na fronteira, e Manuel e Martin também pensavam que alguém podia ter sido morto.

Creswell devia andar rápido, pois havia a Gestapo e outros agentes alemães ao longo de toda a fronteira. Uma vez que as legações britânica e norte-americana registrassem os nomes dos americanos e expressassem seu interesse no caso, era improvável que as autoridades espanholas se arriscassem a provocar um incidente diplomático devolvendo os prisioneiros à custódia nazista na França.

Creswell enviou o francês de volta com dinheiro para pagar acomodações e alimentação decentes. Parte do dinheiro pode ter sido usada para sensibilizar as autoridades espanholas quanto a tratar bem os prisioneiros. Propinas jamais eram registradas nos livros, mas facilitar o caminho com dinheiro teria sido a maneira mais pragmática de proteger os presos.

Depois de cuidar disso, Creswell ainda tinha o problema de descobrir exatamente o que havia acontecido no rio. Não havia qualquer informação sobre Jean-François, Jacques Cartier e Florentino. Finalmente, em 29 de dezembro, Florentino e Jean-François chegaram a Sarobe com um novo grupo de aviadores. Jean-François contou a Creswell sobre aquela noite no rio. A morte de Jacques Cartier era um golpe sério nos seus planos de aumentar o número de travessias. Se quisessem abrir uma segunda rota de fuga em Elizondo, seria preciso encontrar um substituto.

Nesse ínterim, o reconhecimento oficial e a visita da Cruz Vermelha produziram as mudanças imediatas que Creswell almejara. Bob Grimes, Stanford, Horning e Daniel passaram a receber um tratamento mais generoso; eles podiam sair para dar caminhadas, embora ainda acompanhados por um guarda.

Os soldados lhes permitiam passear todos os dias na cidade, e eles foram conquistando liberdade ainda maior. Bob Grimes tornava as coisas melhores, porque ainda tinha a maior parte das pesetas que escondera e as distribuía em pequenas quantidades para extrair comida extra e privilégios dos guardas. Isso não era difícil. O salário médio do soldado raso na Guarda Civil era ínfimo, provavelmente não mais que cinco pesetas — 50 centavos de dólar por dia. O único problema que restou foi o tédio e a incerteza sobre quanto tempo teriam de esperar antes de serem libertados.

Daniel, que os acompanhava sempre nesses passeios, embora pensativo, uma tarde teve um anúncio a fazer.

"Rapazes, chegou a hora de eu voltar para casa. Preciso ir para a França. Tenho um plano."

Ele pediu a Bob e aos outros que lhe dessem todas as pesetas, já que os diplomatas americanos e ingleses cuidariam deles dali em diante. E então disse para observarem-no em ação.

"Vocês vão ficar bem agora. E a gente não vai poder se despedir."

No dia 29 de dezembro, Daniel e os três americanos fizeram seu passeio habitual no final da tarde e pararam numa cantina local. Só um soldado espanhol os acompanhava naquele dia, e a presença dele estava longe de ser intimidadora —sentou-se à mesa com eles e os acompanhou em várias rodadas de cerveja.

Quando terminaram, os quatro homens e seu guarda começaram a volta colina acima para a prisão. A tarde invernal já virava noite.

Na metade do caminho, Daniel parou de repente e disse ao soldado:

"Espere, esqueci minha boina no bar. Posso voltar para buscá-la?"

Isso apresentava um desafio mental complexo demais para o guarda, que, depois da bebida grátis, estava ainda menos alerta que de costume. Eis o problema: suas ordens eram para vigiar os quatro homens. Um homem disse que tinha de recuperar sua boina. O que era melhor, ficar com os outros três, ou voltar com o homem que tinha esquecido a boina? Ele não podia pedir aos quatro para esperar enquanto ia sozinho buscar a boina. E não podia acompanhar o homem de volta à cantina, enquanto os outros três esperavam sem guarda. Seria tolice.

Então, embotado pela cerveja e incapaz de pensar em alguma outra coisa, ele disse a Daniel que fosse correndo à cantina buscar a boina. A outra opção — não buscar a boina — aparentemente nunca entrou na equação.

Daniel piscou para os três aviadores americanos e disse que já voltava. Num pulo, saiu pela estrada, desapareceu na direção da cantina e foi embora.

Naquela altura, as autoridades espanholas já não mais tratavam os aviadores como prisioneiros, de modo que nem se inquietaram com o sumiço de Daniel. O tolo soldado recebeu apenas uma leve advertência.

Dois dias depois, na verdade — Creswell devia estar mandando um dinheiro para os funcionários da polícia local espanhola —, os rapazes foram inteiramente liberados e podiam perambular por Irún.

Não havia mais apreensão quanto à possibilidade de a Guarda Civil ou os militares alemães nas ruas os enviarem de volta à França. Logo estariam viajando sob proteção diplomática para Madri, de lá para Gibraltar e de volta para a Inglaterra.

Os soldados espanhóis os fizeram marchar colina abaixo, trocando a casa infestada de moscas por um modesto local chamado Hotel do Norte, no centro, onde cada um deles tinha um pequeno quarto particular. Era o melhor hotel da cidade, embora isso não quisesse dizer grande coisa. Mas pelo menos não havia mais o caldeirão cheio de baratas, e eles até podiam comprar cerveja e pão.

Em seguida, um jovem funcionário consular chamado Allison Wanamaker veio de Bilbao.

"*Vocês estão seguros agora*", disse ele. "*É só uma questão de papelada. A ajuda está a caminho.*"

Os rapazes quiseram saber quando iam para casa.

"*Não tentem escapar, vocês podem se ferir*", disse Wanamaker. "*É só agüentar um pouco, nós já vamos tirar vocês daqui.*"

As condições melhoraram ainda mais.

No hotel, eles conheceram um australiano que disse ser campeão de boxe em sua terra.

Ele estava na Real Força Aérea Britânica, era um sujeito alto, corpulento e ruivo, com um enorme bigode de morsa também avermelhado. Disse que tinha saltado de um bombardeiro britânico e atravessado a fronteira da França a pé, sozinho.

"*Não tenho medo de ninguém*", falou o australiano. "*Posso bater em qualquer um.*"

Eles procuraram diversão onde podiam encontrar. O australiano estava sempre com eles e chamava muita atenção. Ele incitou Bob a subornar os guardas para sair com eles. Havia uma lojinha onde paravam para tomar café com bolo, de manhã, e uma taverna onde podiam beber cerveja e vinho, à noite.

O australiano se interessou pela bela garçonete espanhola do café. Ele se debruçou sobre o balcão e passou um bom tempo cofiando o bigode ruivo. Sussurrou doces cumprimentos — dos quais a garota espanhola não entendeu sequer uma palavra — enquanto ela corava e enchia outras xícaras de café. Nenhum dos dois conseguia falar com o outro, mas palavras para quê? A cada dia o australiano passava mais tempo debruçado no balcão, e a garota passava o mesmo tanto sorrindo e corando meigamente.

Numa manhã, o australiano apareceu com um dicionário de espanhol-inglês todo esfarrapado. Ele folheou e encontrou a frase que procurava. Aí tentou pronunciá-la para a garota.

"Relaciones sexuales", disse ele. "Relaciones intimas?"

Sua pronúncia não foi boa o bastante para que a moça, ainda sorrindo, entendesse, e então ele se aproximou e apontou para a tradução de *intercourse* com seu grande dedo gordo.

Uma cortina baixou sobre o rosto sorridente, fazendo a garota enrubescer e sair da sala batendo os pés com raiva, certa de que nunca mais daria as caras quando o australiano aparecesse.

Terminado esse divertimento, ele concentrou seus esforços em beber até se embriagar e ameaçar todos os que cruzavam seu caminho.

"Eu era campeão de pesos médios, posso vencer você, vamos, me dê um soco."

Ninguém jamais se interessava.

Eram essas as distrações que eles tinham enquanto esperavam ir para casa.

Os funcionários dos consulados norte-americano e britânico continuaram a lhes dar dinheiro para comer melhor, embora a idéia espanhola de boa comida não fosse das mais apetitosas para um aviador americano. Um dia, eles pediram peixe num restaurante e sentaram-se a uma grande mesa para comer. Muito orgulhoso, o cozinheiro trouxe pimentões, batatas e cebolas num ensopado de cabeças de peixe, cujos olhos os fitavam fixamente. Eles se recusaram a comer.

Certa vez, ao passear de tarde numa das ruas montanhosas que circundavam a cidade, Horning chegou a uma ponte que se estendia, deste lado da fronteira francesa, sobre o pátio de manobras da ferrovia. Ele parou para observar a atividade lá embaixo: vagões-tanque estacionavam nos pátios de manobra, e os homens conectavam as mangueiras coletoras dos vagões em caminhões-tanque alemães. Era óbvio. As autoridades espanholas forneciam derivados de petróleo ao Terceiro Reich.

Bob viu a mesma coisa mais tarde. Ocorria em plena luz do dia, à vista de todos. Supostamente neutra, a Espanha dava gasolina ao inimigo. Ele podia imaginar o combustível sendo levado aos campos de aviação na França e abastecendo os caças da Luftwaffe, que depois sairiam em missões para derrubar aviões aliados. A impotência era esmagadora. Se dessem um B-17 e uma tripulação a Bob Grimes, ele bombardearia tudo aquilo — se lhe dessem uma metralhadora, seu instinto era destruir a operação que transcorria metódica e pacificamente bem diante deles.[2]

"Nós sabemos", disse o cônsul norte-americano quando Horning lhe deu a notícia na primeira oportunidade. "Não se preocupe com isso."[3]

Sem querer, Bob Grimes e Art Horning tinham visto uma prova do apoio continuado do regime de Franco à Alemanha. Agentes dos serviços de inteligência norte-americano e britânico reuniam uma ampla documentação sobre os subterfúgios espanhóis para suprir os nazistas. Com relutância, os embaixadores dos Estados Unidos e da Grã-Bretanha finalmente informaram a Espanha de que seu governo iniciaria um embargo total de petróleo. Samuel Hoare, o embaixador britânico, e Carlton Hayes, o americano, ainda argumentavam que a diplomacia era a melhor maneira de lidar com a Espanha, mas Churchill e Roosevelt prevaleceram; havia provas categóricas de que a Espanha continuava a dar apoio e ajuda à Alemanha nazista.

Finalmente, mas muito tarde, isso marcou o reconhecimento de que a Alemanha já não representava mais uma ameaça de invasão da Espanha, e de que, por isso, os espanhóis iam ter de começar a responder às exigências aliadas. Francisco Franco sentiu-se insultado com o gesto, mas suas esperanças numa vitória alemã na Europa se dissipavam. A Espanha começou a negociar restrições ao embarque de tungstênio para o Terceiro Reich. Especificamente a volframita — minério de tungstênio — só era fornecida pela Espanha e Portugal, cujos carregamentos por terra passavam por Irún e Hendaye. Sem esses carregamentos, a Alemanha ficava simplesmente impossibilitada de produzir o aço temperado de que precisava para fabricar munições e aeronaves. Acreditava-se que o tungstênio fosse usado nos narizes dos foguetes experimentais alemães, cada vez mais sofisticados. Ninguém menos que o colega ditador de Franco na península Ibérica, o líder português Antônio Salazar, concordou em fazer uma avaliação dos serviços de inteligência com relação ao aspecto crucial dos fornecimentos de tungstênio. O relatório dizia que, "juntos, Portugal e Espanha forneceram à Alemanha quase 100% do suprimento, em tempos de guerra, da vitalmente necessária volframita, mineral indispensável no processamento do tungstênio para as ligas de aço usadas em máquinas operatrizes e armamentos, especialmente cartuchos capazes de perfurar blindagens. A importância estratégica da volframita não é mal compreendida pelos portugueses. O próprio primeiro-ministro Salazar reconheceu no começo de 1944 que negar volframita à Alemanha 'reduziria sua capacidade de resistência, e a guerra seria correspondentemente encurtada.'"[4]

O embargo aliado de petróleo funcionou onde as políticas moderadas e conciliadoras dos embaixadores aliados não haviam dado bom resultado. Um biógrafo de Franco escreveu que "a realidade da situação era que o embargo do petróleo fazia a empobrecida economia espanhola voltar à Idade Média. A parada da vitória, em 1º de abril de 1944 [em comemoração à vitória sobre os republicanos], ocorreu sem tanques ou carros blindados."[5]

A pressão econômica obrigou Franco a rejeitar os pedidos alemães e a reduzir o embarque de tungstênio a um mínimo.

Essa mudança essencial na política aliada e na sorte da Alemanha aconteceu ao mesmo tempo que Bob Grimes e seus companheiros aviadores esperavam na Espanha pela liberação da papelada para poderem voltar. Todos os dias em Irún eram tempo de pressa e espera. Finalmente, em 10 de janeiro, Allison Wanamaker, o cônsul norte-americano, voltou e disse a Bob e aos outros que eles iam partir de Irún. No dia seguinte, se apertaram em um dos poucos carros com insígnias diplomáticas e viajaram várias horas até Zaragoza. Para surpresa geral, foram levados a uma estância na cidade de Alhama de Aragón, conhecida por suas águas minerais. O governo espanhol tinha concordado em alojar as tripulações aliadas na estância enquanto Creswell e seu homólogo americano tomavam conta da papelada. Bob permaneceu ali cerca de uma semana e se lembra de comer bem e passear pelas cercanias. Alhama é uma área rural ondulosa. Bob via campos e pequenas cidades nas colinas distantes, mas não fazia qualquer exploração do lugar. Ele ficou fascinado à visão dos ciganos que viviam em cavernas abertas nas encostas das colinas, mas era impossível ver de perto o que acontecia. Os aviadores estavam restritos à área da estância — não deviam se misturar com a população local.

Logo chegaram ordens para Bob, Horning e Stanford partirem para Gibraltar. Eles pegaram um carro diplomático e, diferentemente do que acontecera com Jean-François poucos meses antes, não tiveram de se esconder na mala ao cruzar para o território britânico. À espera da repatriação, passaram por interrogatórios de rotina com Donald Darling, cujo codinome era Domingo, do M19. Aquela era a última linha de defesa para garantir que agentes inimigos não estavam infiltrados no sistema.

Após vários dias, Bob, Horning e Stanford receberam suas ordens e pegaram um avião para Londres, em 29 de janeiro.

O avião voou sobre o Mediterrâneo, percorrendo o caminho mais longo para as ilhas britânicas, longe da costa do Atlântico, para evitar a aviação inimiga ou as baterias antiaéreas na França. A caminho, enquanto sobrevoava o oceano, Bob saltou no assento quando ouviu o barulho sugestivo de pedras sendo arremessadas contra a lateral da fuselagem.

"Fogo, artilharia antiaérea!"

"Não se preocupe; é apenas gelo", disse um dos tripulantes, acalmando-o. Como Bob sabia, a condensação às vezes se congelava na nacela de um motor e depois se desprendia durante o vôo. O gelo batia na fuselagem com aquele baque assustador, exatamente como Bob lembrava dos estilhaços quentes de metal batendo na fuselagem do B-17.

Ele sentou-se de novo e tentou relaxar. Estava tenso, mas a viagem de volta transcorreu sem incidentes.

Em Londres, a divisão conjunta da inteligência estadunidense-britânica, da sala 900, o escritório de Airey Neave no M19, fez um interrogatório mais extensivo. O brigadeiro norte-americano Curtis E. LeMay oficiou uma cerimônia de entrega da medalha Purple Heart pelos ferimentos sofridos em 20 de outubro de 1943, durante a a última missão sobre a Bélgica.

Naquela altura, todos em casa já tinham recebido a notícia de que Bob estava bem, e finalmente suas ordens chegaram: devia retornar aos Estados Unidos e servir como oficial de operações numa base de B-17 na Flórida. Tinha um último dia em Londres antes da partida programada de avião, na Escócia. Pegou o trem mais cedo para Edimburgo em vez de festejar a última noite nos bares da cidade, pois estava ansioso por ir para casa.

Bob estivera hospedado num hotel de oficiais em Londres, com um companheiro que ficara na capital para a noite final na cidade. Bob e seu colega de quarto se encontraram por acaso na Escócia, pouco antes do vôo para os Estados Unidos. O outro oficial tinha as roupas amarrotadas, e seu saco de viagem parecia ter sido bombardeado, rasgado e esfarrapado, e as coisas no interior estavam em pedaços. Fora perda total.

"*O que aconteceu?*", perguntou Bob.

"*Depois que você partiu, arrumei o saco, coloquei minhas coisas na sua cama e saí. Devo ter voltado para casa depois da meia-noite. Ouvi as sirenes de bombardeio, mas não sabia o quanto a coisa estava perto do hotel.*"

Bob, que normalmente ia para cama mais cedo, olhou o saco de viagem rasgado. Ele deveria estar deitado naquele lugar quando os fragmentos de vidro atravessaram o quarto. Todos brincavam com o fato de ele dormir pesado — mas daquele sono poderia nunca ter despertado. Depois de todas as fugas e riscos de insucesso, esta fora por um triz.

PARTE QUATRO

* * *

Janeiro de 1944

12. A Armadilha da Gestapo

Bayonne, França. Janeiro de 1944.

Jean-François atravessou de volta para a França. Era dia de Ano-Novo, e ele recebeu algumas notícias surpreendentes. A jovem Lily viera inesperadamente de Bruxelas e arranjara-se um encontro entre os dois. Jean-François nunca tinha se encontrado com Lily; apenas sabia que ela era um dos contatos de Dédée e que estava escapando da prisão há mais de um ano, desde que os nazista tinham capturado sua irmã e seus pais.

Max disse que eles se encontrariam no Le Perroquet, um café elegante perto da Prefeitura de Bayonne.

"Certo, mas como vamos nos reconhecer? Nunca estive com ela."

Uma maneira óbvia, disse Max — embora um pouco vulgar —, era usar o feio furúnculo no pescoço de Jean-François como sinal. Lily devia reconhecê-lo pela marca desagradável, ainda visível acima do colarinho. Meses depois da visita a Gibraltar, o furúnculo ainda não tinha fechado.

Jean-François concordou e partiu para atravessar Bayonne na direção do Le Perroquet.

O problema é que Max se esquecera de dizer a Lily qual o sinal de reconhecimento. Ela fez simplesmente o que Max lhe dissera para fazer — foi ao café e sentou-se do lado de fora, esperando que Jean-François tivesse algum meio de reconhecê-la.

Lily andou até lá da estação ferroviária, atravessou a ponte Saint-Esprit e a ponte Mayou, mais curta, que cruzam os rios Nivelle e Adour bem na sua confluência. Mesmo no inverno, e despojado da folhagem de suas árvores, o centro de Bayonne tinha um aspecto monumental que desmentia a guerra e a Ocupação. Ao se aproximar do requintado café à beira do rio, Lily viu rapazes e moças elegantes sentados às mesas, enquanto tomavam café, fumavam e conversavam. Ela pensou que o lugar era muito chique para uma moça de roupas simples que carregava uma bolsinha bastante surrada e não aparentava mais que 16 anos. Assim, decidiu continuar andando e sentar-se num banco depois do café, no jardim público adjacente. Ela podia observar perfeitamente a cena: garotas andavam de um lado para o outro, pareciam estar à espera de alguém, talvez algum dos oficiais alemães que caminhavam lentamente misturando-se à multidão de transeuntes franceses no dia revigorante de inverno. Havia homens rindo e bebendo, e mulheres — garotas realmente coquetes — que tentavam agradar os oficiais da Wehrmacht e os recrutas que passeavam no local.

Logo a situação tornou-se clara: Max a enviara ao café, e ela esperava por um homem que nunca tinha visto antes e que não aparecia. Lily sentiu-se cada vez mais inquieta e fora de lugar. Estava preocupada com traidores. Seria Max um traidor? Iria entregá-la aos nazistas? Em quem confiar?

Jean-François chegou às 11 da manhã, pontualmente. Le Perroquet era um lugar popular de encontro da juventude. Ele vestia um paletó simples e uma camisa branca, e não atraiu particularmente a atenção. De início olhou em volta, concentrando-se em mulheres jovens, à espera de que Lily percebesse seu olhar e compreendesse que era ele. Quando nada aconteceu, ficou impaciente. Alguns minutos se passaram, e quando nenhuma garota se aproximou, ele forçou um pouco a barra, e começou a circular de mesa em mesa, abaixando o ombro de modo bem óbvio para exibir o machucado no pescoço. Não conseguiu atrair a atenção de ninguém no café, nem encontrou Lily.

Jean-François partiu pouco depois, sério e frustrado por ter-se demorado, arriscando-se a chamar atenção da Gestapo ou ser expulso do lugar como maluco.

Lily estava presente o tempo todo, é claro. Mesmo no banco do parque, ela sentia-se transparente para as pessoas no café, uma garota do campo em suas desalentadas roupas de menininha. Viu o rapaz chegar, parar em cada mesa, inclinando a cabeça num gesto exagerado. Estranho. Talvez estivesse pedindo dinheiro. Após cerca de uma hora, Lily voltou para encontrar-se com Max Roger.

Não há problema, disse Max. Se ele não estava lá, você pode ir à estação de trem e encontrá-lo com Tia Go. Eles estarão lá às seis da tarde.

Lily ficou passeando por Bayonne o resto da tarde e dirigiu-se finalmente à plataforma da estação ferroviária na hora combinada. Tia Go ficou tão chocada ao ver a menina com ares de criança extraviada que perguntou:

"*O que você está fazendo aqui? O que você está fazendo na França? Por que não está em Bruxelas?*"

"*Não sei, estou aqui*", respondeu Lily, virando-se para Jean-François com surpresa. "*Eu vi você lá no café*", disse ela.

A confusão se desfez, e Lily discutiu a situação de Bruxelas. Nas duas semanas após a saída de Bob Grimes, Lily providenciara a passagem de mais uma dúzia de homens. Só ao chegar em Bayonne soube do desastre da véspera de Natal no rio Bidassoa e das mortes de Burch e Jacques Cartier. Ela ficou triste, é claro, mas grata e aliviada por Bob Grimes ter sobrevivido.

"De alguns deles a gente se lembra mais que de outros", comentou. "É a natureza humana. Bob era um bom rapaz e tinha uma personalidade forte."

Lily falou-lhes da deterioração da situação em Bruxelas. Ela escapara sob ameaça de desastre iminente. Logo depois da saída de Bob, tornara-se claro que não podia mais operar nas mesmas condições de segurança. A prisão de sua amiga Jane Macintosh foi um desastre. Primeiro, Jane tinha o endereço da senhorita Camusel. Mas também havia chamado a atenção para a importância de Lily na linha de fuga. Os serviços da contra-inteligência nazistas tentavam capturá-la. E sem o inglês perfeito de Jane, Lily já não era mais capaz de verificar que aviadores tinham o inglês como língua materna, e não eram agentes plantados pelos alemães. Além disso, Hélène Camusel estava muito perto dela. Desde a prisão de seus pais e da irmã, Lily conseguira evitar o perigo analisando as probabilidades e atuando apoiada em informações e no seu instinto. Agora precisava de ajuda.

Lily havia discutido a situação de segurança com seus colegas da Linha Cometa em Bruxelas. Yvon Michiels dirigia as operações — Lily era sua subordinada. Ele disse que compreendia o perigo.

"*Você pode sair de Bruxelas*", disse ele. "*Mas terá de nos escrever uma lista dos seus contatos.*"

"*Não vou escrever nada*", respondeu Lily sem hesitação. "*Nada por escrito. Por que alguém haveria de pedir isso num clima como aquele?*"

A última coisa que ela queria era deixar uma trilha de contatos escritos numa folha de papel que os alemães poderiam encontrar. A sugestão era absurda. Essa era sua maior reclamação sobre as pessoas com quem trabalhava. Lapsos de bom senso e falta de discrição já tinham custado muitas vidas. Talvez ela fosse jovem demais, o que a diferenciava por natureza — ou vai ver aquilo queria dizer que ela devia ser mais bem-educada com as pessoas supostamente mais experientes. Porém, todos os dias eram para ela um exercício de cautela e superação dos nazistas. Por que haveria de escrever qualquer coisa? Jovem ou mais velha, chefe ou subalterna, ela não faria aquilo.

"*Então, não vamos permitir que vá embora*", disse Yvon.

Ela não respondeu. Parecia-lhe incrivelmente ingênuo e insensível esperar que ela quebrasse as regras de segurança, colocando em risco a si mesma e aos outros. Era óbvio que havia traidores em ação. Lily não confiava em ninguém.

Sem esperar pela aprovação de seus superiores na Cometa em Bruxelas, ela pediu conselho a um velho camarada de seu pai na Resistência, René, que continuava a operar clandestinamente e a organizar agentes em toda a França.

A situação está clara, disse o chefe da Resistência. Não havia a menor sombra de dúvida.

"*Chega. Você tem de sair*", falou René. "*Nós temos um correio que parte daqui a dois dias. Você vai com ele.*"

Antes de partir, Lily tratou de garantir a permanência de agentes treinados e capacitados. Jules Dricot acompanharia os aviadores no lugar de Lily, e Miroir e Henri Macard se concentrariam em arranjar e garantir os esconderijos.

Em 10 de janeiro, ela pegou o trem para Paris e fez contato com Jérome — Jacques LeGrelle, o agente que o M19 enviara de Londres para trabalhar com a Linha Cometa. No dia seguinte Lily estava em Bayonne, onde procurou pelo parceiro de bicicleta de Jean-François, Max Roger.

Jean-François ouviu cuidadosamente. Estava claro que os nazistas pressionavam a Linha de alto a baixo.[1] O acidente no rio tinha sido má sorte, porém parecia haver algum tipo de coordenação entre Bruxelas e Paris. Como tinha de ir a Bruxelas de qualquer maneira, ele disse que ia verificar a situação, encontrar-se com os novos agentes e visitar a família de Jacques Cartier para dar a notícia da morte. De Bruxelas voltaria a Paris para encontrar-se com Jérome. Quando retornasse ao sul, eles coordenariam a operação já revisada e encontrariam uma função para Lily em Paris ou na fronteira.

Enquanto isso, Lily esperaria na casa de Tia Go.

Naquela noite, Jean-François pegou o expresso para Bruxelas. Sua visita à cidade foi breve, e o encontro com a família de Jacques Cartier foi triste, é claro. Jean-François se manteve concentrado na tarefa que tinha diante de si. Jérome veio a Bruxelas com ele para um encontro final com os membros da Resistência, para garantir a continuidade da Linha. Seria a última visita de Jérome por um tempo; estavam acertados para os próximos seis meses. Como era um agente treinado por Londres, o M19 esperava que ele circulasse regularmente, cruzando a fronteira espanhola e indo a Gibraltar. Também houve novas advertências sobre a segurança dele no território ocupado. Jérome partiu para Paris na tarde do dia 17 de janeiro.

"*Au revoir, Jean-François*", disse Jérome. "*Amanhã a gente se vê em Paris.*"

Jérome pegou o trem para a Gare du Nord e foi para o apartamento da rua de Longchamp. De tocaia no escuro, agentes da Gestapo o esperavam, enviados pelo traidor Jean Masson, que estava de volta às ruas.

O retorno de Masson à ativa foi um sucesso. O esconderijo da rua de Longchamp ainda estava em operação. Era apenas questão de esperar e ver quem ia cair na armadilha.

Masson esperava no quartel da Gestapo, na rua des Saussaies, quando trouxeram Jérome.[2]

"*Bonjour, Jérome. Onde está Franco?*", perguntou Masson, referindo-se mais uma vez ao codinome de Jean-François.

"*Não sei.*"

Masson sorriu. "*Você vai falar, meu amigo. Você vai falar.*"

Jérome estava desesperado, não tanto por ele mesmo, mas por Jean-François, que planejava encontrá-lo na manhã seguinte, caindo direto na mesma armadilha. Não havia como avisá-lo.

"*Onde está Franco?*", perguntaram eles.

Ele não disse nada, rezando para que Jean-François conseguisse se esquivar da captura. Jérome pôde ver que a Gestapo não tinha informações sobre o setor sul, e nada fez para ajudá-los. Mas eles sabiam tudo sobre a operação de Paris e até mencionaram Airey Neave.

Despiram-no e bateram nele com um chicote trançado até suas costas ficarem em carne viva, ensangüentadas. Seus tornozelos e joelhos foram amarrados para trás, às coxas, e os punhos atrás das costas. Então colocaram-no diante de uma banheira e começaram a enchê-la de água. Dezessete vezes enfiaram sua cabeça debaixo d'água, e a cada vez ele achava que ia se afogar. Antes de perder a consciência, era puxado bruscamente para trás, e a água em seus pulmões escorria por seu corpo. Imaginou que o deixariam morrer. Cada vez apanhava mais e era amarrado à parede. A surra durou até as oito horas da manhã; sete costelas se quebraram.

Antes de sair de Bruxelas, Jean-François teve mais uma coisa a acertar. os amigos lhe pediram para transportar um jovem companheiro belga de nome Renaud de Pret para o sul, para ver se ele conseguira cruzar a fronteira e fugir para a Inglaterra.

Renaud guiou a única bicicleta que Jean-François pôde encontrar para a viagem noturna pela fronteira belgo-francesa. O trem Lille-Paris entrou na Gare du Nord às oito horas da manhã de terça-feira, 18 de janeiro de 1944. Jean-François e Renaud seguiram diretamente para o esconderijo no décimo sexto *arrondissement*. Perto do Trocadero, eles viraram na rua de Longchamp, andaram até o edifício de apartamentos e foram direto para o sexto andar. Jean-François bateu à porta, esperando ver Jérome ou seu amigo Rolande. Quando a porta abriu, porém, ele deu de cara com um homem grande de terno escuro. Um pouco atrás, na sala, havia um outro. Não ficou claro quem estava mais surpreso. Jean-François nunca soubera que era possível sentir o cheiro de um agente da Gestapo quando se encontrava um deles.

Ele tinha alguns segundos para reagir, e seu primeiro instinto foi sair em disparada. Conhecia bem o prédio e tinha uma boa chance de mergulhar escadas abaixo, pegar uma porta lateral e sair pelas ruelas dos fundos. Contudo, com a mesma rapidez, compreendeu que isso corresponderia virtualmente a assinar a sentença de morte de seu jovem companheiro. Ele não podia fazer isso. Ficou onde estava, decidiu apostar na sua esperteza e ajudar o garoto a sobreviver.

Os homens da Gestapo não se moveram. O homem ao fundo estava com a pistola na mão.

"*Mãos ao alto!*"

Enquanto os nazistas revistavam Jean-François e o garoto e lhes colocavam as algemas, um dos homens puxou uma fotografia do bolso. Ele olhou para a foto, e depois para Jean-François, e de novo para a foto.

"*Você é Franco.*"O agente ficou muito satisfeito, embora estivesse confuso pela atitude descontraída de Jean-François. O jovem belga estava calmo e sorria.

"*Franco, não há nada de engraçado aqui. Você está encrencado*", disse o agente.

Jean-François olhou para o homem da Gestapo e decidiu que não ia lhe dizer o que pensava. Percebeu que o alemão usava a gravata que havia sumido desde junho passado, quando ele viera a Paris à procura do senhor de Jongh no esconderijo da rua Vaneau.

Jean-François arrastou-se até o veículo militar alemão, e os agentes colocaram-no e ao garoto no banco de trás. De algum modo ele mantinha o controle sobre seus nervos, incentivado pela consciência de que devia planejar a sobrevivência de ambos. Essa transição imediata da condição de resistente àquela de prisioneiro apresentava uma série de novos desafios. Jean-François tinha milhares de pensamentos e planejava instintivamente uma estratégia de sobrevivência de acordo com o que se apresentasse.

Primeiro, era o garoto.

"*Olhe, estamos na avenida Victor-Hugo*", disse ele. "*Esse caminho leva direto ao Arc du Triomphe e aos Champs-Elysées. A gente vai passar bem na frente do palácio*", falou.

O desempenho de Jean-François como guia turístico para o novo visitante de Paris fez o terror do momento parecer realmente mais remoto. Aquela era uma das maneiras mais horríveis de se dar um passeio pela cidade — a caminho do infame quartel-general da Gestapo na rua des Saussaies. Jean-François tinha conseguido chamar a atenção dos captores.

"*Por que*", perguntou um dos agentes da Gestapo, "*está mostrando Paris ao garoto?*"

"*Ele é só um menino*", respondeu Jean-François. "*Nunca esteve aqui antes. Nunca o vi antes. Seu único crime é querer ir para Londres.*"

Jean-François repetiu a história no quartel-general da Gestapo enquanto o garoto era brevemente interrogado. Felizmente os alemães não torturaram o menino, pois pensaram que ele não tinha nenhuma informação a dar. Pelo menos o primeiro objetivo de Jean-François tinha sido alcançado.

Em seguida, sentado sozinho numa cela nua no quartel-general da Gestapo, ele precisava pensar numa estratégia que o ajudasse a agüentar qualquer tortura que eventualmente tivessem no estoque. Talvez pudesse desenvolver um conjunto de mentiras plausíveis que os impedissem de matá-lo. Tratou de reunir forças para resistir ao que viesse a seguir.

Após várias horas, foi tirado da cela e levado por um corredor até um escritório. Um homem atarracado de cabelos amarelos sentava-se atrás da escrivaninha, sorrindo presunçosamente.

"Franco", disse o homem, usando o nome de guerra de Jean-François. *"Prazer em finalmente conhecê-lo. Sou Jean Masson."*

Tornou-se subitamente claro que aquele era o homem que tinha dizimado a Linha Cometa, que capturara o pai de Dédée e dúzias de seus amigos na Bélgica e no norte da França, no ano anterior. Pôde perceber pelo sotaque que ele também era belga. Jean-François ficou enojado à idéia de que aquele mísero vira-casaca trabalhasse na linha de fuga, e mais chateado ainda de não poder avisar os outros membros da Cometa.

Masson encarou Jean-François fixamente. *"Você tem de admitir que eu fiz um bom trabalho."* Ele parecia ler os pensamentos de Jean-François. Masson achava que o seu trabalho árduo finalmente triunfara. Tinha capturado os líderes da operação em Paris. Como a Linha poderia sobreviver?

Jean-François o desafiava, contudo, e não ia permitir que Masson percebesse qualquer reação de sua parte.

"Talvez", disse Jean-François afinal, *"mas nós também, nós também fizemos um bom trabalho."*

Masson era arrogante. Ele não precisava aceitar as ardilezas de um prisioneiro. Havia outros trabalhos a fazer, além de tagarelar com os tolos que já tinham sido presos. Confiante e desdenhoso, levantou-se e deixou Jean-François sozinho na sala. Outros iriam lidar com ele dali em diante. Mais uma operação bem–sucedida, e, desta vez, Masson nem precisou se infiltrar. Usara agentes duplos e outros para encontrar o esconderijo, o que os levara a Jérome e a Jean-François. Seria mais fácil que nunca preservar o seu disfarce. Nenhum dos ativistas remanescentes da Cometa nas ruas sabia seu nome ou iria associá-lo à figura de um traidor. Masson continuaria a pegá-los um a um.

Entrou o primeiro de uma série de interrogadores. Jean-François ia encarar o desconhecido. Quanta tortura alguém podia agüentar antes de fraquejar e contar tudo? Ele escondeu seu medo e tratou de não tremer. Houve quatro dias de isolamento, imundície e fome. Os interrogatórios seguiam adiante sob ameaça de tortura, o que em si já era um suplício. Ele ouvia os choques elétricos e os afogamentos numa banheira vizinha. Um dia, um homem ensangüentado foi trazido para dentro da sala. Horrorizado, reconheceu Jérome, o rosto desfigurado pelos espancamentos, os punhos roxos cheios de feridas das algemas que usava. Jérome fora implacavelmente torturado por seis homens durante a noite inteira.

Ficou claro para Jean-François que Jérome mal podia enxergar. Eles o empurraram rapidamente para fora. Jean-François compreendeu que seu amigo não havia fraquejado. Jamais poderia julgar um homem que cedesse diante de tais torturas, mas tinha um respeito ilimitado por uma pessoa que fosse capaz de resistir.

Jean-François foi algemado e amarrado à cadeira de modo a não poder se mexer. Uma semana já se passara após sua captura, e nada havia mudado. Então um novo inquiridor apareceu, possivelmente o inspetor-chefe da Gestapo, diferente dos demais. Talvez a tortura fosse começar.

"*Você é jovem demais para ser um líder da organização de Resistência*", disse o homem. "*Quem são seus contatos?*"

As perguntas eram relativas à operação no sul da França.

"*Só o meu chefe conhecia as operações*", disse Jean-François. "*Por razões de segurança, ele nunca me disse nada.*"

"*Mas quem é o seu chefe?*"

"*Jacques Cartier.*"

"*Que idade ele tem?*"

"*Cinqüenta e dois.*"

"*Onde ele está?*"

"*Morto.*"

"*Você está mentindo.*"

"*Estou dizendo, ele morreu em 23 de dezembro.*"

"*Onde, então?*"

"*Na fronteira entre a Espanha e a França.*"

"*Isso não é verdade.*"

"*Telefone para Hendaye. A polícia de fronteira alemã vai lhe dizer.*"

Finalmente, chegara a hora do almoço na rua des Saussaies, e um guarda levou Jean-François de volta à sua cela.

Às duas horas da tarde, o inspetor o chamou de volta. Ele havia verificado com a polícia de Hendaye. Jean-François dissera a verdade, e de uma hora para outra os nazistas já não tinham mais tanto interesse por ele. Após duas semanas, foi enviado para a prisão de Fresnes e depois transferido para St. Gilles, na Bélgica, onde Dédée também tinha sido prisioneira. A inspiração repentina funcionara. Assim como acontecera com Dédée, a Gestapo se recusara a acreditar que pessoas tão jovens pudessem desafiá-los com tanto êxito. Jean-François fez uma oração silenciosa de agradecimento a Jacques Cartier, percebendo a sublime ironia. "*Eu fui salvo pela morte do meu amigo.*"

13. O Desafio de Lily[1]

Paris, França. Março de 1944.

Mais ou menos na mesma época em que soube da prisão de Jean-François, Creswell também recebeu notícias monumentais que mudariam as operações da Linha Cometa. Airey Neave, do quartel-general do M19 em Londres, enviou-lhe um telegrama no começo de 1944, informando que haveria mais pressão do que nunca para resgatar pilotos norte-americanos e ingleses, pois os preparativos para o Dia-D, a invasão aliada da Europa, estavam começando.

Cabia elaborar planos de contingência, argumentava Neave. Haveria cada vez mais bombardeios aliados durante toda a primavera — e novos homens precisariam de ajuda. Impossibilitada de abrir uma segunda linha de fuga, a Cometa não seria capaz de lidar sozinha com o volume de aviadores. Os bombardeios iam atacar linhas férreas, o que significava que o movimento regular para o sul, através da França e da fronteira espanhola, poderia ser interrompido. Certamente iria se tornar ainda mais perigoso.

Assim, ao mesmo tempo que a linha de fuga continuava, o M19 queria que Jean-François e os outros soubessem que havia outros planos. Neave desejava estabelecer campos em áreas rurais onde os pilotos pudessem ficar escondidos até serem libertados depois do começo da invasão — presumindo, como eles presumiam, que a invasão fosse bem-sucedida.

Creswell havia planejado discutir os novos preparativos com Jean-François quando recebeu a notícia de sua prisão. Era devastador. Como antes, porém, a guerra exigia sacrifícios em nome dos que caíam.

Várias semanas após a captura de Jean-François, Creswell chamou Tia Go, Max e Lily — os membros mais duradouros da linha de fuga — para uma reunião de planejamento em Madri.

Todos estavam determinados a perseverar em tributo a seus colegas. Imediatamente o M19 enviou um novo agente para assumir a seção de Paris. Era o oficial de um comando do exército belga, Jean de Blommaert, de codinome Thomas Rutland. Airey Neave supervisionara o treinamento de Thomas na Inglaterra, enviando-o em seguida para o território ocupado. Thomas era um homem bonito, de cabelos louros, respeitado tanto em Londres como em campo.

Max continuaria a tomar conta dos trens de Paris a Dax, e Lily passaria a trabalhar com ele em Paris, e de Dax até a fronteira. Tia Go e seu marido, o Tio, continuavam a coordenar as operações no País Basco, e Kattalin continuava usando a sua casa.

Kattalin e Florentino também haviam incrementado as repetidas entregas do correio clandestino do serviço de inteligência nacionalista basco, repassando mapas e mensagens codificadas da França para as inteligências militares britânica e norte- americana na Espanha. A operação podia seguir independentemente da chegada de aviadores. Naquela primavera, Florentino atravessava freqüentemente as montanhas.

O número de aviadores aumentara. Eles definiriam áreas para estabelecer vários campos e se preparariam para receber até 400 aviadores na França e na Holanda. Neave chamou o plano de Operação Maratona.

Com a nova urgência, os militantes da Cometa retornaram a seus postos no território ocupado. A programação continuou ao longo de todo o mês de fevereiro. A Linha Cometa transferia pilotos para o sul e agentes para o norte através da fronteira. Creswell também enviava suprimentos, dinheiro e mensagens codificadas.

Lily cruzou os Pireneus para as reuniões adicionais com Creswell e, em 24 de fevereiro, retornou da Espanha com notícias urgentes do M19.

Londres tinha informações confiáveis de que Thomas estava sob a vigilância da Gestapo. Não havia detalhes sobre a fonte, mas Neave disse que a informação devia ser levada a sério. Implicitamente isso queria dizer que havia agentes duplos entre eles. Neave deu ordens a Thomas de voltar a Londres para atuar em consultas e planejamento até as coisas esfriarem. Lily chegou a Paris e transmitiu a mensagem a Thomas, que programou imediatamente o retorno ao sul com ela, no dia seguinte.

Nesse ínterim, Lily concebeu uma estratégia para acelerar os procedimentos de fuga — as transferências estavam muito lentas desde a prisão de Jean-François. Com Thomas de partida para Londres, Lily coordenaria as fugas de Paris, juntamente com outra ativista, Martine Noel, uma dentista que providenciava alojamento para pilotos transferidos da Bélgica. Martine atuava sozinha há algum tempo. A Gestapo prendera seu marido e sua irmã. Lily mantinha suas coisas no apartamento de Martine, perto da Academia Militar francesa.

Na tarde de 24 de fevereiro de 1944, Lily se encontrou com a nova equipe de ajudantes num restaurante escolhido por Martine. Estranho, pensou Lily, os encontros em Paris se realizarem em restaurantes. Jamais seria assim na Bélgica. Porém a comida era mais abundante na França. O bistrô estava lotado e ecoava o vozerio e as gargalhadas. Entre os ativistas havia vários outros ajudantes, inclusive o padre Beauvais, que dava abrigo a pilotos que vinham para Paris. Sentado bem à frente de Lily estava outro companheiro que parecia vagamente familiar. Ele era baixo e tinha cabelos amarelos, os olhos muito próximos um do outro, parecia estranho e intenso. Usava um extravagante paletó roxo com uma curiosa gravata de bolinhas que certamente o faziam sobressair na multidão.

Chamavam-no Pierre, um belga da fronteira. Pierre Boulain.

"*Já nos encontramos antes?*", perguntou Lily.

Pierre achava que não.

"*Trabalhei com Jean-François*", disse Pierre. "*Ajudei a arranjar documentos de identidade para a fronteira com a França. Posso fazer isso outra vez.*"

Lily nunca tinha ouvido o nome de Pierre Boulain. Thomas disse que ele se oferecera para começar a trazer os aviadores da Bélgica por 2.500 francos cada — afinal, tinha as suas despesas.

Lily sentiu alguma coisa de que não gostou. Talvez ela o tivesse visto antes: cabelos louros, olhos pequenos. Ela descobriu o que a incomodava.

"*Pierre, sabe, você tem muita sorte de ter sido apresentado pelo padre Beauvais.*"

O homem olhou para ela.

"*Não entendo o que quer dizer.*"

"*É que eu não o conheço.*"

"*E o que isso significa?*"

"*Bom, você está usando uma gravata de bolinhas.*"

Martine e os outros pararam de falar e olharam para Lily e Pierre Boulain. Algo estava acontecendo.

"*Ei, o que há com você?*", perguntou Martine a Lily. "*Que tolice é essa de que vocês estão falando?*"

Era a gravata de bolinhas. Uma coisa boba, mas ela se lembrou de algo que seu pai tinha dito antes de os nazistas o prenderem. A próxima vez que vir alguém com uma gravata assim, preste atenção, dissera ele. Pode ser um sinal.

Um sinal de quê? Ela tentou tirar aquilo da cabeça, mesmo que não gostasse do jovem belga, com seu estranho sorriso. Afinal, fora o padre Beauvais quem o trouxera , e Beauvais havia de saber o que estava fazendo. As pessoas tinham direito de usar gravatas sem serem acusadas de nada.

Pierre olhou-a de volta. Talvez eles tivessem se encontrado antes. E talvez ele estivesse usando na ocasião sua outra identidade falsa — Jean Masson.

Certamente, porém, pensou Masson, Lily não tinha ouvido falar dos agentes secretos da Gestapo e de como eles comunicavam sua identidade um ao outro usando gravatas de bolinhas. Estava desconfiado, mas respondeu brandamente.

"*Do que você está falando?*"

"*Ah, nada. Não sei. Estou apenas falando.*"

O encontro casual foi a primeira brecha no anonimato de Jean Masson. A partir daquele momento, Lily e Jean Masson, também conhecido como Pierre Boulain, se lembrariam um do outro. Masson sabia do que ela falava, da gravata de bolinhas. Ele não suspeitaria que uma garotinha como ela pudesse saber sobre a gravata. Os agentes infiltrados usavam-na como sinal. Ela havia descoberto a identidade dele e nem sequer sabia disso.

Por ora, porém, nada mais houve de notável naquele jantar. Uma boa refeição, a atmosfera leve, condizente com o fato de os Aliados estarem na ofensiva. E depois, no dia seguinte, Lily partiu para o sul com Thomas e Charles LaFleur, um operador de rádio do M19 que, por estar em perigo iminente, devia deixar o país. Eles tomariam um caminho diferente nas montanhas, através de Sare, a cerca de 16 quilômetros de Biriatu.

A travessia foi rotineira, embora LaFleur mancasse consideravelmente. Neave o enviara do quartel-general do M19 em 20 de outubro, com ordens para saltar de pára-quedas de um planador Lysander sobre a França, estabelecendo comunicações de rádio no setor setentrional.

Outra vez 20 de outubro. A data lhe voltava sempre ao espírito. Era o mesmo dia em que Bob Grimes, o piloto americano, saltara de pára-quedas do seu B-17 abatido. E o mesmo dia em que os alemães executaram os 11 membros da Linha Cometa no pátio de fuzilamentos em Bruxelas.

LaFleur era baixo, moreno, falava um rude francês canadense. A melhor idéia, mesmo com documentos falsos, era ele ficar de boca fechada em público: seu sotaque o denunciaria. Ele contou como tinha conseguido levar as coisas adiante durante um tempo, mudando-se de casa em casa nas cercanias de Reims e trocando sinais com Londres. Mas os alemães estavam cada vez mais perto, usavam estações móveis em caminhonetes para monitorar os sinais eletrônicos.

Uma noite, no final de novembro, ele estava transmitindo, como de costume, quando descobriu que a casa havia sido cercada por soldados alemães. Abriu fogo contra eles, atingindo vários e talvez matando um. Então saltou pela janela do andar superior e saiu correndo na noite, embora tivesse machucado a perna ao cair.

Estava na hora de LaFleur voltar para Londres. Mesmo com a perna machucada, eles conseguiram cruzar a fronteira. Lily conduziu LaFleur e Thomas ao consulado britânico em San Sebastián. Ela descansou brevemente, disse adeus aos seus camaradas e seguiu pelas montanhas para a França. Tinha de retornar a Paris em poucos dias.

Com a chegada da primavera de 1944, a mudança estava no ar — mas também o perigo. A guerra permaneceu num *status quo* durante os meses de inverno, mas então os ataques aéreos sobre o continente europeu aumentaram. Os bombardeios se estendiam cada vez mais ao sul da França. Houve ataques ao longo da costa, chegando até Bayonne. Nesse ínterim, com as perdas na Itália e o exército de Patton avançando para o norte a partir de Roma, a balança pendia contra a Alemanha. Todos sabiam que a invasão da Europa podia acontecer a qualquer momento. Com esse conhecimento veio o perigo de que os alemães lutassem ainda mais brutalmente nos lugares onde podiam fazê-lo. Eles ainda podiam aplicar pressão e produzir danos consideráveis nas forças da Resistência na França. Lily e os membros remanescentes da Linha Cometa sabiam que enfrentavam uma ameaça crescente.

Mesmo que Londres enfatizasse os campos rurais como abrigo para o número crescente de aviadores que necessitavam se esconder dos nazistas, Lily e Tia Go sabiam que ainda podiam usar as travessias na montanha para resgatar alguns homens. Apesar dos perigos, Lily planejou reorganizar a linha de fuga. "Nós ainda temos Florentino", disse Tia Go.

Mas os horários de trem tinham perdido qualquer regularidade. Os pilotos aliados — que voavam cada vez mais impunemente sobre a França — conseguiram, como fora antecipado pelo M19, bombardear as principais linhas férreas. Os trens atrasavam, e Lily não conseguiu voltar a Paris. Demorou muito mais tempo que o previsto. Ela presumiu que sua amiga Martine, a dentista, devia estar preocupada.

Quando finalmente chegou à Gare du Nord, telefonou para o apartamento de Martine na rua de Champs-Fleury.

Uma mulher atendeu ao telefone.

"Ah, é você, Micheline", disse a voz. *"Micheline, faz tempo que estamos lhe esperando. Venha para cá."*

Lily ficou alarmada.

Quem era a pessoa na outra ponta? Não era Martine.

"Martine está?"

"Agora não, mas venha, Micheline, ela já vai voltar."

Lily respondeu em tom casual e não comprometedor.

"Claro, já estou indo."

Ela desligou o telefone. "Micheline", dissera a mulher. O nome verdadeiro de Lily — que ela não usava há quase um ano. Ninguém em Paris sabia o verdadeiro nome de Lily. Ela não era o tipo de pessoa que entra em pânico, mas tampouco iam fazê-la de boba. O perigo tinha chegado a um novo patamar, e ela não tinha intenção de retornar ao apartamento de Martine.

Em vez disso, foi ao consultório dentário de Martine, no subúrbio, mantendo o controle da área e aproximando-se cautelosamente.

"Não entre", disse-lhe a zeladora, detendo-a à porta. *"Os alemães estiveram aqui. Estão todos presos."*

A zeladora mandou-a para a casa de um amigo de Martine, que contou os detalhes. Todos os que haviam estado no restaurante naquela noite encontravam-se presos. Tinham sido levados à prisão de Fresnes, nas cercanias de Paris. Alguém ficara vigiando.

Lily sabia que corria o risco de ser capturada a qualquer momento. Os alemães sabiam seu nome e onde ela morava. Precisava estabelecer um plano, mas, para sua segurança imediata, pegou o trem de volta a Bayonne, para pensar nas coisas.

Uma possibilidade era cruzar a fronteira e falar com Creswell. Ele lhe diria para ir para a Inglaterra, que era perigoso demais continuar operando na França naquele exato momento. Lily não estava propensa a fazer isso. Se havia um traidor à cata dos membros da Linha Cometa, ela tinha de descobrir quem era. Lily fez contato com uma militante de confiança, de codinome Diane, outra ativista da Cometa e amiga de Martine. Ela era a jovem linda que saltara no colo de Art Horning vários meses antes, salvando-o do controle de identidade no trem para Paris.

"*Vamos até Fresnes*", disse a Diane. "*Quero descobrir o que aconteceu. Meus amigos poderão me dizer o que aconteceu.*"

Lily esperava poder salvar a Linha Cometa e proteger os outros de serem presos pelos nazistas. Sua reação era a mesma que tivera quando sua irmã e seus pais foram pegos em 1942: bater diretamente à porta da frente do inimigo. De uma maneira ou de outra, eles não estariam preparados para a abordagem direta. Ela desejava cumprimentar o inimigo em sua própria casa. Depois teria de improvisar.

Em 13 de março, as duas se apressaram no carro de Diane, viajando cerca de 13 horas na direção de Paris. A prisão de Fresnes era bem no limite da cidade. Lily não tinha desculpas nem qualquer outro motivo para ir direto à prisão. Devia descobrir como Martine fora presa; de algum lugar ela iria desentocar o traidor. Ao chegarem nas proximidades da prisão, elas fizeram a volta uma vez e pararam a 500 metros do portão. Diane ficou esperando no carro. Lily seguiu pela estrada, atravessou uma ponte ferroviária e chegou ao portão do edifício. A prisão era um lugar de triste fama, uma fortaleza de pedra construída em 1898.

Lily pediu para visitar uma prisioneira. As autoridades ficaram confusas. As pessoas não apareciam a pé na prisão sem serem anunciadas. Lily foi detida assim que chegou e trancada numa sala com um pouco de comida. Os guardas a interrogaram várias vezes no primeiro dia.

"*Mas eu só procurava uma amiga que está presa aqui*", protestou ela.

Aquilo devia ser desconcertante para o diretor da prisão. De onde surgira aquela menina? Ninguém tinha a audácia de vir à prisão de Fresnes.

Lily permaneceu calma e foi capaz de mentir bem o bastante para confundir os guardas. Enquanto isso, ganhava tempo para tentar descobrir um jeito de entrar em contato com Martine.

Rapidamente tornou-se claro que os outros prisioneiros poderiam ajudá-la. Existia um elaborado sistema de comunicação. As pessoas podiam estabelecer contato através das paredes usando batidas, ecos e gritos. A fortaleza era construída segundo uma planta centro-radial clássica, e os presos eram suficientemente organizados para localizar Martine e trazê-la para perto da sala de Lily, para as duas poderem conversar ao longo da parede.

"*Martine! Martine!*", chamou Lily.

Martine mal pôde acreditar que ouvia a voz da amiga.

"*Quem está chamando?*"

"*Sou eu Martine, sou eu! Diga quem é o traidor. Quem é o traidor?*"

Martine respondeu após uma breve pausa. A resposta foi a esperada.

"*É Pierre. Pierre Boulain!*"

Esta foi toda a comunicação que ousaram ter antes de os guardas passarem em suas rondas. Mas era suficiente. Lily tinha pensado em Pierre Boulain. As roupas afetadas, os olhar vago. Compreendeu de repente que o vira antes.

Com a torrente de pessoas que ela havia encontrado em todos aqueles meses, não conseguiu lembrar-se do rosto de Masson no encontro do restaurante. Mas agora conseguia fazer as ligações. Lembrou-se de um último encontro em Bruxelas, em junho de 1943, dois dias antes de o pai de Dédée ser preso em Paris. Alguns membros da Linha Cometa se encontraram num esconderijo em Bruxelas. Masson estava entre eles; era responsável pelas operações entre Bruxelas e Paris, com especial habilidade em passar pelas fronteiras. Ele tinha contatos e podia arranjar guardas de fronteira que fornecessem documentos de identidade. Sempre que Masson estava por perto, os guardas pareciam olhar para o outro lado. O senhor de Jongh ficara impressionado com a fantástica capacidade de Masson para se liberar da burocracia.

Lily lembrou-se de ter levado dois aviadores de bonde no dia seguinte para um encontro com Masson, em Bruxelas, no monumento aos mortos da Primeira Guerra Mundial. Eles estavam na linha 15 do bonde, que dá uma volta em torno da cidade. Lily viu Masson parado na praça ao lado de um homem desconhecido. Havia mais dois homens atrás, e naquele instante Lily teve uma sensação inabalável de que Masson e os outros eram da Gestapo. Quando ele chegava, as coisas se passavam com demasiada facilidade. Algumas vezes a tramitação da papelada era rápida demais, tornava-se muito fácil arranjar carteiras de identidade, a passagem pela fronteira dava-se praticamente de mão beijada, como um presente feito pelo serviço de inteligência nazista. Dois dias depois, o senhor de Jongh foi preso em Paris. Lily entrou para a clandestinidade e nunca mais viu Masson depois daquilo. Se ao menos ela o tivesse reconhecido mais cedo.

Agora que Martine tinha passado o nome que ela queria, Lily devia encontrar um meio de avisar os outros membros da Linha Cometa em Paris. Até então Masson protegera a sua identidade porque todos os que o tinham conhecido sempre eram presos. Lily era a única capaz de desmascará-lo.

Lily dormiu duas noites na prisão de Fresnes, protestando sua inocência o tempo todo. Ela disse aos carcereiros — em sua maioria franceses — que não tinha a menor idéia do que Martine havia feito. Os guardas também não deram indicações do que ia acontecer. Porém, por volta de três horas da tarde do terceiro dia, ela foi tirada da sua cela e levada ao diretor da prisão.

O diretor também era francês. Ele jogou a identidade francesa de Lily sobre a mesa. Ano de nascimento, 1927, com a idade convenientemente diminuída de seis anos. E parecia ainda mais jovem.

Dezessete anos. Ele não ia aceitar a prisão de uma menina de 17 anos. Havia um retrato de família na sua escrivaninha. Lily ficou com a impressão de que o diretor tinha uma filha da mesma idade que ela.

"*Vá embora imediatamente*", disse ele. "A *Gestapo está a caminho.*" Lily teve permissão de sair pelo portão da frente, da mesma maneira que tinha entrado. Quando cruzava a ponte ferroviária logo depois do perímetro da fortaleza, um carro oficial alemão se aproximou. Os oficiais da Gestapo passaram por ela sem olhar.

Diane — e o carro —, é claro, há muito já tinha ido embora. Lily saiu à procura de seus amigos da Cometa. Todos se encontravam em perigo até que Jean Masson pudesse ser eliminado. Depois da prisão, porém, ela tinha uma vantagem. Sabia quem ele era.

14. No Rastro de Jean Masson

França ocupada. Abril de 1944.

Neave e seus colegas do M19 em Londres estavam preocupados sobre como os alemães iriam reagir quando as notícias da guerra virassem a favor dos Aliados e os acontecimentos levassem à tão esperada invasão. Eventuais retaliações podiam tomar a forma de execução sumária de ativistas da Linha Cometa, juntamente com a deterioração das condições dos aviadores à espera de resgate. Em resposta, Neave e outros no quartel-general do M19 avançavam em seu novo plano: a Operação Maratona,[1] que iria dar refúgio a um número muito maior de pilotos que os transferidos em segurança através da fronteira pela Linha Cometa, especialmente com o assédio alemão e a pressão crescente dos bombardeios aliados — que, na melhor das hipóteses, estavam tornando as viagens na França bem irregulares. A Operação Maratona criaria zonas de recolhimento na França, em Châteaudun, perto de Órleans, e na floresta de Fréteval, em Tours; e uma outra em Ardenas, na Bélgica. Fora decidido que, apesar dos riscos, Thomas Rutland, que fora enviado de volta a Londres no mês anterior por causa da ameaça de captura pelos nazistas, deveria retornar à França para dirigir os campos franceses. Para Ardenas, o M19 escolheu o velho amigo de Bob Grimes, Daniel Mouton, um agente cada vez mais importante depois que fugira no Natal da guarda espanhola. Mouton também estava em Londres para as reuniões da primavera.

Neave foi ao aeródromo de Tempsford em 9 de abril para se despedir de Mouton e Thomas, antes de eles saltarem de pára-quedas na volta para a França.[2] Sentia-se pessoalmente responsável toda vez que enviava um agente à França ocupada, e estava impressionado com a bravura que seus homens mostravam arriscando suas vidas.

Thomas e Daniel saltaram sobre o território ocupado naquela mesma noite, esconderam-se no campo e logo voltaram para Paris. Poucos dias depois da chegada deles, Lily os localizou, contou suas aventuras e deu a notícia de que o traidor fora identificado.

"E quem é o traidor?"

"Pierre Boulain, também conhecido como Jean Masson."

Thomas e Daniel não podiam acreditar. Pierre Boulain tinha sido muito bem recomendado. Antes, naquele mesmo ano, tinha sido bem-sucedido no trabalho com Jean-François, desempenhando um papel relevante na transferência de aviadores para Paris. Era notável a maneira como podia obter excelentes papéis de identidade falsos e conseguia cruzar a fronteira sem ser detectado. Naquele momento Boulain deveria tomar parte na organização de um dos campos de fuga da Operação Maratona. Na verdade, pela facilidade de movimentação e eficiência de Pierre Boulain, Mouton estava prestes a lhe dar 500 mil francos adiantados para o trabalho de estabelecer o campo na Bélgica.

Era perigoso e fatal acusar alguém de traição. Eles quiseram saber se Lily era capaz de apresentar mais que apenas a breve menção de Martine por trás dos muros da prisão de Fresnes.

"Nenhum problema", disse ela. *"O que vocês querem fazer?"*

Mouton pediu para ela confirmar antes a identidade do homem com quem estavam lidando. As relações com Boulain eram tão estreitas que tinham planejado um encontro com ele no dia seguinte.

"Temos um encontro com ele num restaurante amanhã de manhã."

"Outra vez", pensou Lily. *"Eles já estão me levando para outro restaurante."*

"Daniel, você sabe que não gosto de ir a restaurantes sozinha."

"Então tudo bem. Olhe, amanhã de manhã, não entre no restaurante. Sente-se do lado de fora. Vamos nos encontrar com ele ao pé da estátua do rei Alberto. Ele vai nos entregar alguns aviadores para transferirmos pela linha de fuga."

"Assim é melhor", disse Lily. *"Vou ficar por perto, observando."*

Na manhã seguinte, 7 de maio, Lily andou à beira do Sena no sétimo *arrodissement* e atravessou a ponte d'Alma, que comemora a primeira vitória da França na Guerra da Criméia. Não estava longe da Place de la Concorde. Era primavera, as varandas dos cafés estavam abertas e as pessoas passeavam de um lado para outro. Ela chegou na hora e pensou sobre o quanto detestava se atrasar e que os outros se atrasassem. Ainda assim, sua tarefa era ficar fora da vista. Lily trouxera um jornal e sentou-se para ler.

Viu Daniel chegar poucos minutos depois, e logo em seguida um homem acompanhado por uma mulher. Lily sentava-se a distância, mas conseguia enxergar. À luz do dia, pôde ver que era Jean Masson, o mesmo Jean Masson que havia visto em Bruxelas um ano antes, o mesmo homem que dissera chamar-se Pierre Boulain naquela noite no restaurante. Não houve nenhuma dúvida, ao olhar para ele por trás de sua revista, enquanto o observava sentar-se à mesa de Daniel.

Por que não havia ligado as coisas antes? Não podia explicar. Talvez fosse a luz, ou talvez ele tenha sutilmente mudado de aparência — ou ainda fosse por causa da tentativa que todos faziam de não chamar atenção. Mas agora ela o reconhecia.

Daniel e Masson falaram brevemente, então Masson e a mulher se levantaram, despediram e afastaram, andando ao longo do Sena na direção da Place de la Concorde. Daniel esperou um pouco antes de vir encontrar-se com Lily.

"É ele, Pierre Boulain, o traidor."

"Não é possível", disse Daniel. *"Estou dizendo, ele trabalha conosco."*

"Juro, aquele é o homem", disse Lily.

Implicitamente lidavam ali com a vida e a morte de um homem. Daniel queria ter certeza.

"Siga-o mais um pouco", disse ele. *"Veja o que acontece."*

"Vou segui-lo."

Então Lily atravessou de novo a ponte d'Alma, perambulou pelas margens do Sena para a Place de la Concorde, do outro lado do rio, na direção para a qual viu Masson se afastar. Ela circundou a praça, andou rumo ao Palais de Bourbon, que tem a Câmara dos Deputados no outro extremo.

Paris era imensa e imponente, mesmo que à espera de ser libertada da Ocupação. De um lado estava a ponte Alexandre III, do outro, o Obelisco. Lá, perto da Câmara dos Deputados, Lily viu Masson novamente, a caminhar com a mulher. Naquele momento ele voltou-se, e seus olhos se encontraram.

Num instante, cada um deles pôde saber o que o outro pensava. O olhar que trocaram deixou claro que o jogo de Masson tinha acabado e que Lily sabia quem ele era. Ela havia seguido o seu rastro, e lá estava ele, andando onde não devia, como se fosse o rei da cidade. Pela primeira vez na guerra, ele estava realmente a descoberto e vulnerável.

Masson não era passivo nem lento ao reagir. No meio da multidão, com todas as pessoas em volta, começou a andar na direção dela. Lily virou-se imediatamente e caminhou na direção oposta. Masson manteve o passo. Por um tempo andaram um atrás do outro. Lily se lembrou que tinha acabado de passar por uma entrada de metrô e foi para lá. Quando olhou para trás, viu que ele a seguia, cada vez mais rapidamente. Ela também apertou o passo, embora evitasse correr, sabendo que se corresse a polícia podia pará-la e entregá-la a Masson e à Gestapo. Contudo, Masson também media o seu ritmo, pois não queria atrair a atenção e pôr fim a seu disfarce.

Quando chegou ao sinal de ferro e cristal do metrô da estação da Place de la Concorde, Lily desabalou escada abaixo e fugiu da vista, derrapando nos cantos arredondados do túnel que desce até a plataforma numa série de níveis que se entrelaçam em espiral. Enquanto corria em cada nível e chegava à linha, sabia que Masson ainda a estava seguindo.

Aproximava-se o ruído de um trem. Lily procurou ângulos que a tornassem insignificante e a escondessem na multidão. O trem entrou na estação e rangeu ao parar. Masson percorria a plataforma em sua direção. Ela evitou sequer se mexer, com medo de se denunciar, mas quando as portas do trem abriram, praticamente saltou sobre as pernas do homem à sua frente e sentou-se encolhida a seu lado, fora do ângulo de visão da janela. Com seus chapéus, os homens e mulheres encobriam-na. Lily sentia-se franzina, mas desejou ser ainda menor e invisível para Masson não a ver.

Masson era baixo e não conseguiu enxergar Lily sob o aglomerado humano quando examinou a multidão. Talvez ela já tivesse saído para a rua por um outro corredor.

Quando o vagão fechou as portas e o trem partiu da estação, Jean Masson andava em círculos, relanceando os rostos na janela e nas plataformas, mas sem ver Lily, que, pequenina, quase não aparecia. O comboio sumiu no túnel escuro.

Até mesmo Lily sabia que tinha de sair de Paris. Ela pegou um trem no dia seguinte para a fronteira e foi à casa de Tia Go em Bayonne.

"*Você tem de ir embora*", disse Tia Go. "*Os alemães sabem quem você é. Você precisa ir. Eles lhe matam se lhe pegarem.*"

Lily compreendia o perigo, mas queria continuar na luta. No entanto, concordou em ir para Madri passar um tempo com Creswell. A pedido de Tia Go, sequer esperou Florentino aparecer para acompanhá-la. No dia 11 de maio, dirigiu-se sozinha às montanhas, atravessou os Pireneus e entrou na Espanha.

O consulado britânico em San Sebastián forneceu um carro e levou-a ao sul, para Madri. Creswell esperava por ela. Ele já perdera Dédée e Jean-François porque não lhe tinham dado ouvidos, e estava absolutamente determinado a salvar Lily da captura pelos nazistas.

E não era o único. Em Londres, o serviço de inteligência britânico era unânime em sua expectativa de que Lily não ficasse na França.

Mas eles não podiam lhe dar ordens, a hora era de persuasão. Creswell usou todos os argumentos à disposição, dizendo-lhe que, pelo menos por enquanto, seria impossível para ela operar abertamente. Masson a reconhecera, o disfarce dele fora destruído. Encontrassem ou não Masson, disse ele, era imperativo ir para Londres imediatamente. Creswell falou que a Gestapo a mataria caso ela voltasse ao território ocupado.

O M19 deu a Lily uma patente de oficial do Exército Britânico. Disseram-lhe que era necessária em Londres para ajudar na organização das operações de inteligência, uma vez iniciada a invasão. Com relutância ela permaneceu em Madri, hesitando em sair da Espanha, à espera de que a situação mudasse.

Creswell preferia mantê-la trancada num quarto a vê-la voltar para a França. Na verdade, ele usara um subterfúgio para manter Florentino fora de perigo naquela primavera, deixando-o tão bêbedo de conhaque que nem conseguia enxergar como subir as montanhas. Tia Go veio buscar Florentino em San Sebastián, e ele prometeu não mais beber. Sumiu no dia seguinte, em algum lugar entre Sarobe e o rio. Tia Go disse aos amigos que o vira beber numa *bota* ao longo de todo o caminho e que ele pulara histrionicamente no rio quando chegaram à fronteira.

O incidente na estação de metrô da Place de la Concorde convenceu finalmente Daniel Mouton e Thomas de que Lily descobrira o homem certo — Masson era o agente alemão. Evidentemente a Linha Cometa corria perigo. Daniel assumiu a direção. Pediu a ajuda de integrantes da Resistência Francesa, que tinham treinamento e qualificação para exterminar inimigos. Na verdade, os militantes da Linha Cometa não andavam armados, nunca haviam identificado traidores e não desenvolviam uma ação paramilitar. Mas todos sabiam a verdade óbvia: para proteger os demais, os traidores deviam ser mortos.

Vários dias após a fuga de Lily, os guerrilheiros da França Livre capturaram um agente duplo que acreditaram ser Pierre Boulain. Levaram-no a um local da cidade e deram-lhe tapas até ele confessar — era Masson.

Mas não era verdade. Eles descreveram o homem que tinham capturado, e não era um sujeito baixo de cabelos louros, olhos pequenos e sotaque belga. Daniel percebeu então que Masson continuava livre.

Em 16 de maio, Daniel recebeu uma mensagem de Masson, e eles marcaram outro encontro num restaurante à beira do Sena. Daniel, é claro, se arriscava a ser preso, mas não achava que isso pudesse acontecer.

Ele tinha uma vantagem, pois o homem que ele conhecia como Pierre Boulain era ganancioso. Diante da perspectiva de ganhar dinheiro trabalhando com a Linha Cometa, ele faria o necessário até onde fosse possível. Tentaria embolsar o dinheiro antes de fazer qualquer prisão. Os integrantes da Resistência Francesa estavam por perto quando Daniel passou à beira do Sena e entrou no restaurante. Era óbvio que algumas das pessoas no restaurante também seriam da Gestapo, ali presentes para proteger seu agente e companheiro.

Daniel e Masson tiveram um encontro rápido. Falaram do plano de concentrar aviadores na Bélgica e na França até que os Aliados pudessem resgatá-los. Jean Masson parecia taciturno e pouco interessado. É claro que ele sabia que Lily e Daniel tinham trabalhado juntos, mas não sabia se Lily pudera entrar em contato com Daniel depois da fuga na estação do metrô.

Os dois homens operavam com alguma margem de segurança, já que agentes secretos de cada lado os cercavam. Daniel também tinha razões para se sentir seguro até entregar os 500 mil francos das despesas para estabelecer campos de resgate na Bélgica.

Daniel disse que os 500 mil francos estavam a caminho. Outra reunião seria planejada.

"*Quando?*", quis saber Masson.

"*Amanhã*", disse Daniel. "*Vou trazer o dinheiro amanhã.*"

O dinheiro obviamente jamais chegaria à Bélgica; Masson pretendia embolsá-lo e mandar prender Daniel. Ninguém precisava saber do dinheiro.

Os agentes estavam plantados em torno deles. Havia pessoal da Gestapo e, sentado separadamente, um outro homem, sem nome, com credenciais impecáveis e provavelmente identidade falsa de boa qualidade. Era um matador das Forças Francesas Livres. Sua missão era dar uma boa olhada em Jean Masson, e depois segui-lo e matá-lo. Não havia tempo a perder.

Ninguém jamais disse o nome do matador. Ele viu Masson, e o plano foi rapidamente estabelecido.

Ao saírem do restaurante, Daniel e Masson se esgueiraram rapidamente pelas ruas de Paris. Os agentes foram imperceptíveis.

O matador se deslocou com a rapidez esperada.

Masson continuava a morar na rua de Douai. Ao sair do seu apartamento na noite seguinte, talvez tenha ido ao seu bar favorito para uma noite de bate-papo e a saideira.

Um carro estacionado na rua arrancou lentamente e seguiu-o à distância no escuro. O carro aproximou-se de Masson quando ele passava por uma rua deserta. O silêncio de Paris foi quebrado pelo estampido de um tiro. Masson caiu morto na calçada. O carro saiu acelerado. A Gestapo chegou em minutos, mas nenhum assassino foi identificado.

Em 22 de maio, Daniel Mouton entrou em contato com Thomas uma última vez para trocarem informações antes de partirem rumo a suas respectivas áreas para receber os aviadores aliados.

Daniel falou sobre a Resistência Francesa e o matador que havia seguido Masson. A Gestapo tinha agitado as coisas, procurando militantes da Resistência em toda parte. Isso era uma confirmação de que tinham de fato matado alguém importante. Daniel estava convencido de que a Resistência dera cabo de Jean Masson.

"*Le coup est fait mais ça chauffe. A manobra foi feita, mas as coisas estão esquentando.*"

A inteligência britânica, porém, através dos seus agentes, não conseguiu a confirmação de que o homem fosse realmente Masson.

15. Uma Questão de Tempo

França ocupada. Dia-D.

No Dia-D, 6 de junho de 1944, quando os Aliados irromperam no norte da França no começo da tão esperada invasão, Daniel Mouton e Thomas Ruthland já estavam no campo há duas semanas. Os dois tinham saído de Paris separadamente, após 22 de maio, a fim de implantar seus campos clandestinos para aviadores aliados em Ardenas, na Bélgica, e em Châteaudun, na França, sob os auspícios da Operação Maratona, que havia sido lançada por Airey Neave e seus colegas do M19. Eles haviam reunido mais de cem aviadores na floresta de Fréteval, perto de Cloyes, cerca de 200 quilômetros a sudeste do desembarque na Normandia, e outros cem em Ardenas, bem no interior do território, perto da fronteira belgo-francesa.

Suprimentos, inclusive barracas, alimentos e remédios, eram jogados de avião na floresta. Os dois também se mantinham em comunicação com Tia Go, que deu um jeito de manter a linha de fuga aberta depois que os Aliados deram início às campanhas de bombardeio pesado, antes e durante a invasão. Tia Go e Kattalin tentaram até despachar um rádio portátil para Thomas em Châteaudun, mas o objeto perdeu-se no caminho, possivelmente destruído por um ataque norte-americano aleatório contra um trem.

Tia Go, Kattalin e Florentino continuavam a transferir pessoas e equipamentos através dos Pireneus. Mais 40 aviadores atravessaram para a Espanha nos seis primeiros meses de 1944. A Cometa chegou a mandar cinco aviadores pelas montanhas na noite de 4 de junho, véspera da invasão da Normandia. Os fugitivos eram três americanos — Thomas H. Hubbard, Donald K. Willis e Jack D. Cornett — e dois membros da Real Força Aérea Britânica — Leonard A. Barnes e Ronald T. Emery. A partir de então, após a invasão, o fluxo de aviadores que atravessavam os Pireneus diminuiu. A maioria dos fugitivos aliados era encaminhada para os campos do M19 na França e na Bélgica. O transporte ferroviário tornara-se cada vez mais irregular e perigoso.

Nesse ínterim, procurando evitar novas tragédias, agora que a vitória era iminente, Michael Creswell tentou várias vezes impedir Florentino de fazer suas perigosas travessias, especialmente num momento em que chegavam relatórios sobre um grande número de patrulhas alemãs à caça de agentes aliados e desertores de suas próprias fileiras. Mas Florentino não era fácil de controlar, e ele continuou seu tráfico de objetos e mensagens secretas de um lado para outro da fronteira.

Creswell e Neave tiveram mais sucesso na conspiração para manter Lily longe das linhas de frente. Transferida de Madri para Londres via Gibraltar, ela recebeu uma mesa, um uniforme, pilhas de relatórios de missão e outras papeladas para lidar. Era uma infelicidade. Toda vez que aparecia na sala 900 do Ministério da Guerra, Lily implorava para ser mandada de volta ao continente.

"*Eu devia estar com os meus amigos*", implorava ela.

Neave mostrava-se inflexível, pois temia que Lily pudesse ser capturada. "*É perigoso demais.*"

* * *

O M19 não queria outras mortes entre os integrantes da Linha Cometa. Dezenas deles tinham sido presos, e não havia como saber quantos ainda sobreviviam. Nem os Aliados nem a Cruz Vermelha tinham informações sobre a irmã de Lily, Nadine, e seu pai, capturados em Bruxelas dois anos antes. Não sabiam se ainda estavam vivos, mas pelo menos podiam proteger Lily .

"Você escapou por um fio de cabelo", disse Neave a Lily. *"Vai ficar por aqui."*

No final de 1944, contudo, Neave tinha implantado operações de campo do M19 na França, à medida que os Aliados liberavam o território ocupado e começavam a avançar na direção de Berlim. Lily partiu após a libertação de Paris e de Bruxelas. As ordens de Londres eram para encontrar os agentes do M19 e os aviadores remanescentes. Neave tivera problemas para receber apoio logístico dos comandantes norte-americanos, mas finalmente obteve uma escolta armada até a floresta de Fréteval. Ele registrou 152 aviadores ali acampados, sob a supervisão de Thomas. Outros 145 estavam no campo belga de Ardenas, implantado por Daniel Mouton.

Florentino, porém, continuava a alimentar o tráfico de documentos de inteligência entre agentes aliados na Espanha e ativistas na França. Como sempre, ele programava suas excursões de modo a viajar os trechos mais perigosos do percurso à noite. O trabalho era mais difícil que nunca. Os nazistas tinham ampliado a vigilância ao longo da fronteira, tentando sobretudo barrar a escalada de desertores da Wehrmacht. No final de junho, as patrulhas aumentaram significativamente ao longo da margem norte do rio. O cuidado era tão intenso que os companheiros contrabandistas de Florentino não podiam sequer vir à Espanha para avisá-lo da gravidade do perigo.

Creswell, que tinha relatórios sobre o incremento da atividade alemã, tentava acalmar Florentino e protegê-lo. Quando ele aparecia, Creswell sempre o enchia de conhaque, esperando que ficasse bêbado demais para cruzar os Pireneus. Mas Florentino ria e saía cambaleando para as montanhas.

Em 26 de junho, três semanas após a invasão da Normandia, Florentino acabara de cruzar o rio Bidassoa. Fazia uma noite clara, e ele levava um pacote de contrabando, algumas roupas e relatórios dos serviços de inteligência que entregaria a Tia Go. Por volta das três da manhã, um pelotão germânico fazia patrulha numa estrada de terra que corria perto do caminho dos contrabandistas, depois do rio, do lado francês. Um dos soldados nazistas ouviu um ruído, e o pelotão parou para escutar.[1]

Florentino ouviu os soldados e se agachou na vegetação rasteira.

Quando acenderam suas lanternas, os alemães viram, a várias centenas de metros a silhueta de um homem na escuridão das árvores, colado ao chão e projetando uma sombra comprida.

"*Halt!*", gritou um deles. "*Mãos ao alto!*"

Mais de uma vez Florentino fora descoberto por guardas de ambos os lados do rio, e não era agora que ia desistir. Usou o terreno como cobertura e começou a correr, fugindo em ziguezague.

Os soldados seguiram-no e gritaram mais uma vez, enquanto acompanhavam Florentino com a lanterna. Depois abriram fogo com rifles e metralhadoras.

Esquivando-se dos tiros, Florentino continuou a correr, mas os alemães encontraram uma linha de visão desimpedida e acertaram-no com quatro tiros. Os projéteis arrebentaram a parte inferior da sua perna direita; outro atingiu sua coxa; e um quarto, o ombro.

Florentino ainda pensava num plano quando caiu pesadamente ao chão. Precisava esconder o material de espionagem que levava para a Resistência. Rolando nos arbustos, ficou fora da vista dos alemães por um instante. Retirou rapidamente os documentos da mochila e escondeu-os numa moita alta, atrás de um matacão. Com os tiros ainda espocando aqui e ali à sua volta, compreendeu que os alemães poderiam achar o esconderijo se ele estivesse muito perto ao ser pego. Seriamente ferido e quase imobilizado, tratou de usar os braços para rolar até uma saliência e, de lá, cerca de 15 metros encosta abaixo, para desviar os inimigos dos documentos incriminadores.

E foi assim que os alemães encontraram Florentino. O que viram foi um velho basco ensangüentado, com uma perna arrebentada por tiros de metralhadora. Revistaram a mochila e encontraram trajes de mulher, as roupas usadas por Tia Go em sua última travessia com ele para a Espanha. O prisioneiro respondeu às perguntas com monossílabos quase incompreensíveis e deu um nome falso. Os alemães mostraram-se propensos a achar — e isso após interrogatório e tradução extensivos — que se tratava de um pobre lavrador basco que vinha visitar sua sobrinha na França. Não tinham a menor idéia de quem era e do que fazia. Mas havia o perigo de que Florentino fosse identificado ao ser conduzido pelos alemães ao longo dos 32 quilômetros da estrada de Hendaye até o hospital em Bayonne. Ele era tão conhecido na área que alguém podia vê-lo e revelar sua identidade para a Gestapo.

Os alemães depositaram-no no hospital de Bayonne, com ordens de que fosse mantido ali até se recuperar dos ferimentos. Tia Go soube da captura logo em seguida.

Recordando-se da tentativa abortada de resgatar Dédée mais de um ano antes, os membros da Linha Cometa buscaram uma forma mais metódica de chegar a Florentino antes que os nazistas o levassem. Tia Go cruzou para San Sebastián e se encontrou com Creswell, e este concordou que, daquela vez, alguma coisa devia ser feita. Tal como ocorrera no caso de Dédée 18 meses antes, e também no de Jean-François, os amigos mais próximos e corajosos da Linha Cometa estavam perto demais, em perigo.

Creswell entrou em contato com o M19 em Londres, que pensou em montar uma operação de comando britânica, ou contratar outros contrabandistas para chegar a Florentino. Porém, a idéia tinha ares de missão suicida, e sequer garantia que o prisioneiro não fosse morto no processo. Avaliaram então a possibilidade de entrar em contato com a Resistência Francesa e fornecer os recursos necessários para uma fuga. Mais uma vez havia a questão da montagem de uma operação capaz de proteger a vida de Florentino.

O dilema fazia parte da constante discussão sobre o controle britânico da Linha Cometa. Os integrantes locais pensavam que suas próprias operações, de perfil menos intensivo, podiam ser mais bem-sucedidas que os complexos esquemas e preparativos organizados por Londres.

Uma coisa era certa: Florentino jamais revelaria os detalhes operacionais. Porém, se a importância dele fosse descoberta, seguramente seria torturado e morto.

Tia Go retornou para a França. Ela e seu marido, o Tio, não tinham muito a pensar sobre o que fazer. Não queriam depender do plano de fuga britânico. Num certo sentido, haviam se preparado a guerra toda para aquele momento, estavam na fronteira sul há quase quatro anos. O mercado negro era uma grande cobertura para despistar os alemães, pois, uma vez admitido o tráfico, os inimigos paravam de se preocupar de verdade. Alguns alemães chegavam a ganhar dinheiro fazendo a mesma coisa. A Gestapo nunca descobriu que trabalhavam para a Resistência.

Durante toda a guerra, o Tio manteve sua fachada de funcionário civil do gabinete do *Feldkommandantur* do exército alemão. Como intérprete de confiança, falando alemão, flamengo e francês, tinha acesso a passes e carteiras de identidade. Sabia como a Gestapo operava e compreendia que rivalidades e temores podiam ser usados a seu favor. Tinha acesso a detalhes e movimentos operacionais, o que geralmente mantinha a Cometa um passo à frente da perseguição nazista. Juntos, o Tio e Tia Go complementavam o papel um do outro muito bem, e muitas vezes recolhiam e encaminhavam informações e suprimentos para os amigos da Cometa. Se os alemães percebiam a presença de estranhos à porta do casal — bem, era a natureza do trabalho no mercado negro. Juntos, eles também recolhiam informações das mais interessantes sobre oficiais alemães locais. Dizia-se que tinham material para chantagear todos os oficiais que eventualmente quisessem.

Com a prisão de Florentino, eles decidiram arriscar tudo. A invasão da Normandia já acontecera, e, cedo ou tarde, os nazistas iriam se retirar para a Alemanha. Eles tinham de resgatar Florentino imediatamente.

Pouco depois da prisão de Florentino, Tia Go foi visitar o diretor do hospital, o senhor Petriac. Disse-lhe que precisava da sua ajuda. Ele era um francês assustadiço que nunca havia trabalhado para a Resistência. A Gestapo o incumbira pessoalmente de Florentino, deixando um documento em que declarava que este — sob falso nome — devia ser mantido no hospital até novas orientações. A Gestapo deixou claro que, caso Petriac desobedecesse, sua punição seria a morte. Tia Go, porém, convenceu-o de que podia dar um jeito no documento. Eles o pegariam emprestado e, quando chegasse a hora, o substituiriam por uma falsificação que o resguardaria. Petriac concordou em cooperar, até o ponto em que sua participação pudesse ser ocultada.

Daquele momento em diante, a equipe do hospital passou a cooperar com a Linha Cometa. O médico que atendia Florentino atrasou a colocação de uma tala na perna ferida, numa manobra temerária para ganharem tempo e formular um plano de fuga. Ele avisou, porém, que Florentino podia ficar aleijado para sempre se postergassem demais a intervenção.

Tia Go foi até o quarto em que Florentino estava internado. Apesar da cooperação, ela portava documentos falsos, graças ao marido.

Encontrou Florentino num quarto do andar térreo, deitado e com as pernas enfaixadas e amarradas. Num momento em que não havia ninguém por ali, ela se abaixou bem perto dele.

"Não se preocupe, vamos tirar você daqui."

Florentino olhava fixo para o teto, como se estivesse em transe. Ela sabia que ele ouvira. Durante várias semanas ainda Tia Go o visitou freqüentemente, trazendo com ela uma amiga basca, para ter certeza de que Florentino entendia suas mensagens.

O grupo esperou umas poucas semanas para que as feridas superficiais de Florentino sarassem. Em 26 de julho, perceberam que não podiam esperar mais. A equipe do hospital avisou a Tia Go que a Gestapo em Hendaye planejava levá-lo para um interrogatório extensivo. Tia Go retornou imediatamente ao hospital e foi ter com Florentino mais uma vez.[2]

A amiga basca se abaixou para contar as novidades em *euskera*, sua própria língua, de modo a não haver qualquer mal-entendido.[3]

"Florentino, biha zure billa etorriko dira, arrtsaldean. Florentino, esteja pronto. A gente vem te buscar amanhã."

Ele a reconheceu, mas não disse nada.

Agora estava nas mãos do Tio e dos seus amigos da Resistência.

"Temos de resgatar Florentino amanhã", disse Tia Go.

"E como planeja tirá-lo de lá?"

"Pela porta da frente, é claro, não há outro caminho."

Às dez para uma da tarde do dia seguinte, 27 de julho de 1944, a caminhonete do governo municipal parou diante da entrada do hospital. O automóvel estava equipado com uma maca e algumas vezes já fora usado como ambulância improvisada. Dois rudes oficiais da Gestapo irromperam na sala da administração, vestidos em seus casacões pretos, e passaram rapidamente pelas enfermeiras chorosas, que suplicavam por clemência para o prisioneiro doente e ferido.

O oficial-comandante da Gestapo, porém, exibiu suas credenciais com desdém e falou alto em alemão, pouco interessado nos argumentos.

"Isto é um ultraje", disse ele, assumindo uma postura rude, empertigada. *"A seção de Hendaye é responsável por este prisioneiro. Tragam-no imediatamente."*

A equipe do hospital, tremendo diante dos oficiais da Gestapo, implorou para Florentino não ser removido.

"Nós vamos levá-lo. Los. Los! Schnell!", gritou o oficial alemão, e Florentino foi conduzido à caminhonete. A fuga não levou mais de um minuto.

Os oficiais da Gestapo ainda observaram os trêmulos funcionários do hospital, deram de ombros, satisfeitos, e foram embora. Deixaram a falsificação perfeita de um documento com o diretor do hospital, o trêmulo senhor Petriac, mostrando que o prisioneiro havia sido devidamente removido e estava sob a custódia segura da Gestapo em Hendaye.

Foi uma ardil da Linha Cometa — montar uma falsa operação da Gestapo e bancar os nazistas para contrariar as próprias ordens do inimigo.

A falsificação era tão convincente que, quando a Gestapo de Bayonne chegou e viu a papelada, a princípio acreditou que podia ser responsabilizada por alguma quebra das ordens. Eles não estavam dispostos a atropelar a hierarquia, e sequer mencionaram o assunto para seus colegas do sul.

Quando o ardil foi desmascarado, Florentino estava a salvo; e, apesar das barreiras e buscas nas estradas, os nazistas jamais o encontraram.

Incapazes de ocultar sua alegria, o Tio e seus companheiros riram e celebraram. Mas fugiram por um caminho indireto, tomando inicialmente a estrada para o sul, como se realmente fossem para Hendaye. Finalmente fizeram o retorno por caminhos secundários e pararam num esconderijo de propriedade do seu amigo Charles Gaumont, em Biarritz.

Tia Go estava à espera, e houve uma festa. Eles deram a Florentino o primeiro copo de conhaque em um mês, e ele, cheio de sede, sorveu de um gole só. Um médico tratou de seus ferimentos, mas as lesões eram graves, e a demora em tratá-las foi séria. Depois da Libertação, Florentino ainda precisou mais seis meses de recuperação em Biarritz. Ao retornar a Saint-Jean-de-Luz, ele coxeava permanentemente, o que limitava sua capacidade de andar nas amadas montanhas. A cirurgia e o estrago dos tiros de metralhadora tinham deixado uma perna quase três centímetros menor que a outra.

Bruxelas, Bélgica.
27 de julho de 1944.

Coincidentemente, no mesmo dia em que a Linha Cometa efetuou a fuga de Florentino, dois de seus líderes, Jean-François e seu amigo Jérome, compareciam diante de um tribunal militar alemão na Bélgica.[4]

"Teremos uma morte gloriosa", dissera Jérome com resignação a Jean-François depois que o traidor Jean Masson os prendera em Paris.

"Talvez", pensou Jean-François. *"Mas há uma possibilidade de que a gente não morra."* Desde sua prisão em Paris, em 18 de junho, Jean-François vinha contando os dias. Ele sabia que os alemães impunham um verniz de legalidade a suas ações contra prisioneiros políticos. Levava uma média de seis meses entre a prisão e a execução pelo pelotão de fuzilamento.

A chave para ficarmos vivos, disse Jean-François a Jérome, é o tempo. Os Aliados iam libertar a Europa a qualquer momento. O truque era prolongar de algum modo a tramitação pseudolegal do julgamento e da sentença. Jean-François chegou até a roubar um relógio e conservou-o escondido ao longo de todo o período de sua prisão, primeiro na França e depois na Bélgica. Queria continuar contando os dias.

Na manhã de 27 de julho, Jean-François, Jérome e vários outros prisioneiros políticos compareceram diante de um tribunal da Luftwafe no Palace Hotel, em Bruxelas. Os alemães tinham escolhido um cenário pomposo para o processo, sob a presidência de três oficiais alemães fardados. Eles continuavam escrupulosos em ostentar o estado de direito. Jean-François evocou seu direito de fazer uma declaração.

Um defensor público indicado pelo tribunal perguntou quais eram as bases da defesa de Jean-François.

"*Sou um prisioneiro de guerra fugitivo e nunca recapturado*", disse ele, procurando provocar os alemães, já que era impossível haver defesa de verdade. "*Acontece que estou protegido pela Convenção de Genebra. Tudo o que fiz foi continuar a combater o inimigo, apenas que, desta vez, como parte da Resistência.*"

Após as preliminares, Jean-François sentou-se à mesa da defesa com seu advogado nomeado pelo tribunal — bem como outro defensor, contratado por sua família, que declarava ser aquela uma causa perdida.

"Qual é sua nacionalidade", perguntou o promotor-chefe, um militar alemão, buscando estabelecer uma distinção entre belgas de língua francesa e de língua flamenga. "Flamenga ou valã?" Os alemães achavam que podiam angariar apoio identificando a Europa como uma reunião de nacionalidades. Porém, como os Aliados já se espalhavam pelo território nazista, a tática parecia mais fútil que nunca.

"Sou belga", respondeu Jean-François, sem querer compactuar com os sofismas alemães.

Seguiu-se então uma longa lista de acusações de espionagem e atividades ilegais em benefício dos Aliados. O testemunho da acusação centrava-se em indícios encontrados em Paris, de que Jean-François teria produzido documentos de identidade falsos e que fora visto conduzindo aviadores aliados.

O advogado de defesa de Jean-François repetiu como um papagaio o que seu cliente dissera antes, "patriota belga, prisioneiro fugitivo, idealista", embora, provavelmente por medo, tenha evitado falar com muita convicção.

No final da tarde, a corte anunciou que ia se retirar para discutir o veredicto.

Um militar com o uniforme negro da Waffen-SS aproximou-se de Jean-François. Este reconheceu o homenzinho rechonchudo como um de seus interrogadores nos primeiros dias da prisão.

"Não se preocupe, meu amigo", disse ele. "Você ainda tem uns 15 dias de vida." Garantiu a Jean-François que o marechal-de-campo Göring se encarregaria pessoalmente do apelo naquele caso.

"*Ah, muitíssimo obrigado*", disse Jean-François com efusão. "*Que honra.*"

Os militares da corte levaram dez minutos para chegar ao veredicto de culpado.

"*O acusado foi condenado à morte*", declarou um dos oficiais.

Jean-François, porém, não ficou nem surpreso nem desanimado com a decisão. Ao longo do julgamento, tivera a chance de encontrar-se com a família e os amigos, e eles lhe deram a notícia: "*Os Aliados invadiram a Europa: os alemães batem em retirada.*"

"*Não acho que eu vá morrer*", disse à sua família. "*É uma questão de tempo.*"

Um mês depois, a execução havia sido adiada por um problema logístico mais que embaraçoso para o comando nazista local. Em 24 de agosto, as forças aliadas conquistavam a Bélgica e a França. Os nazistas e todos os seus prisioneiros iam ter de se retirar para a Alemanha.

Jean-François escondeu o relógio sob a manga da camisa. Ele e outros prisioneiros foram arrebanhados e colocados num trem para Bayreuth. Havia roubado uma caneta para escrever um diário e contava os dias, sem duvidar por um momento que seria libertado.

Na fronteira franco-espanhola. 24 de agosto de 1944.

Os alemães batiam em retirada em toda a Europa ocupada. Na fronteira franco-espanhola, o consulado britânico transferira uma parte do seu pessoal para Irún, à vista da fronteira da França. Creswell estava pronto para figurar entre os primeiros diplomatas a cruzar a fronteira quando os alemães se retirassem.

Em 21 de agosto de 1944, mais de dois meses depois do Dia-D, chegou a hora. Na ponte entre Irún e Hendaye, na França, o comandante alemão da Wehrmacht, encarregado da zona franco-espanhola de fronteira, vestiu sua farda de gala pela última vez para saudar seus colegas fascistas na Espanha. Cumprimentou o oficial espanhol e retornou para a França, onde a bandeira nazista foi baixada. Os alemães se retiravam para seu país. Um membro das forças francesas do interior ergueu a bandeira tricolor da França enquanto os nazistas partiam.[5]

Terminada a Ocupação, lideradas pelos oficiais da França Livre na Espanha e pelos embaixadores Hoare e Hayes, as delegações britânica e norte-americana viajaram para o norte em poucos dias, sendo recebidas por multidões ruidosas que agitavam bandeiras. Michael Creswell assumiu o posto temporário de cônsul britânico em Hendaye, e foi o primeiro diplomata aliado a assumir uma função na França após a Libertação.

O ânimo jubiloso, ainda que anárquico, na parte francesa do País Basco não era compartilhado do lado espanhol da fronteira. O governo espanhol fechou a passagem em Irún, temeroso de que republicanos armados, espanhóis e bascos, pudessem fomentar a oposição ao governo fascista.

Num momento como aquele, de unidade e celebração, mais que de revolta, o propósito empreendedor dos bascos não seria reprimido. As rotas de contrabando sobre os Pireneus permaneceram abertas. E, nos dias do verão desvanecedor, desafiado para um jogo por um time de Irún, no lado espanhol da fronteira basca, um time basco-francês de Jai-alai pegou a velha rota sobre as montanhas e cruzou o rio. A partida foi disputada apesar das restrições oficiais.

Os bascos teriam de esperar 30 anos para falar sua língua com liberdade e para ensinar sua história e sua cultura abertamente. A política dos Estados Unidos após a guerra pendeu para o autoritarismo de Franco e deu as costas a seus opositores, que erroneamente consideraram estarem sob a influência do Partido Comunista. O jornalista e historiador inglês Hugh Thomas estimou que, além dos 350 mil mortos durante a Guerra Civil, pelo menos cem mil pessoas foram executadas na Espanha de Franco, desde o final do movimento até a morte do ditador, em 20 de novembro de 1975. Seria simplista descrever disputas civis em termos sumários, mas a repressão das aspirações civis e culturais bascas foi certamente um elemento precursor do movimento separatista, o qual efervesceu após a morte do ditador espanhol, com o custo de muitas vidas.

Um mês após a retirada alemã da fronteira espanhola, sir Samuel Hoare, que fora elevado a lorde Templewood em 1944, finalmente reconheceu o trabalho da rede de fuga basca e belga, embora sem citar ninguém pelo nome. Num memorando secreto encaminhado a sir Anthony Eden, o secretário das Relações Exteriores, ele reconheceu o trabalho de Michael Creswell, por intermédio do M19, para salvar mais de mil aviadores aliados, a maioria dos quais americanos recuperados pela Linha Cometa. Criticou enfaticamente a falta de interesse dos americanos, sob a influência do embaixador Hayes, pelas operações de fuga. "Predominou o pessoal britânico nos primeiros meses, e a proporção americana excedeu depois o nosso contingente. Contudo, o crescimento em número de americanos não diminuiu nossas responsabilidades. As linhas pela França eram assunto nosso, e a falta de organização americana na Espanha nos forçou a fazer a maior parte do trabalho que deveria caber aos nossos aliados."[6]

Eden também recomendou "um exame cuidadoso e imediato deste capítulo heróico de abnegação, e que os homens e mulheres que tanto mereceram de nós [*sic*], e ainda estão vivos, sejam individualmente recompensados. Uma das suas lideranças, uma jovem belga que trazia aviadores constantemente, pela França, até a Espanha, está agora nas mãos da Gestapo, na Alemanha. Devemos fazer o máximo, quando entrarmos na Alemanha, para obter informações sobre ela e, se ainda estiver viva, assegurar sua repatriação e recompensa."[7]

A jovem belga era Dédée, mas ela continuava desaparecida por trás da campanha *Nacht und Nebel* de Hitler. Dédée sofreu o horror de Ravensbruck, onde dezenas de milhares de pessoas foram mortas, enquanto outras milhares eram submetidas a experiências médicas assustadoras. Quando houve a invasão aliada da Europa, a população do campo aumentou, passando de vários milhares de mulheres prisioneiras para quase 80 mil homens, mulheres e crianças, muitos dos quais mantidos em campos satélites. Anteriormente, na guerra, os prisioneiros eram mortos com tiros na nuca. Os nazistas construíram câmaras de gás naquele local em fevereiro de 1945, e, dois meses depois, quando as tropas russas libertaram Dédée e os outros prisioneiros doentes e moribundos de Ravensbruck, mais de 2.200 pessoas haviam sido executadas.

16. A Justiça Restaurada

Paris, França. Outono de 1944.

Ao longo de todo o outono, o M19 realizou buscas para encontrar seus agentes na Europa libertada. Neave coordenava o esforço em campo: pegava carona em viagens com tropas de ocupação e comandos norte-americanos e britânicos quando podia ir atrás do seu pessoal. Chegou a Châteaudun e saudou Thomas e seus 152 aviadores aliados. Quando conseguiu chegar a Bruxelas, Daniel e 145 aviadores libertados já celebravam a liberdade numa festa no Hotel Metrópole, onde Bob Grimes e Lily haviam tomado clandestinamente uma limonada no outono de 1943, antes de deixarem a Bélgica em busca de segurança no sul.

Mas os nazistas tinham matado centenas de colaboradores da Linha Cometa e outras organizações de fuga.[1] E de muitos outros não havia registros — os nazistas haviam transferido muitos prisioneiros para a Alemanha, à frente de seus exércitos em retirada. Jean-François e Dédée estavam entre eles. Os serviços de inteligência britânicos procuravam informações sobre a localização dos dois, se é que ainda estavam vivos.

Enquanto desmoronavam os últimos vestígios do controle nazista, Lily estava de volta a Paris, participando das buscas pelos agentes do M19 desaparecidos em campo, para libertar os que haviam sido presos e descobrir a situação dos prisioneiros mantidos em campos de concentração. A vida era diferente então. Em primeiro lugar, ela pôde abandonar seu nome de guerra e recuperar orgulhosa e abertamente sua identidade, Micheline Dumont. Vinculada ao Comando Aliado, dispunha de automóveis, motoristas, uniformes e boa comida. A guerra ainda continuava, mas os Aliados tinham cruzado a fronteira da Alemanha, golpeando várias vezes o Terceiro Reich.

Uma das mais surpreendentes descobertas do M19 foi de que tinham perdido muito mais aviadores do que haviam inicialmente suposto. Trabalhando com veteranos da Cometa e com a inteligência militar aliada, a unidade de inteligência de Lily revisou os registros de fuga e rapidamente compreendeu que a Gestapo e o Sicherheitsdienst haviam detido 150 aviadores, que foram despachados para os campos de prisioneiros de guerra. Vários deles morreram nos campos de concentração. Ficou claro para Neave e os outros do M19 que ainda havia um informante à solta e de algum modo conectado à Linha, mas ninguém conseguia determinar quem era.

Os serviços de inteligência militar dos Estados Unidos tinham detectado as operações de um homem que descreveram como "o principal agente do serviço de contra-evasão do SD." O agente transportava tripulações aliadas, que não suspeitavam de nada, para um ponto de reunião num hotel na rua Pigalle, em Paris. Segundo um arquivo militar, ele era "um agente do serviço de inteligência alemão com um extenso e sangrento currículo de infiltração na Resistência e em organizações de fuga".[2]

Embora o exército nazista estivesse em retirada no verão e no outono de 1944, alguns membros da Gestapo e suas organizações associadas tinham decidido que não iam desistir da luta. A inteligência aliada concluiu que havia um agente muito bem-sucedido na tarefa de minar a mobilização para resgatar os aviadores aliados, embora o esforço de guerra alemão estivesse desmoronando. O agente nazista, sob o nome de Desoubrie, entregava dúzias de americanos à prisão, em condições que se deterioravam rapidamente. Ele era baixo e de aparência suspeita. Tinha sido visto em companhia de várias mulheres. A inteligência recebeu a informação de que poderia encontrá-lo na rua de Douai, perto de Pigalle, mas o homem que correspondia à descrição se mudara vários meses antes. Era Jean Masson.

Houvera uma confusão na noite em que a Resistência Francesa localizou, seguiu e executou o homem que fora identificado como Jean Masson. Tratava-se de outra pessoa. Talvez o morto fosse um colega de Masson, Prosper Desitter, "o homem sem dedo". Em tese, teria sido possível identificar Desitter pelo dedo que faltava. Mas ninguém fez isso, e a confusão jamais foi desfeita. Desitter nunca mais apareceu depois da guerra, enquanto Masson estava vivíssimo.

Com desdém pela chegada das forças aliadas, Masson continuou a caçar aviadores em nome do *Fürher*. Na verdade, depois da suposta execução, ele desfrutou do período mais bem-sucedido de sua carreira, entregando uma grande quantidade de aviadores à guarda do Sicherheitsdienst.

À medida que o controle aliado se consolidava na Europa, a inteligência militar passou a perseguir Masson. Ele havia visitado sua avó em Tournai, em julho, para pegar dinheiro emprestado. Em agosto teria fugido para Nancy antes da chegada das tropas americanas. E aí desapareceu.

Investigadores militares aliados, juntamente com a polícia da França Livre, reuniam material sobre Masson. Camille Spiquel, que inadvertidamente o apresentara ao senhor de Jongh, ansiava por ajudar a localizá-lo. Ela tinha escapado à captura pela Gestapo apesar dos esforços de Masson. Após a Libertação, retornou à França e empreendeu sua própria investigação, na esperança de localizar o agente duplo alemão. As autoridades francesas prenderam Marie-Antoinette Orsini, antiga cônjuge de Masson, que admitiu trabalhar com ele. Alegou ter sido cúmplice involuntária, mas compreendia perfeitamente que os aviadores que transportava com Masson acabavam todos nas mãos da Gestapo.

Um comunicado foi expedido: "Masson é com certeza um agente alemão pernicioso que deve ser seguido, e todos os esforços possíveis devem ser feitos para localizá-lo e apresentá-lo à Justiça diante dos tribunais franceses. É essencial obter uma fotografia de Desoubrie, para que se possa revelar que ele é de fato a pessoa que conhecemos como Jean Masson."[3]

Finalmente, os oficiais e funcionários dos serviços de inteligência receberam a fotografia de que precisavam.

Em Paris, tarde da noite, Lily recebeu um telefonema do quartel-general aliado. Era o tenente Harold Cherniss, oficial norte-americano com quem ela fizera amizade na divisão de inteligência.

"*Gostaríamos que você viesse até aqui imediatamente. É muito importante.*"

"*Mas eu acabei de me deitar para dormir. Que tal amanhã?*"

O americano insistiu em que o assunto exigia atenção imediata.

"*E o que poderá ser?*", perguntou ela. "*Há uma guerra em curso hoje. Não interessa o que façamos, a mesma guerra estará em curso amanhã.*"

"*Ainda assim, estou mandando um carro para pegá-la.*"

Quando Lily chegou ao comando da inteligência aliada, seu amigo a recebeu e levou para um escritório. Ele dispôs algumas fotografias de identidade sobre uma mesa. Ela olhou para Cherniss e depois de novo para as fotos, confusa.

"*Duas caras diferentes, mas o mesmo homem*", disse ela. "*É Jean Masson.*"

Masson tinha sobrevivido e se oferecera descaradamente para trabalhar como agente para os Aliados. Com a confirmação de sua identidade por Lily, ele foi preso e confinado a uma prisão militar.

PARTE CINCO

* * *

1945

17. A Libertação

Amberg, Alemanha. Abril de 1945.

Depois do simulacro de processo em Bruxelas, Jean-François foi levado para uma série de prisões na Alemanha — Bonn, Nuremberg, Bamberg, Bayreuth e finalmente Amberg. O dia de sua execução nunca chegou. Ele achava que seria salvo por uma eventual troca de prisioneiros. A camaradagem dos companheiros Jérome e Raymond Etterbeek, da Linha Cometa, tornava a vida passável. O fato de estarem juntos também contribuía para a tese de que teriam sido agrupados para, no futuro, serem objeto de barganha numa troca de prisioneiros. Os três encontravam-se apertados numa cela construída para uma pessoa só e eram alimentados com um mingau aguado que se tornava cada vez mais ralo à medida que os Aliados avançavam pela Alemanha. No verão de 1944, Jean-François dormia no chão de cimento mofado e fétido, e sofreu as condições de frio e umidade esmagadoras daquele inverno. Enquanto passava por tudo aquilo, procurava motivar os que estavam à sua volta. Dava-lhe força estudar o evangelho, celebrar os feriados e imaginar a vida fora da prisão. Um grupo de escoteiros belgas que também estavam presos lembrava-se de que, quando o desespero era grande, Jean-François distribuía entre eles algumas passagens da Bíblia, para meditação. As atividades de grupo ofereciam grande consolo, pois o único alento e a única proteção da cadeia alemã era o calor humano.

A primavera tinha chegado. Os dias eram maiores, o frio cedia, e Jean-François percebeu que algo estranho estava acontecendo. Primeiro, um dos guardas alemães se aproximou de Jérome para pedir-lhe um conselho. Tentando ser amigável, ofereceu-lhe um charuto e fez uma pergunta simples: qual a conduta apropriada para se render quando os americanos chegassem?

Em seguida, Jean-François notou mudanças na campanha aliada de bombardeio. Os Aliados controlavam o ar há meses, mas naquela semana o barulho dos aviões era incessante e ouviam-se tiros à distância. Estava claro que não ia demorar muito: a libertação estava próxima, muito próxima. Mesmo assim, porém, não era fácil comemorar. A comida era tão escassa que os prisioneiros encontravam-se sobrepujados pela exaustão da fome. Jean-François respirava com dificuldade e sentia dores. Ele e seus amigos passavam a maior parte do tempo deitados em seus beliches.

Então, na manhã da segunda-feira, 23 de abril de 1945, enquanto rezava as orações com seus companheiros de cela e agradecia o fato de terem sobrevivido, Jean-François foi interrompido pelo bramido de tanques que se aproximavam. Do chão vinha um barulho surdo, as esteiras dos tanques retiniam ao rolar.

Os prisioneiros correram para as janelas e viram os guardas alemães fugirem todos na mesma direção. Então houve um silêncio, quebrado em seguida pelo barulho de tiros. Ninguém se mexia, ninguém falava na prisão. Eles se arrastaram para fora das celas. Não havia mais guardas.

Ouviram-se vozes e alguma atividade do lado de fora. Subitamente os portões foram abertos. Um único soldado estava diante deles. Segurava o fuzil e usava um uniforme que Jean-François não reconheceu.

Por um instante ninguém soube como reagir, e ficaram todos em silêncio. Após um lapso de tempo, tudo explodiu em prolongada alegria quando os prisioneiros se recuperaram do choque. Era um soldado norte-americano. A guerra acabara. Os americanos tinham chegado.

Em poucos dias o M19 mandou um avião especial para Jean-François. Ele voou para Bruxelas e se reuniu à sua família. Uma grande celebração foi organizada na casa de seus pais, mas ele mal podia comer. Antes de acabar a festa, pediu para ser levado para a cama. Ao ser libertado, Jean-François pesava 40 quilos e estava tuberculoso.

Assim como Jean-François, Dédée passou por uma série de prisões: Essen, Zweibrucken e Westfália; finalmente foi enviada para Ravensbruck, na Alemanha. Aquele era um campo para mulheres a cerca de 80 quilômetros de Berlim. Na hora da liberação, mais de 70 mil prisioneiras estavam ali, submetidas a experiências médicas, violência, gás e cremação. Até a Libertação, Dédée ainda estava sob sentença de morte nazista. Ela também acha que sua vida foi poupada porque os alemães pretendiam usá-la em possíveis trocas de prisioneiros. Assistira a muita morte. Descreveu-se como "nada mais que um número, perdida numa multidão de outros números, todas nós anônimas". À diferença de muitas outras, ela sobrevivera.

Nadine, a irmã de Lily, esteve sob custódia alemã em condições assustadoras por quase três anos, de 11 de agosto de 1942 — quando foi presa com o pai e a mãe — até a Libertação, em 22 de abril de 1945. Após desafiar os interrogadores nazistas em Bruxelas, foi levada para uma série de prisões alemãs em Essen, Colônia, Saarbrucken e Gros Steiglitz, antes de ser enviada ao campo de concentração de Mauthausen. Nadine era desafiadora e enfrentou a prisão com a mesma atitude que tivera diante dos guardas nazistas em Bruxelas, quando riu deles e perguntou se comiam as frutas da pereira do jardim. Começou por dizer a si mesma que sobreviveria à guerra, que os nazistas iriam perder no final. A vida era dura, as condições, brutais. Pelo menos ela não seria executada, dizia a seus botões.

Nadine se concentrava no sucesso da Linha Cometa, em vez de pensar nos horrores e indignidades de seu encarceramento. Lembrava-se de escutar criancinhas falarem alemão na escola logo ao lado dos muros da prisão em Saarbrucken. Era estranho ouvir vozes inocentes falando a língua usada pelos nazistas.

Em Gros Steiglitz, ela dividia a cela de 1,20 por 1,80 com duas outras mulheres, uma de 60 anos e a outra da sua idade. Todo dia elas recebiam um pequeno recipiente de água para suprir todas as necessidades, desde beber e a lavarem-se. Em Essen, ela se lembra da noite em que um bombardeio incendiário aliado iluminou o céu. Por medida de segurança, os carcereiros colocaram cadeados extras nas celas e foram para seus abrigos subterrâneos. Nadine teve um sentimento que misturava prazer — pelo fato de os Aliados estarem atacando — e consciência de que não teria escapatória se as bombas atingissem a prisão. Foi mantida numa área segregada, em Mauthausen, por dois meses antes da Libertação. Mauthausen era um campo de concentração instalado perto de Linz, na Áustria.

"Fiquei lá dois meses, acho. Não vou falar sobre as condições. Eram péssimas. Não gosto de falar sobre isso. Quando chegamos, ... eles nos colocaram num lugar em que havia chuveiros. Achamos que iam colocar gás nos chuveiros para nos matar. Mas não, eram chuveiros de verdade. Em Mauthausen, a gente sabia sobre o gás."

"Lá, todos os dias, na entrada, eles matavam 20 homens, [atirando] na nuca. Em sua maioria, eram poloneses e tchecos. Uma coisa eu vou dizer: um dia estávamos no andar de cima e chegamos perto da porta. Vimos um homem com as mãos atrás da nuca, contra a parede. Era fevereiro. Eles jogaram água nele, e a água congelou em seu rosto e no corpo, e eles deixaram o homem morrer desse jeito. E nós vimos. Dá para ter uma idéia. Nós vimos um trem. Vimos eles pegarem os prisioneiros nus pelos braços e pelas pernas no trem, para tirarem o ouro dos dentes, e tudo mais o que quisessem, antes de queimarem os corpos. Vimos isso. E a gente ficava pensando: pode ser meu pai, pode ser minha amiga. Sempre pensei em sobrevivência. Nove entre dez mulheres desmaiaram quando viram aquilo. Mas nós sabíamos que seríamos mortas em dois tempos se fraquejássemos."

Mauthausen não era classificado como um campo de extermínio, mas os judeus da Áustria, Holanda, Itália e Hungria eram transportados para lá. Estima-se que 40 mil pessoas tenham morrido ali.

"Não vou me concentrar demais nessas coisas", disse Nadine. "Não gosto de lembrar nem de falar sobre elas."

Os três amigos foram reunidos em Bruxelas pouco depois da vitória na Europa. Debilitados, mas indômitos, Dédée de Jongh, Nadine Dumont e Jean-François sobreviveram à prisão nazista por sorte e força de vontade. Fisicamente abatidos, eles começaram a coligir o rol catastrófico dos que morreram nas mãos dos nazistas. Pelos menos 155 integrantes da Linha Cometa haviam sucumbido no trabalho para salvar os aviadores em fuga. Entre eles estava Eugène Dumont, pai de Lily e Nadine, que supostamente morreu em Gross-Rosen, pouco antes da Libertação, na primavera de 1945. Nadine e Lily achavam que ele estava entre os prisioneiros queimados vivos em vagões de trem por guardas da SS quando as tropas russas se aproximavam do campo de concentração. O pai de Dédée, Frédéric, foi executado por um pelotão de fuzilamento no pátio de Mont Valérien, em Paris, a 28 de março de 1944, juntamente com vários outros combatentes aliados. Era uma lembrança amarga que jamais seria esquecida, que nunca cicatrizaria. Assim como Eugène Dumont, Frédéric de Jongh recebeu inúmeras homenagens póstumas. A Escola Elementar Número 8, em Schaerbeek, Bélgica, onde ele havia trabalhado como mestre-escola antes da captura, mudou de nome em sua homenagem. No aniversário da morte do senhor de Jongh, as crianças da escola depositam uma coroa de flores em seu preito.

Ao final da guerra, a Linha Cometa tinha resgatado pelo menos 770 e possivelmente 850 aviadores, incluindo aqueles que ficaram protegidos nas Ardenas belgas e nas florestas francesas de Châteaudun e Fréteval pela Operação Maratona.

Grã-Bretanha, França e Estados Unidos concederam uma série de honras aos participantes da Linha Cometa. Entre elas, a Cruz de Guerra, a Medalha George e a Ordem do Império Britânico. Dédée e seus amigos receberam reconhecimento pleno no Palácio de Buckingham, numa audiência com o rei Jorge VI. A França e a Bélgica também prestaram seus tributos. Os Estados Unidos concederam a Medalha Americana da Liberdade a Dédée, Jean-François, Lily, Nadine, Florentino e muitos de seus colegas, tanto os que sobreviveram como os que pereceram. Funcionários consulares na Bélgica e na França entregaram essas honras no local. Os homenageados jamais foram convidados à Casa Branca nem receberam agradecimento formal do presidente dos Estados Unidos, embora a maioria dos homens resgatados fosse estadunidense.

EPÍLOGO

Saint-Jean-de-Luz, França. 14 de setembro de 2002.

O cemitério do povoado de Cibourne fica logo abaixo da estrada de Saint-Jean-de-Luz, sobre uma colina que contempla o oceano Atlântico. Numa quente manhã do final do verão, Nadine Dumont se perfilava entre os monumentos com vários outros veteranos. Diante dela, uma lápide onde se lia: "Florentino Goikoetxea, 14 de março de 1898 – 27 de julho de 1980. *In Memoriam.*" A pouca distância estava o túmulo da velha amiga Kattalin Aguirre, morta em 22 de julho de 1992.

Fui convidado por um grupo de sobreviventes e descendentes dos integrantes da Linha Cometa a participar de uma caminhada nos Pireneus. A sobrinha-neta e dois sobrinhos-netos de Florentino estavam lá, juntamente com dois netos de Kattalin, entre outras 70 pessoas, marcando o sexagésimo primeiro aniversário da Cometa com uma marcha comemorativa na trilha da liberdade para a Espanha.

Florentino, apesar de coxo por causa dos ferimentos, tinha passado o resto da vida na parte francesa do País Basco, estabelecendo-se e trabalhando para o governo municipal. Sua perna ruim limitava as escaladas nas montanhas, mas ainda podia ser visto caminhando lentamente pelas montanhas e vales do País Basco. Quando morreu, sua família organizou no Caserío, em Hernani, onde ele nasceu, uma mostra de suas muitas honras.

Entre elas estavam: a Medalha Comemorativa da Guerra de 1940-1945; a Medalha da Resistência na Bélgica; a Medalha da Libertação, da França; uma medalha britânica por bravura; a Medalha da Liberdade, dos Estados Unidos: a Cruz de Guerra 1939-1945, com palma; a medalha de Cavaleiro da Ordem de Leopoldo II, com palma; a Cruz de Guerra 1940, com palma, da Bélgica; e a medalha de Cavaleiro da Legião de Honra, da França.

Nadine queixava-se de que não podia mais andar de bicicleta nem caminhar nas montanhas como teria gostado de fazer num dia tão bonito e sem nuvens como aquele, pelo caminho que fica a cavaleiro do golfo de Biscaia. Não era tanto uma questão de idade. Ela andara de bicicleta durante anos. Mas aqueles meses em confinamento solitário e a superlotação na prisão nazista tinham danificado seus quadris. Ela viera de Bruxelas para encontrar-se com um grupo que iria cruzar os Pireneus pela mesma trilha dos contrabandistas, preservada exatamente como era na época em que Florentino escapava da Wehrmacht de Hitler ou da Guarda Civil de Franco.

O neto de Kattalin, Beñat Castet, era um dos guias da caminhada. Nós fomos para Urrugne, onde as ruas receberam os nomes de Florentino, Kattalin e outros membros da Linha Cometa. Paramos na Prefeitura da cidade, onde foi tocado o hino da Resistência, e uma guarda de honra depositou uma coroa de flores no monumento aos mortos. Num dos cantos da praça estava a torre da catedral, aquela com a inscrição "*Vulnerant omnes, ultima necat – Toda hora fere, a última mata.*"

O caminho segue por estradas de fazendas, passando pela chácara conhecida como Bidagain Berri, onde Dédée e sua amiga Frantxia foram capturadas em 15 de janeiro de 1943. Frantxia morreu em Ravensbruck, em 12 de abril de 1945. Uma de suas vizinhas tinha uma recordação de infância dos nazistas: eles entraram marchando na comunidade e levaram os adultos embora. Ela chorou ao se lembrar daquela noite.

Os excursionistas pararam para uma comemoração e um brinde na casa de Frantxia, e depois partiram outra vez.

Daquele ponto em diante, a trilha se dissolvia, entrava na floresta escarpada, duas horas através de campos e escaladas íngremes que restam intocados ao longo dos anos. Boa parcela dos participantes tinha experiência nos Pireneus, e alguns usavam equipamentos modernos, como cantis e bastões com ponta de metal.

Exatamente como se lembrava Bob Grimes, a trilha era enganosa. Quando parecia que a gente estava chegando ao ponto mais alto, havia uma irregularidade na estrada, e lá estávamos nós diante da encosta de uma montanha e uma nova escalada íngreme. A neta de Kattalin, Marie-Thérèse, ficou para trás um momento sob o sol brilhante e olhou o panorama abaixo. Como se recordava Jean-François, ela pôde ver a farol de Fuenterrabía, no lado espanhol do rio, e toda a costa basca francesa até Bayonne.

Os bascos brincavam quando alguém reclamava do ritmo. Sempre escalaram aquelas montanhas, está no sangue deles. Foram mais várias horas montanha abaixo por caminhos íngremes e sulcados até o rio, com grupos de pinheiros e castanheiros fornecendo uma grata sombra aqui e ali. Escorregamos para descer o último talude até o rio e descalçamos nossas botas de marcha. "E as alpargatas?", perguntou um excursionista novato. Não era uma boa idéia. Modernas botas impermeáveis de cano longo e sola de borracha dão mais segurança. Atravessamos o Bidassoa devagar. A água chegava à cintura, e a corrente era forte. Os guias bascos formaram uma corrente com os braços caso alguém escorregasse, mas todos conseguiram chegar sem maiores problemas. Próximo dali, canoístas marcavam um percurso no rio, praticando o nível dois em corredeiras.

Nadine, que viera na frente de carro com outros veteranos, para nos saudar, examinava o barranco do rio no lado espanhol. "Imaginem só como deve ter sido aquela noite", gritou ela. "A travessia da montanha já é bastante difícil, mas imaginem como deve ter sido no inverno, com águas muito mais profundas e no escuro, com os nazistas nos seus calcanhares."

Outrora patrulhada, a fronteira espanhola agora é uma área de piquenique. À margem, há um espaço aberto antes ocupado pela servidão da ferrovia, mas a pequena estação ferroviária que dá nome ao local — San

Miguel — ainda está ali. Logo depois da estação há um talude, e logo acima os carros correm na auto-estrada Irún-Pamplona.

Embora meio escondida pelas árvores do lado francês, um pouco acima do rio, podia-se distinguir uma cruz de cimento que marca uma morte no rio, na véspera do Natal de 1943, erguida pela família de Antoine d'Ursel — Jacques Cartier. Lê-se na inscrição: "*Comte Antoine d'Ursel, alias Jacques Cartier décédé le 23 décembre 1943. Conde Antoine d'Ursel, alias Jacques Cartier, falecido em 23 de dezembro de 1943.*"

Juan Carlos Jiménez de Aberásturi Corta, estudioso, historiador e cronista da Linha Cometa, era um dos organizadores do evento. Ele esperava poder entrar em contato com a família de James Burch, que morrera naquela mesma noite, para que se pudesse erguer um monumento em sua memória.

A rede de tevê local cobriu a travessia, e Aberásturi falou, numa entrevista, sobre a bravura dos participantes da Linha Cometa. Os organizadores bascos serviram sardinhas grelhadas, queijo, pão, sidra e vinho, e então voltaram todos à casa, descansar para a escalada do dia seguinte. No segundo dia, a caminhada era de subida das montanhas no lado espanhol até Castillo Inglés, Bosbieta e Sarobe, no vale, na direção de Oyarzun. Paco Iriarte-Recalde e a família esperavam em Sarobe, sorridentes e generosos como sempre ao saudar, das colinas, os montanhistas. Paco era o garotinho que admirava Florentino, observando-o vir das montanhas com os aviadores fugitivos. Ele apontou para a trilha de pedra de onde eles desciam das montanhas ao alvorecer. "A trilha não mudou, tudo continua exatamente como estava", disse aos visitantes.

* * *

Lily — a senhora Micheline Dumont-Ugeux — vivia 650 quilômetros a leste da fronteira, na Provence. Ela não compareceu à caminhada de reencontro. Para ir à Provence a partir do rio Bidassoa, pegamos a auto-estrada para leste, bem acima de Saint-Jean-de-Luz. Havia muitos marcos da Linha Cometa e do período nazista ao longo do caminho. A auto-estrada passava por Dax, onde Jean-François e Max tinham um acordo tácito para guardar suas bicicletas a salvo na estação de trens; e continuava adentrando os Altos Pireneus, onde pilotos fugitivos, viajando sozinhos ou com os guias, tiveram de lidar com as majestosas, embora arriscadas, montanhas cobertas de neve.

Dezenas de pilotos fugiram por outras trilhas nas montanhas elevadas, alguns deles com grupos menores da Resistência, outros por sua própria iniciativa, sobretudo Chuck Yeager, que posteriormente seguiu dando mostras de suas habilidades ao romper a barreira do som num avião-foguete experimental. O caça Mustang P-51 de Yeager foi abatido em 5 de março de 1944, e ele marchou sobre os Pireneus nevados carregando um companheiro ferido.

Lily morava em Saint-Siffret, vilarejo construído sobre uma encosta a meio caminho entre Nîmes e Avignon, na Provence, em companhia do marido, Pierre Ugeux. Ele também era da inteligência britânica quando se conheceram em 1944, em Londres. Casaram-se rapidamente, ambos ainda uniformizados. Depois que os Aliados expulsaram o exército alemão da França, Pierre e Lily cruzaram a fronteira de volta e começaram a trabalhar em prol da libertação de agentes dos serviços de inteligência e de prisioneiros de guerra. Posteriormente, Pierre tornou-se diretor das Centrais Elétricas da Bélgica, dedicando-se ao mesmo tempo ao seu passatempo de colecionar carros esporte de corrida. O casal se mudou para a Provence após a aposentadoria. A filha, o genro e os netos os visitavam com freqüência.

No verão de 2002, eles acabavam de voltar de uma visita a Bruxelas. Saint-Siffret se recuperava das conseqüências de uma enchente. Podia-se ver uma marca de água com cerca de um metro de altura na sala de jantar. Face à enchente que levara abaixo outras casas naquelas encostas e em todo o vale, a reação de Lily foi exatamente a que se podia esperar. Não estava intimidada, e considerava a enchente um revés menor, nada mais. A vida continua.

"Felizmente nós temos muitos amigos aqui, e eles nos ajudaram a limpar a casa", disse Lily. Podia ter sido pior.

Lily preparou um jantar de carneiro com legumes frescos e nos contou sobre os dias da Linha Cometa enquanto tomávamos uma garrafa de vinho. Suas descrições eram incisivas e detalhadas — ela repetia facilmente diálogos de mais de meio século antes.

Por que fez o que fez?

Ela não soube responder, apenas deu de ombros e sorriu. Disse que concordava com a irmã Nadine, de que ambas tinham crescido com temperamento irascível. O pai as tinha educado para serem independentes — ele tinha lutado contra a Alemanha na Primeira Guerra Mundial. Para eles, era natural lutar contra a opressão. Sessenta anos depois da Segunda Guerra Mundial, Lily era igualmente positiva, convicta e idealista sobre sua luta contra o nazismo.

Mas a dolorosa memória da morte do pai num campo de concentração sempre anuviava a conversação. Após um tempo, quando o papo mudou da Linha Cometa para questões sobre Jean Masson e os que foram presos e mortos, ela disse que não podia agüentar essas memórias dolorosas.

"Morreu gente demais. Não vamos falar dessas coisas", disse ela.

Ocasionalmente, em geral no Natal, Lily mantinha contato com Bob Grimes, que se lembrava do francês suficientemente para escrever ele próprio suas cartas. Bob e sua mulher, Mary Helen, visitaram Pierre e Lily na França em 1991.

* * *

Há uma pasta sobre as façanhas de Lily no National Archives, em College Park, Maryland. Entre os documentos está uma peça dos serviços de inteligência militar dos Estados Unidos em que se lê: "Seu espírito nobre se destaca como um farol para seus conterrâneos, e sua grande contribuição material para a vitória aliada merece a mais profunda admiração dos povos de todas as Nações Unidas." Com maior eloqüência, um documento britânico cita os esforços de Lily, ao recomendá-la para a Medalha George do Reino Unido:

> Durante sua longa e surpreendente carreira nessa organização, a senhorita Dumont deve ter lidado com mais de 250 fugitivos, e seu nome se tornou uma lenda entre os incontáveis aviadores que foram guiados pela famosa Lily através de Bruxelas. A despeito da prisão da sua família, a despeito de ela mesma ter sido encarcerada por dois dias na prisão de Fresnes, a despeito de ser caçada pela Gestapo, a senhorita Dumont perseguiu os ideais de patriotismo e dever com determinação irredutível, sem nada temer e pronta a tudo sacrificar, e como resultado disso, por sua nobreza de espírito e devoção, um número incontável de aviadores pôde escapar do inimigo. Sua história é uma saga nos anais da evasão, e seu exemplo, o maior dos tributos ao heroísmo do povo belga.

Anexado ao documento, como prova, havia um depoimento sobre o heroísmo de Lily, prestado em Londres, em 1944, pelo tenente Robert Z. Grimes. Bob Grimes, que tomara parte em várias reuniões anteriores, enviou seus respeitos e sua afeição a Lily: "Diga-lhe que pensamos nela com freqüência." Ele e sua esposa tiveram de desistir daquela viagem por motivos de saúde.

Aprumado e forte, Bob pratica jardinagem e joga golfe regularmente. Ele disse que eram poucos os dias em que não pensava em sua fuga dos nazistas. Houve um período de muitos anos, contudo, em que tentou tirar aquilo tudo da cabeça, e até evitou comentar com a família o que tinha acontecido. Obedecia a um juramento de segredo por ele assinado após retornar da Grã-Bretanha em janeiro de 1944. O exército disse tratar-se de uma questão de segurança nacional, mas nunca indicou se e quando a cláusula de segredo expiraria.

Na década de 1980, com o interesse crescente por histórias não relatadas da Segunda Guerra Mundial, Bob começou a se corresponder com outros veteranos que haviam fundado uma organização, a Sociedade de Fuga e Evasão das Forças Aéreas. Freqüentou reuniões periódicas da organização, inclusive uma em Tampa, na Flórida, em 2002.

Cerca de um ano após deixar a Europa, Bob recebeu uma mensagem sinistra, resultado de uma confusão típica do exército — retransmitida pelo intendente do almoxarifado de Fort Leavenworth, no Kansas. A sua velha arca de Snetterton Heath chegou à sua porta num grande caixote. Havia uma nota anexa dizendo que a arca continha "todos os pertences do falecido Tenente Robert Z. Grimes". Apesar do equívoco, a encomenda evocou algumas memórias. Bob, porém, notou que suas roupas e apetrechos estavam limpos e novos, em nada parecidos com as coisas que se lembrava de ter deixado sujas debaixo do beliche, na Inglaterra, na manhã de 20 de outubro de 1943. Ele percebeu que os militares tinham-se livrado de suas velhas roupas e, como gesto de cortesia, enviado novas indumentárias para sua casa, para que os sobreviventes desolados pudessem ter algo em que se agarrar.

Bob continuou na carreira militar. Estava há 30 anos na Força Aérea e cumpriu missões específicas como piloto na Alemanha durante a operação Berlim Airlift — a ponte-aérea contra o bloqueio de Berlim pela União Soviética em 1948 — e como oficial do estado-maior na França e no Vietnã. Concluiu sua carreira militar com a patente de coronel, como chefe da Divisão de Operações de Logística nos Estados-Maiores Conjuntos, no Pentágono. Depois que passou para a reserva, por dez anos foi superintendente associado de escolas no condado de Prince Willians, na Virgínia. Bob celebrou seu octogésimo aniversário em casa, em Fairfax, Virgínia, em 24 de novembro de 2002, com sua esposa, a mesma namorada da época do treinamento em B-17, Mary Helen, as três filhas adultas e os netos.

"Um dos meus objetivos era ser capaz de cortar a grama da minha casa e jogar golfe aos 80 anos; estou feliz em dizer que alcancei esse ponto, e agora terei de estabelecer novas metas. Quando eu tinha 20 anos e voava em missões de combate na Europa, jamais pensava no futuro. Ficava feliz de completar um dia de cada vez. É uma benção estar aqui. Sinto-me muito afortunado e grato."

Ele pegou uma caixa de recordações que guardava desde a época em que fugira da captura pelos nazistas. Havia cartas, recortes de jornal e um paninho ornamental de Bruxelas, feito com um pedaço do seu pára-quedas por uma de suas auxiliares belgas. Havia também uma calçadeira de alumínio gravada com a data 20-10-1943, que fora feita de um pedaço da fuselagem do seu B-17. A manhã de 20 de outubro de 1943 estava vívida em sua memória. "Eu ainda acordo pensando em todas aquelas coisas, na missão. Estou pilotando e tento imaginar se eu poderia ter feito alguma coisa para salvar o avião. Isso nunca pára." Bob tirou da caixa outra lembrança: o fragmento da bala de metralhadora de 13 milímetros que o doutor Rouffart tirara de sua perna em Bruxelas, em 1943. Ele guardou essas coisas o tempo todo.

Ao longo dos anos, Bob manteve contato com os membros sobreviventes da sua tripulação e outros veteranos da velha Força Aérea do Exército. Ele se correspondia com Art Horning, que voltou para Cleveland depois da guerra e publicou um livro de memórias sobre sua experiência. Horning e a esposa também visitaram a Bélgica e a França, encontrando-se com algumas das pessoas que deram abrigo a ele e o guiaram para a segurança, inclusive Diane — Amanda Stassart — e seu marido. Lloyd Stanford retornou a seu emprego numa companhia telefônica de Augusta, na Geórgia. Stanford morreu em 1994; Horning, em 2000.

O segundo-tenente Art Pickett, co-piloto de Bob, o sargento Jerry Nawracaj, metralhador interno da esquerda, o sargento Fred McManus, operador de rádio, e o sargento Carl Janser, metralhador de cauda, foram mortos em ação quando o B-17 caiu em 20 de outubro de 1943. Seus corpos estão enterrados no Cemitério Militar Americano de Margraten, na Holanda. Em 20 de outubro de 1993, a Prefeitura de Harchies, na Bélgica, mudou o nome da praça da cidade para Art Pickett, em comemoração ao qüinquagésimo aniversário da morte de Pickett. Seu nome foi acrescentado a um memorial dos belgas mortos em ação na Primeira e na Segunda Guerras Mundiais.

O navegador, segundo-tenente Jim McElroy, o metralhador interno direito, sargento Harold Sheets, e o metralhador da torreta esférica da barriga, sargento Bob Metlen, todos saltaram e escaparam com êxito em 20 de outubro de 1943. Com a ajuda de Jean-François, Florentino e outros membros da Linha Cometa, eles fugiram para a Espanha e voltaram para casa.

O artilheiro, segundo-tenente Charles (Chuck) Carlson, também saltou com êxito. Ele conseguiu escapar e cruzou a fronteira da Bélgica para a França, onde foi abrigado por uma família até o fim da guerra.

O engenheiro de vôo, sargento Ted Keller, saltou de pára-quedas em segurança, mas foi capturado por uma patrulha alemã perto da fronteira franco-espanhola. Enviaram-no a um campo de prisioneiros de guerra na Polônia, onde ficou por um ano e meio.

Em 2003, Bob Grimes e os membros sobreviventes de sua tripulação, Bob Mentlen em Ontário, Oregon, e Ted Kellers em Akron, Ohio, comemoraram o sexagésimo aniversário de sua última missão de bombardeio. Eles mantiveram os contatos pessoais por carta e telefone. Bob Grimes mandou fazer uma placa para colocar no memorial do jardim do Museu Heritage, da Gloriosa Oitava Força Aérea, perto de Savannah, na Geórgia.

A família de Jim Burch ficou muito abalada com o desaparecimento do jovem tenente. Nunca receberam o que consideravam informações definitivas sobre as circunstâncias de sua morte. Houve cartas de amigos que ele fizera durante sua estada na Holanda e na Bélgica, e uma visita de um parente de Jacques Cartier. Lloyd Stanford cumpriu sua promessa de visitar a família do co-piloto. Porém, a esposa de Jim, Olga, e sua mãe nunca aceitaram o súbito desaparecimento de Burch. Apesar das buscas e dos rumores no País Basco francês, os túmulos de Burch e Jacques Cartier nunca foram encontrados.

Dédée não pôde viajar em 2002. Ela estava em sua casa em Bruxelas. Aos 86 anos, sua saúde era frágil, e acreditava-se que sofresse seqüelas neurológicas cada vez mais patentes do tempo que passou nos campos de concentração. Logo depois da guerra, ainda recuperando-se de doenças e da subnutrição, Dédée recebeu uma montanha de cartas de aviadores aliados pedindo-a em casamento. Ela nunca aceitou e jamais se casou. Após a guerra, fez uma formação em doenças tropicais e serviu por muitos anos como enfermeira missionária numa colônia de leprosos na Etiópia. Também atuou como enfermeira e em instituições de caridade ao voltar para a Bélgica. Em 2002, ainda recebia visitas semanais de sua amiga Nadine.

Michael Creswell teve uma longa carreira diplomática após a guerra. Depois de um cargo temporário em Hendaye, foi para Atenas em 1945. Foi conselheiro da embaixada britânica em Teerã e Singapura, e foi representante diplomático na embaixada do Cairo, antes de assumir o posto de embaixador britânico na Finlândia, na Iugoslávia e na Argentina. Morreu em 1986, aos 77 anos.

Os embaixadores Hoare e Hayes retornaram às suas respectivas casas, aposentados após o conflito. Ambos escreveram memórias sobre suas experiências em tempo de guerra. Hoare, que morreu em 1959, escreveu vários livros, o mais tolo dos quais focalizava sua paixão pela observação de pássaros, mesmo enquanto a Europa estava em chamas. Hayes permaneceu satisfeito com a ilusão de que Franco era a melhor opção para a Espanha, pois pensava que o comunismo batia às portas do país. Ele estava errado. Morreu em 1964, aos 82 anos de idade.

* * *

Airey Neave atuou no tribunal dos julgamentos de Nuremberg após a guerra. Escreveu vários livros sobre suas experiências como prisioneiro, seu papel no M19, na organização das fugas e sobre Nuremberg. Afastado da carreira militar, mas não necessariamente dos serviços de inteligência, passou a integrar o Partido Conservador britânico e atuou como membro do Parlamento numa série de cargos governamentais. Foi um dos primeiros patrocinadores e mentores de Margaret Thatcher e compartilhou a responsabilidade de ajudá-la a tornar-se primeira-ministra. Os anos finais de Neave são objeto de controvérsia e intriga. Como secretário de Thatcher para a Irlanda do Norte, teve muitos detratores. Porém, há indicações de que ele estava conduzindo negociações secretas favoráveis a uma saída de compromisso na guerra inglesa contra o Exército Republicano Irlandês, o IRA. Neaves foi morto em 30 de março de 1979, por uma bomba plantada em seu carro, ao sair do estacionamento da Câmara dos Comuns. O motivo e os perpetradores nunca foram identificados. Ele tinha 63 anos.[1]

Jean-François passou um ano depois da guerra num sanatório para recuperar-se da tuberculose. Sempre profundamente religioso, enfrentou os meses de cativeiro estudando o Evangelho e serviu de conforto e inspiração para os outros prisioneiros durante o período em que esteve na cadeia, no qual se concentrou no estudo da Bíblia. Muitos dos que estiveram presos junto com ele disseram que, quando estavam a ponto de soçobrar sob a pressão do cativeiro, ele distribuía uma passagem da escritura para meditação em grupo. Todos encontravam alívio na presença de Jean-François.

Depois disso, ele entrou para um seminário para tornar-se padre católico apostólico romano de uma ordem conhecida como Pequenos Irmãos de Jesus.

Ainda recuperando-se do confinamento, não muito depois da guerra, foi convocado a testemunhar num processo militar francês em Lille. Pela primeira vez desde sua prisão, em janeiro de 1944, Jean-François ficou face a face com o belga chamado Jacques Desoubrie, mais conhecido por suas vítimas na Bélgica e em Paris como Jean Masson. Jean-François compareceu duas vezes ao tribunal, dando seu depoimento na presença de Masson. Ele testemunhou sem floreios, descrevendo os acontecimentos que levaram à morte de mais de cem de seus camaradas.

"*Mentiras*", respondeu Masson para todos os eventos e circunstâncias relatados por Jean-François. "*Eu nunca vi este homem antes.*"

Jean-François se voltou para Masson e falou sem rancor:

"*Sinto dizer que lhe conheço. O senhor é o traidor.*"

Masson foi considerado culpado e condenado a morrer por participação na prisão e morte de membros da Resistência e por ter cooperado na morte de militares aliados, em violação à Convenção de Genebra. Enquanto esperava a execução da sentença, Jean-François lhe enviou uma carta com algum dinheiro para despesas, perguntando se ele precisava de algo. Jean-François soube que Masson estava em greve de fome, pedindo para ver os filhos, e se ofereceu para visitá-los, e também dar-lhes dinheiro. Ele disse a Masson para usar o dinheiro que lhe havia enviado para comprar comida e cigarros na cantina da prisão.

Jean-François se lembrava do seu período na prisão, depois de ter sido transferido de Paris para Bruxelas. Preso com correntes nos pés e algemado, nada recebeu para comer por cinco dias, até que um guarda alemão entrou e fez-lhe sinal para guardar silêncio. "Ele me trouxe comida e abriu as algemas enquanto eu comia. Depois ele pôs as algemas de volta e saiu.

Foi um ato de caridade. Eu nem sei quem ele é. E era uma coisa perigosa de se fazer. Só Deus e eu o vimos fazer aquilo." Jean-François achava que qualquer homem, mesmo Masson, era merecedor de caridade.

Masson respondeu a Jean-François. "Ele me agradeceu, mas estava muito ressentido, era uma pessoa verdadeiramente infeliz", disse Jean-François. "Pediu-me para não lhe escrever mais."

Jean-François também escreveu uma carta ao presidente Charles de Gaulle, pedindo a comutação da pena de morte de Masson. Disse que o perdão era uma arma melhor que a vingança. "Eu acredito em redenção", disse ele.

"Nunca quis fazer nada que me tornasse parecido aos nazistas", disse ele. "Não creio que devamos descer ao nível deles. Esta era a essência da nossa luta."

Os apelos e petições por clemência foram rejeitados. Masson foi executado por um pelotão de fuzilamento, nos termos do Tribunal Aliado de Crimes de Guerra. Jean-François considerava Masson uma semente estragada, uma alma perdida, miserável, merecedora de piedade. "Eles me disseram que, quando morreu, a última coisa que disse foi '*Heil* Hitler'. Num certo sentido, fico feliz de saber disso. Significa que, por mais deturpado que fosse, ele morreu por suas crenças. É melhor que morrer por cobiça, por dinheiro e poder."

Outros membros sobreviventes da Linha Cometa respeitaram o fervor religioso de Jean-François e continuaram próximos dele. Mas alguns disseram que Jean-François tinha ido longe demais em sua maneira de lidar com Masson. Outros membros da Cometa, porém, expressaram uma objeção, respeitosa mas ardente, a uma petição daquele tipo feita por um dos líderes da organização que tanto havia sofrido pelas ações daquele homem.

Jean-François tornou-se padre católico apostólico romano e passou 20 anos como missionário entre os índios da Amazônia venezuelana. Depois disso, se apaixonou por uma índia, deixou a batina, casou-se e teve duas filhas. Ele mantinha contatos telefônicos semanais com seus amigos da Linha Cometa.

Num dia quente de maio de 2002, estive com Jean-François em seu modesto apartamento, num bairro de classe média no norte de Roma, perto da Piazza Vascovia. Ele era um homem moderado em seus 80 anos de idade. Serviu café e biscoitos e me mostrou algumas recordações que havia salvado dos anos da Linha Cometa. "Na verdade, aquela foi apenas uma das minhas vidas. Depois eu entrei para o seminário e me tornei padre. Posteriormente deixei o sacerdócio, respondendo ao chamado de constituir uma família. Foi uma longa jornada."

Jean-François disse que sua esposa e suas filhas sempre diziam que ele era um herói. Falou que ficava um pouco constrangido com a idéia. "Era a coisa natural a fazer, era meu dever, aquilo que eu devia ter feito. Eles me chamam de herói, mas eu não sei."

Aposentado, agora lia os jornais, ouvia avidamente a emissora de rádio do Vaticano e contribuía ocasionalmente com artigos para periódicos religiosos. Também trabalhava como editor do Instituto Internacional Maritain, cujo nome homenageia o filósofo católico romano francês do século XIX, Jacques Maritain.

Jean-François pensava freqüentemente sobre os dias da guerra, meditando sobre o jovem que ele era e as façanhas que agora lhe pareciam temerárias e idealistas. "Bom, Dédée acreditava que tínhamos de ser independentes. Eu respeitei a sua crença, que levei adiante depois que ela foi presa. Nós não queríamos fazer parte de nenhum governo. Queríamos mostrar que podíamos agir por nossa própria iniciativa e capacidade, e não como serviçais dos Aliados. Foram belos tempos, uma vida perfeita. A gente tinha o sentimento de liberdade total no meio da guerra. Isso era a própria luta. Eu tenho o sentimento de estar satisfeito com a minha vida, tendo realizado tudo o que eu podia e esperei fazer."

Enquanto Jean-François falava, a manteiga fervia lentamente na frigideira, no fogão a gás. Seus olhos lacrimejavam um pouco, provavelmente por causa das cebolas que tinha picado. Ele cortou batatas em cubinhos, pegou os ovos na geladeira, colocou um pouco de sal e pimenta, e então pôs os ingredientes na frigideira que chiava. Um aroma familiar flutuou em seu pequeno apartamento. "É uma omelete que eu adoro, exatamente como eles faziam quando a gente cruzava as montanhas para ir a Sarobe."

Fontes

Esta é uma narrativa de não-ficção, baseada em entrevistas pessoais, memórias e histórias publicadas e não publicadas, bem como em material de arquivo do National Archives, College Park, Maryland; da Cambridge University Library, Cambridge, Inglaterra; e do Public Records Office, Kew, Surrey, Inglaterra. Os diálogos em itálico são descritos por pelo menos uma fonte. As aspas indicam diálogos relatados diretamente.

A grafia de nomes e lugares é geralmente baseada no uso mais comum. A coordenação dos nomes de personagens foi complicada. Algumas pessoas descritas no livro tinham múltiplos pseudônimos e nomes de guerra. Para fins de simplicidade, identifiquei os personagens pelos nomes de uso comum, para minimizar a confusão. Jean-François Nothomb, por exemplo, era conhecido na época pelo codinome Franco. Evitei a alcunha pela confusão potencial com Francisco Franco, o ditador espanhol. Também anglicizei alguns apelidos – *Tante* Go tornou-se Tia Go, e o *Oncle* tornou-se Tio – para facilitar a leitura, considerando-se a grande quantidade de personagens.* Algumas pessoas mencionadas só eram conhecidas por seus nomes de guerra; outras eram conhecidas por uma multiplicidade de nomes. Jean-François me disse que considerava a figura da sua juventude, Franco, uma personalidade especial. Ao longo de minha pesquisa, ele assinava sua correspondência como "seu amigo, Franco."

* Para fins de coerência com o objetivo do autor, a tradução optou por abrasileirar. (N.T.)

Notas

Capítulo 1. Entrevistas com Jean-François Nothomb, Stanley Hope e Nadine Dumont

[1] Urrugne está situada nas montanhas, acima do golfo de Biscaia, na província francesa de Landes.

[2] Baseado em Juan Carlos Jiménez de Abérasturi Corta, *Red Comète*; Rémy, *Réseau Comète*; Airey Neave, *Saturday at M19*; correspondência com Stanley Hope, maio de 2003. Há discrepâncias quanto ao número de presentes e outros detalhes.

[3] Trata-se de Ciboure, França, perto de Saint-Jean-de-Luz.

[4] Parte da descrição detalhada vem de uma visita à casa em Urrugne, de conversas com vizinhos que se lembram da batida nazista e da correspondência, em maio de 2003, com Stanley Hope.

[5] Jiménez de Abérasturi Corta, *Red Comète*, p.100; e Airey Neave, *Saturday at M19*, p.158-9. Há discrepâncias nas versões quanto ao número de capturados.

[6] Neave, *Saturday at M19*, p.127-34.

[7] Neave, *Little Cyclone*, p.14.

[8] Em francês no original, *Tante* GoGo, apelido derivado do nome de seu cachorro, GoGo. Tia Go e Tio viviam no povoado de Anglet, nas cercanias de Bayonne.

[9] Neave, *Saturday at M19*, p.129.

[10] H. J. Spiller, *Ticket to Freedom*, p.124.

[11] Jiménez de Abérasturi Corta, *Red Comète*, p.42; e entrevistas com Venancio, Vicente e Luciano Arbide Garayar.

[12] General Albert Crahay, *Vingt héros de chez-nous, 1940-1964*.

[13] Neave, *Saturday at M19*, p.157.

[14] O Bar Gachy era propriedade de René e Faustine Gachy. Rémy, *Réseau Comète*, p.18-19.

[15] Jiménez de Abérasturi Corta, *Red Comete*, p.103.

[16] Rémy, *Réseau Comète*, p.36.

[17] Memórias não publicadas de Jean-François Nothomb.

[18] Ele era o sargento Henri Ducat.

[19] Neave, *Saturday at M19*, p.163.

Capítulo 2. Entrevistas com Jean-François Nothomb, Nadine Dumont, Micheline Dumont-Ugeux, Venancio, Vicente e Lucciano Arbide Garayar

[1] Martin Gilbert, *Winston Churchill*, vol.5, *Prophet of Truth: 1922-1939*, Londres/Boston, Hinemann/Houghton Mifflin, 1976, p.631.

[2] Hayes pensava que a Espanha permitia que Dédée, Jean-François e Florentino trouxessem livremente os aviadores aliados para seu território. "Eu sabia sobre nossas 'cadeias' [organizações de fuga], e na verdade lhes dei cobertura, nos incumbindo dos refugiados." Carlton J.H. Hayes, *Wartime Mission in Spain*.

[3] Memórias não publicadas de Jean-François Nothomb.

[4] Entrevista com Jean-François Nothomb, maio de 2002. Jean-François disse ter escolhido este nome para que, se alguém — digamos, um agente duplo — o chamasse por seu nome verdadeiro na rua, o som do nome falso seria próximo o bastante do verdadeiro para ele ter uma desculpa por responder.

[5] Crahay, *Vingt héros de chez-nous, 1940-1964*.

[6] Boletim publicado pelo governo civil de Guipúzcoa, 30 de março de 1943. Arquivo da Rentería Municipal, Seção E, série II, Livro 13, arquivo 20 (reproduzido in Jiménez de Abérasturi Corta, *Red Comète*).

[7] Arquivo do Ministério das Relações Exteriores, Madri, R-Leg. 2224, arquivo 23, citado in Jiménez de Abérasturi Corta, *Red Comète*, p.88.

[8] Templewood Papers, Biblioteca da Universidade de Cambridge, XIII.5.9, The Treatment by the Spanish Goverment of Escaped Prisioners of War.

[9] Airey Neave, *Saturday at M19*, p.168.

[10] Ibid, p.175; entrevista com Jean-François Nothomb.

Capítulo 3. Entrevistas com Robert Grimes

[1] www.milartgl.com/karlGeyR.

[2] Carta de Art Pickett para Vic Zeller, 17 de outubro de 1943.

Capítulo 4. Entrevistas com Jean-François Nothomb e Robert Grimes

[1] National Archives, College Park, Maryland, Record Group 226, 190.108.211.

[2] Francis X. Harkins, "Down Memory Lane: Return to Belgium and France", www.390th.org/warstories/Memory%20Lane.htm

[3] Entrevista com Francisco Itiarte-Recalde, fevereiro de 2002.

Capítulo 5. Entrevistas com Robert Grimes e Micheline Dumont-Ugeux

[1] Eis o texto da notícia, citado in Rémy: "Os cidadãos belgas Eric de Menten de Horne, Jean Ingels, Emile Delbruyère, Albert Marchal, Henri Rasquin, Ghislain Neybergh, Gaston Bidoul, Robert Robert-Jones, Georges Maréchal, e também dois franceses, Edouard Verpraet e Antoine Renaud, foram condenados à morte por um tribunal de guerra por suas atividades em prol do inimigo.

"A sentença foi cumprida por pelotão de fuzilamento. Alguns dos condenados atuavam como militantes de uma organização estabelecida para esta finalidade. Outros não tinham vínculos com a organização, mas impediram as forças de ocupação de prender aviadores aliados que haviam sido derrubados, fornecendo-lhe roupas civis, abrigando-os e ajudando-os por outros meios a escapar. É preciso chamar aqui mais uma vez a atenção para o fato de que os tribunais militares aplicarão sem piedade as mais severas penalidades previstas pela lei em quaisquer casos futuros de ajuda às forças armadas inimigas. Conseqüentemente, qualquer um que dê ajuda de qualquer tipo a aviadores inimigos, qualquer um que deixe de informar a presença de integrantes das forças armadas inimigas ao quartel-general alemão mais próximo, deve compreender as conseqüências da sua ação e não deve contar com qualquer indulgência da parte dos tribunais."

[2] Além de Pickett, os outros três tripulantes mortos em ação em 20 de outubro de 1943 eram: Frederick W. McManus, o operador de rádio; Jerry Nawracaj, o metralhador interno da direita; e George C. Jansen, o metralhador de cauda.

[3] Carta não publicada da senhora Lefevre.

[4] Kellers foi preso posteriormente pelos alemães no sul da França e passou o resto da guerra num campo de prisioneiros de guerra.

[5] Citado in *Belgium Rendez-vous 127 Revisited*, de Yvonne Daky-Brusselman, p.57.

[6] Entrevistas com Robert Grimes e Micheline Dumont-Ugeux; Rémy, *Réseau Comète*, p.520.

Capítulo 6. Entrevistas com Rafael Beldarrain, Francisco Ferrer, Marisa Ferrer, Jean-François Nothomb, Alberto Elósegui e Merche Lacort

[1] Ver o clássico de Paul Preston, *Franco: A Biography* , para um estudo abrangente de Franco e a mudança de suas alianças durante a Segunda Guerra Mundial.

[2] *Diario Vasco*, 22 de outubro de 1943.

[3] Apesar da presença nazista, há relatos dramáticos de fugas de judeus para a Espanha através de San Sebastián. O cônsul português em Hendaye arriscou sua vida para ajudar centenas de judeus, concedendo vistos de entrada para a Espanha a partir da França. Houve muitas outras fugas pela ampla extensão dos Pireneus.

Capítulo 7. Entrevista com Jean-François Nothomb

[1] A descrição do encontro de Gibraltar também se baseia em *Saturday at M19*, p.166-80, de Airey Neave, e nas memórias não publicadas de Jean-François Nothomb.

[2] Airey Neave, *Little Cyclone*, p.165. Neave estava presente ao encontro.

[3] Entrevista com Jean-François Nothomb, maio de 2002.

Capítulo 8. Entrevistas com Jean-François Nothomb e Robert Grimes

[1] O relato de Horning é de suas memórias publicadas, *In the Footsteps of a Flying Boot.**

[2] George Watt, *The Comet Connection*, p.107.

[3] Memórias não publicadas de Jean-François Nothomb.

[4] "As autoridades alemãs na França tinham solicitado a Vichy a provisão de um serviço de fiscalização especial para controlar viagens ferroviárias em trens expressos quando a viagem fosse neles proibida... os viajantes devem ter uma autorização idêntica àquela anteriormente fornecida para zonas ocupadas e não ocupadas. Os viajantes que não possuírem essas

* Pode-se traduzir literalmente a expressão *Flying Boot* tanto por "Bota Voadora" como por "Bota Fugitiva". A figura alude à fuga por terra dos pilotos aliados abatidos sobre território europeu. Durante a Segunda Guerra Mundial, houve um Clube Flying Boot, reservado aos que assim conseguiram escapar, cuja insígnia é uma bota com asas. (N.T.)

autorizações só poderão viajar exclusivamente em trens locais, e em distâncias não superiores a cem quilômetros." National Archives, College Park, Maryland, Record Group 226, entrada 161, caixa 1, pasta 64.

Capítulo 9. Entrevistas com Jean-François Nothomb, Nadine Dumont e Micheline Dumont-Ugeux

[1] Os detalhes sobre a vida de Masson são dos arquivos do National Archives, "Belgian Helpers, Brandy Line", National Archives, College Park, Maryland, Record Group 338, arquivo 290.55.37, caixa 7. Também Record Group 338, arquivo 290.55.21.2, caixa 3.

[2] National Archives, "Escape, Brandy Line", College Park, Maryland, Record Group 338, entrada 29.55.39, caixa 1.

[3] Algumas fontes grafam o nome de Desitter como De Zitter.

[4] Jacques Delarue, *The Gestapo*, p.235-36.

[5] Idem.

[6] National Archives, College Park, Maryland, Record Group 338, entrada 290.55.37, caixa 1.

[7] Delarue, *The Gestapo*, p.236.

[8] Entrevista com Nadine Dumont, em Tampa, Flórida, maio de 2002.

[9] Delarue, *The Gestapo*, p.204-7.

[10] National Archives, College Park, Maryland, Record Group 338, arquivo 290.55.21.2, caixa 3. Arquivos MIS-X.

[11] Os agentes de Aguirre se aproximaram inicialmente com os mesmos funcionários britânicos que tinham estabelecido contato com Dédée. Entre os agentes e membros associados bascos — entre cujos principais ativistas estavam os irmãos Julio e Flavio Ajurriaguerra, Pepe Michelina e Emile Meyran, da Resistência Francesa –, alguns tinham estabelecido postos de escuta com tentáculos espalhados em toda a França ocupada.

[12] National Archives, College Park, Maryland, Record Group 226, entrada 108, caixas 211-234.

[13] National Archives, College Park, Maryland, Record Group 226, entrada 108, caixa 237.

[14] Entrevistado pelo historiador Juan Carlos Jiménez de Aberásturi Corta, morto em Bilbao em outubro de 2002.

[15] Jiménez de Aberásturi, p.72.

[16] A luta de Florentino contra a gripe é objeto de registro, como o foi a epidemia. Em dezembro de 1943, o consulado estadunidense produziu um relatório que detalhava a extensão do surto, mas citava poucas mortes, especialmente em comparação com o surto mundial de influenza, alcunhada como gripe espanhola em 1918.

Capítulo 10. Entrevistas com Robert Grimes, Jean-François Nothomb, Micheline Dumont-Ugeux e Nadine Dumont

[1] Há uma discrepância sobre o nome dos dois guias bascos substitutos. Em *Red Comète*, Juan Carlos Jiménez de Abérasturi Corta os identifica como Martín Errazquin e Miguel Artola, de codinome Manuel (nota 13). Jean-François Nothomb, porém, lembra-se deles como Martin e Ramon.

[2] Art Horning, *In the Footsteps of a Flying Boot*, p.44-8.

[3] Ibid., p.81-2.

[4] O relato de Stanford é do National Archives, College Park, Maryland, Record Group 338, entrada 290.55.19, caixa 10.

[5] Stanford refere-se a um Messerschmitt Bf 110, um caça bimotor.

[6] Jiménez de Abérasturi Corta, *Red Comète*, citando os registros civis, Biriatu.

[7] Sessenta anos depois, ainda há controvérsia sobre o local do enterro. Alguns argumentam que Burch e Cartier foram enterrados num cemitério de Saint-Jean-de-Luz. O historiador Aberásturi, porém, disse que o local do sepultamento nunca foi encontrado.

Capítulo 11. Entrevista com Robert Grimes, relato de Stanford, National Archives

[1] Entrevista com José Albízu, fevereiro de 2002.

[2] Bob viu coisa até pior. A gasolina vinha das refinarias dos Estados Unidos. Na época, este país usava o fornecimento de petróleo como instrumento para limitar os negócios de Franco com o Terceiro Reich. Em janeiro de 1944, os Estados Unidos suspenderam os embarques de petróleo para a Espanha.

[3] Horning, *In the Footsteps of a Flying Boot*, p.135.

[4] Depoimento, subsecretário de Estado Stuart E. Eizenstat, House Banking Committee on the U.S. Goverment Supplemenary Report on Nazi Assets, Washington, 4 de junho de 1998.

[5] Preston, *Franco: A Biography*, p.511.

Capítulo 12. Entrevistas com Micheline Dumont-Ugeux e Jean-François Nothomb

[1] Memórias não publicadas de Jean-François Nothomb.

[2] National Archives, College Park, Maryland, MIS-X, Record Group 338, entrada 290.55.357, caixa 1.

Capítulo 14. Entrevistas com Micheline Dumont-Ugeux e Jean-François Nothomb

[1] Neave, *Saturday at M19*, p.249-60.

[2] Ibid., p.252. "A calma e serenidade com que de Blommaert partiu para sua segunda missão após ter escapado por pouco da traição no mês anterior ganharam a minha mais profunda admiração", disse ele. "De algum modo senti que ele ia sobreviver e íamos nos encontrar outra vez."

Capítulo 15. Entrevistas com Micheline Dumont-Ugeux e Jean-François Nothomb

[1] Esta versão é baseada sobretudo no trabalho do historiador Juan Carlos Jiménez de Aberásturi Corta, que produziu uma crônica cuidadosa do resgate de Florentino, comparando diversas versões conflitantes da história, inclusive escritos locais, o trabalho de Rémy e entrevistas.

[2] Há inúmeras versões do episódio, inclusive a de Neave, em *Little Cyclone*, p.183-5, e a dos National Archives, College Park, Maryland, Record Group 338, entrada 290.55.33.7, caixa 1. Há algumas discrepâncias menores nas diversas versões, e nenhuma fonte viva estava disponível para confirmar os detalhes.

[3] Abérasturi, *Red Comète*, p.146. Material adicional dos National Archives, College Park, Maryland, MIS-X, Comet Line, Record Group 338, entrada 290.55.33.7, caixa 1.

[4] Memórias não publicadas de Jean-François Nothomb.

[5] *The Complacent Dictator*, p.277-80; e Carlton J. H. Hayes, *Wartime Mission in Spain*, p.256.

[6] Templewood Papers, Biblioteca da Universidade de Cambridge, Inglaterra. XIII-24 (60).

[7] Idem.

Capítulo 16. Entrevista com Micheline Dumont-Ugeux

[1] Neave, *Saturday at M19*, p.261-71.

[2] National Archives, College Park, Maryland, MIS-X, Record Group 338, arquivo 290.55.35.7, caixa 1.

[3] National Archives, College Park, Maryland, MIS-X, Record Group 338, arquivo 290.55.21, caixa 1.

Epílogo. Entrevistas com Jean-François Nothomb, Micheline Dumont-Ugeux, Nadine Dumont e Robert Grimes

[1] A biografia de Airey Neave examina sua variada carreira. Paul Routledge, *The Elusive Life and Violent Death of Airey Neave*, Londres, Forth Estate, 2002.

Bibliografia

AGUIRRE Y LECUBE, José Antonio de. *De Guernica a Nueva York pasando por Berlin*. Buenos Aires, Editorial Vasca Ekin, 1944.

BREITMAN, Richard. *Official Secrets*. Nova York, Hill and Wang, 1998.

BROWN, Anthony Cave. *The Last Hero: Wild Bill Donovan*. Nova York, Vintage, 1984.

BUCHANAN, Tom. *Britain and the Spanish Civil War*. Cambridge, Cambridge University Press, 1997.

CAINE, Philip D. *Aircraft Down*. Washington, D.C., Brassey's, 1997.

CARROLL, Peter N. *The Odyssey of the Abraham Lincoln Brigade*. Stanford, Califórnia, Stanford University Press, 1994.

CRAHAY, General Albert. *Vingt héros de chez nous*, 1940-1964. Bruxelas, J.M. Collet, 1983.

DALEY-BRUSSELMANS, Yvonne. *Belgium Rendez-Vous 127 Revisited: Anne Brusselmans, M.B.E. Resistance, World War II*. Manhattan/Kansas, Sunflower University Press, 2001.

DEAR, Ian. *Sabotage and Subversion: The SOE and OSS at War*. Londres, Cassel, 1996.

DELARUE, Jacques. *The Gestapo*. Traduzido por Mervyn Savill. Nova York, Paragon House, 1986.

DOWNES, Donald C. *The Scarlet Thread*. Nova York, The British Book Centre, 1953.

FLOYD, Maita. *Stolen Years*. Phoenix, Arizona, Eskualdun Publishers, 1996.

FOOT, M.R.D. SOE, *The Special Operation Executive*, 1940-1946. Londres, Pimlico, 1999.

FOOT, M.R.D e J.M. Langley. *M19, Escape and Evasion, 1939-1945*. Boston, Little, Brown and Co., 1980.

GRIFFITH, Aline, condessa de Romanones. *The Spy Wore Red*. Nova York, Random House, 1987.

HAYES, Carlton J.H. *Wartime Mission in Spain*. Nova York, The Macmillan Company, 1945.

HEMINGWAY, Ernest. *By-Line: Ernest Hemingway; Selected Articles and Dispatches of Four Decades*. Organizado por William White. Nova York, Charles Scribner's Sons, 1967.

HORNING, Art. *In the Footsteps of a Flying Boot*. Nova York, Carlton Press, 1994.

HYDE, H. Montgomery. *Secret Intelligence Agent*. Nova York, St. Martin's Press, 1982.

JACKSON, Gabriel (org.). *The Spanish Civil War*. Chicago, Quadrangle, 1972.

JIMÉNEZ DE ABERÁSTURI CORTA, Juan Carlos. *De la derrota a la esperanza: políticas vascas durante la Segunda Guerra Mundial (1937-1947)*. Tese de doutorado, Instituto Vasco de Administracion Publica, 1999.

___. *Vascos en la segunda guerra mundial: La Red "Comète" en el País Vasco (1941-1944)*. San Sebastián, Txertoa, 1996.

___. *De la Guerra Civil a la Guerra Fria, 1939-1947*. San Sebastián, Editorial Txertoa, sem data.

___. *En passant la Bidassoa: le Réseau "Comète" au pays basque (1941-1944)*. Anglet, Ville d'Anglet, 1994.

KAHN, David. *Hitler's Spies: German Military Intelligence in World War II*. Nova York, DaCapo Press, 2000.

KURLANSKY, Mark. *The Basque History of the World*. Nova York, Walker and Company, 1999.

MANDERSTAN, Major L.H., e Roy Heron. *From the Red Army to SOE*. Londres, William Kimber and Company, 1985.

MCINTOSH, Elizabeth P. *Sisterhood Spies*. Nova York, Dell Publishing, 1999.

MOON, Tom. *This Grim and Savage Game*. Cambridge, DaCapo Press, 2000.

NAVAS, Emilio. *Irún en el siglo XX: Monografia*, 3 vols. San Sebastián, Sociedad Guipuzcoana de Ediciones y Publicaciones, 1981.

NEAVE, Airey. *The Escape Room*. Garden City, Nov York, Doubleday and Company, 1970.

___. *Saturday at M19*. Londres, Hodder and Stoughton, 1969.

___. *Little Cyclone*. Londres, Hodder and Stoughton, 1954.

NOTHOMB, Jean-François. Memórias não publicadas.

OTTIS, Sherri Greene. *Silent Heroes*. Lexington, Kentucky, The University Press of Kentucky, 2001.

PAINE, Lauran. *German Military Intelligence in World War II: The Abwehr*. Nova York, Stein and Day, 1984.

PERSICO, Joseph E. *Pierccing the Reich*. Nova York, The Viking Press, 1979.

PRESTON, Paul. *Franco: A Biography*. Nova York, Basic Books, 1994.

RÉMY. *Le Réseau Comète: la ligne de démarcation*. 3 vols. Paris, Librarie Académique Perrin, 1996.

SPILLER, H. J. *Ticket to Freedon*. Londres, William Kimber and Company, 1988.

TEMPLEWOOD, Samuel John Guerney Hoare, primeiro-visconde. *Complacent Dictator*. Nova York, Alfred A. Knopf, 1946.

___. *Nine Troubled Years*. Londres, Collins, 1954.

___. *The Unbroken Thread*. Nova York, Alfred A. Knopf, 1950.

WATT, George. *The Comet Connection*. Nova York, Warner Books, 1992.

YEAGER, Chuck e Lee Janos. *Yeager: An Autobiography*. Nova York, Bantam Books, 1985.

Esclarecimentos do autor

Este livro não poderia ter sido escrito sem a participação de minha esposa e parceira, Musha Salinas Eisner. Além do apoio emocional e moral, ela foi minha debatedora, intérprete, editora e conselheira. Nós também caminhamos juntos cruzando os Pireneus num belo dia de setembro de 2002.

Os parentes de minha mulher vivem ali ao longo de toda a sua história conhecida. Nossos filhos procuraram seus ancestrais em registros paroquiais de San Sebastián, os quais recuavam pelo menos 500 anos. A constância dos bascos escarnece dos conceitos e apelos políticos transitórios próprios de um filho do Novo Mundo como eu, alheado de uma história com essa profundidade, apesar de meus avós serem europeus. Os bascos têm subjugado aquelas montanhas e navegado no golfo de Biscaia desde o Império Romano. Quando se vive entre os bascos, história e tradição tornam-se parte da conversa.

O que teve início como uma série de viagens de férias tornou-se uma quase obsessão quando comecei seguir a trilha considerável de particularidades excitantes sobre a região da fronteira, especialmente as narrativas do que lá ocorreu durante a Guerra Civil Espanhola e a Segunda Guerra Mundial.

Muita gente fugiu do País Basco. San Sebastián e Bilbao, as duas maiores cidades bascas espanholas, ficaram apenas com uma fração das suas populações. A mãe e a tia de Musha, Amparo María e María Teresa

Leturia Erquicia, eram adolescentes durante a Guerra Civil. Com a mesa posta para o jantar, elas e seus pais, Eusebio Leturia Sorozábal e Amparo Erquicia Urezberoeta, fugiram de sua casa em San Sebastián, quando as forças de Francisco Franco invadiram a cidade em 1936. O avô de Musha, Eusebio, era social-democrata e estava entre os membros da Izquierda Republicana, e seu nome figurava nas listas de condenação à morte de Franco. Seu pai, Agricol Salinas Artagoitia, médico que combateu como oficial da Força Aérea Republicana, foi preso pelos italianos quando Franco tomou o poder. Agricol livrou-se do exército italiano e de uma provável execução; simulou uma crise de apendicite, escapou do hospital e fugiu para as montanhas.

Ninguém poderia ser tão afortunado quanto eu, não só pela maravilhosa companheira de livro, mas também por ter tantos membros da família a dar o seu apoio. Obrigado às minhas filhas Isabel e Marina por seu amor, ajuda, paciência e conselho; à minha mãe, Lorraine Eisner, por ler as provas do texto e dar excelentes sugestões; obrigado a Amparo María e María Teresa Leturia Erquicia, que me ajudaram a entender o País Basco e leram as múltiplas versões do manuscrito, oferecendo sugestões cruciais e fazendo comentários ponderados.

Também tive a sorte de ter a ajuda de minha família extensa e de meus amigos na Espanha: María Pilar Iturria de Mendizabal, que forneceu ajuda logística, e o falecido Rafael Beldarrain, o primeiro a me sugerir a história e que me deu boa acolhida como parente e amigo. Meus agradecimentos também pela amizade e apoio de Merche e Augustín Lacort, e Francisco e Marisa Ferrer.

Estou especialmente em débito com Juan Carlos Jiménez de Aberásturi Corta, o eminente historiador basco, pela amizade e ajuda. Sua erudição e seus escritos sobre a Linha Cometa e sobre a história basca no século XX gozam de autoridade e merecem ser mais amplamente conhecidos. Agradeço-lhe por seu tempo e por me convidar a repetir a travessia da velha trilha de contrabando de Florentino em setembro de 2002. Obrigado a Beñat Castet e à sua irmã Marie-Thérèse, netos de Kattalin Aguirre, por servirem de guias durante a travessia.

Meus agradecimentos também para: Paco Iriarte e sua família em Sarobe, por sua hospitalidade e maravilhosa refeição; Alberto Elósegui; Adolfo Eibar; Venancio, Vicente e Luciano Arbide Garayar; e José Albizu e sua esposa.

Foi uma honra conhecer Jean-François Nothomb, e agradeço-lhe por ter-me recebido em Roma; também senti-me honrado e grato pela hospitalidade de Micheline Dumont-Ugeux, Lily, e seu marido, Pierre Ugeux, na Provence; e obrigado à sua irmã Nadine Dumont, pela conversação apaixonada sobre suas experiências; e também a Raymond Etterbeck, por sua amizade em Tampa.

Nos Estados Unidos, muito obrigado aos membros da Armed Forces Escape and Evasion Society [Sociedade Fuga e Evasão das Forças Armadas], por me aceitarem em seu meio durante o encontro de Tampa, incluindo Ron Pierce, Clayton David e especialmente Yvonne Daley-Brusselmans. Estou em débito e fui inspirado por meu discretíssimo amigo, o coronel Robert Grimes, e sua esposa, Mary Helen, a quem agradeço pelo tempo cedido e pela hospitalidade. Agradeço também aos meus amigos Peter Perl, Neal Levy, Miguel Pagliere e Beth Brophy, por lerem o manuscrito. Meus agradecimentos especiais para meu amigo George Englund, por também ler o manuscrito e dar seu apoio constante e aconselhamento franco quando solicitado. Obrigado à muito minha amiga de longa data Mireille Luc-Keith, por se esmerar no aprimoramento do manuscrito e em verificar o meu francês; a Kenton Keith, por seu apoio e amizade; a Les Payne, pelas duas décadas em que seu exemplo me serviu como guia; e a Mario e Miriam Salegui.

Agradeço à minha agente, Flip Brophy, pelo apoio e amizade ao longo de todo o caminho, e a Henry Ferris, da William Morrow, cujo entusiasmo e trabalho sensível de edição sempre foram apreciados.

Este livro também é dedicado à memória dos membros da Linha Cometa, que ousaram tomar posição e lutar, e aos jovens que eles salvaram. Espero ter feito merecida justiça à sua coragem e à sua natureza simples.

Este livro foi composto por Futura Editoração, em Electra e De Futura,
e impresso por Geográfica Editora em maio de 2005.